U0452465

家居精粹

徐丙昕 编著

中国商业出版社

图书在版编目(CIP)数据

家居精粹/徐丙昕编著. —北京：中国商业出版社，2011.10
 ISBN 978-7-5044-7453-7

Ⅰ.①家… Ⅱ.①徐… Ⅲ.①住宅—选购—基本知识②住宅—室内装修—基本知识③住宅—家具—室内布置—基本知识 Ⅳ.①F293.35②TU767

中国版本图书馆CIP数据核字（2011）第212541号

责任编辑 陈朝阳

中国商业出版社出版发行
010-63180647 www.c-cbook.com
(100053 北京广安门内报国寺1号)
新华书店总店北京发行所经销
北京龙跃印务有限公司印刷
*
2011年12月第1版 2011年12月第1次印刷
710×1000毫米 16开 20.5印张 350千字
定价：45.00元

* * * *

(如有印装质量问题可更换)

目 录

序 ·· (1)

第一篇　漫谈风水

一、什么是风水？ ·· (3)

二、易经——宇宙真理的符号 ································ (9)

三、河图洛书杂谈 ·· (12)

四、龟壳浮想 ·· (20)

五、时间与空间 ··· (21)

六、论龙脉 ··· (23)

七、论水势 ··· (28)

八、山水相依好筑城 ··· (34)

九、论北京故宫风水布局 ···································· (37)

十、论南京风水格局 ··· (41)

十一、盛唐长安 ··· (44)

第二篇　实用风水布局

第一章　略论城市风水布局 ············ (49)
第一节　古代城市的规划设计原则 ············ (49)
第二节　现代城市的规划设计原则 ············ (52)
一、北京城市规划设计原则 ············ (54)

二、广州规划概念 ············ (58)

第二章　小区的规划设计 ············ (64)
一、整体的规划原则 ············ (65)

　1. 因地制宜的原则 ············ (68)

　2. 楼群构成和谐原则 ············ (70)

　3. 楼群与公共用地成比例原则 ············ (71)

二、小区大门设计 ············ (72)

　1. 根据地形地势巧布小区坐向与大门 ············ (73)

　2. 因路方便原则 ············ (73)

三、园林的设计 ············ (74)

　1. 整体风格要统一 ············ (74)

　2. 理水原则 ············ (75)

　3. 堆山原则 ············ (75)

　4. 植被原则 ············ (76)

　5. 小品设计原则 ············ (77)

四、园区道路与文化墙 ……………………………… (78)
    1. 超大型小区道路规划 ……………………………… (79)
    2. 人车分流 ……………………………… (79)
    3. 文化墙的利用 ……………………………… (79)

五、小区的命名 ……………………………… (80)
    1. 与时俱进 ……………………………… (81)
    2. 品牌战略 ……………………………… (83)

第三章　选楼须知 ……………………………… (85)

一、楼型 ……………………………… (85)

二、楼周围环境 ……………………………… (88)

三、室内风水 ……………………………… (90)

第四章　家居布局风水要诀 ……………………………… (92)

第一节　阳宅外部吉凶判断的法则 ……………………………… (92)
    一、论明堂 ……………………………… (92)
    二、论周围环境 ……………………………… (97)
    三、住宅设计 ……………………………… (112)
    四、论宅形 ……………………………… (113)

第二节　阳宅内部吉凶判断法则 ……………………………… (115)
    一、大门内外吉与凶 ……………………………… (115)
    二、玄关布局切风水 ……………………………… (119)
    三、客厅格局宜与忌 ……………………………… (121)

四、厨房布局与健康 …………………………… (124)

　　五、卧室布局与养生 …………………………… (127)

　　六、书房布局旺文昌 …………………………… (130)

　　七、儿童房布设讲究 …………………………… (133)

　　八、卫生间风水要诀 …………………………… (134)

　　九、阳台布设风水运 …………………………… (136)

　　十、窗子的风水玄机 …………………………… (137)

　　十一、屋顶天花有乾坤 ………………………… (140)

　　十二、鞋柜高低有法依 ………………………… (141)

　　十三、楼梯设计稳中求 ………………………… (141)

　　十四、围墙齐整不可缺 ………………………… (142)

　　十五、排水通畅要隐秘 ………………………… (143)

　　十六、水井位置有密诀 ………………………… (143)

　　十七、庭院布置乾坤大 ………………………… (144)

　　十八、植草种树切风水 ………………………… (144)

　第三节　阳宅住宅吉凶尺寸 ……………………… (145)

第五章　店铺风水巧布局 ………………………… (148)

　　一、店面选址细心求 …………………………… (148)

　　二、门为气口吸纳财 …………………………… (149)

　　三、交叉路口旺与衰 …………………………… (150)

　　四、店前空地能聚财 …………………………… (151)

　　五、迎宾柜台如何设 …………………………… (151)

六、巧布招财风水物 …………………………………… (152)

第六章　办公室风水有奥妙 ………………………………… (154)
　　一、办公选址有讲究 …………………………………… (154)
　　二、办公室内巧布局 …………………………………… (155)
　　三、公司大门纳生气 …………………………………… (156)
　　四、老板权位在何方 …………………………………… (157)
　　五、主位风水面面观 …………………………………… (158)
　　六、主管座位宜与忌 …………………………………… (159)
　　七、财务位置喜与忧 …………………………………… (160)
　　八、企划风水有讲究 …………………………………… (160)
　　九、员工座位讲忌讳 …………………………………… (161)
　　十、提运风水装饰物 …………………………………… (161)

第七章　植物景观与风水 …………………………………… (163)
　　一、植物景观与风水 …………………………………… (163)
　　二、庭院植物风水面面观 ……………………………… (166)
　　三、植物各寄象征义 …………………………………… (168)
　　四、室内植物增宅运 …………………………………… (170)
　　五、室内不宜的植物 …………………………………… (171)

第八章　形煞及化解方法 …………………………………… (174)

第九章　家居风水用品简介 ·· (181)

第三篇　玄空飞星风水基础及应用

第一章　廿四山向的认识 ··· (199)
　　一、罗盘简介 ··· (199)
　　二、廿四山五行与阴阳 ··· (201)
　　三、玄空风水的三元龙与阴阳 ································ (201)
　　四、玄空风水廿四山分阴阳 ··································· (201)

第二章　玄空飞星挨星法 ··· (202)
　　一、三元九运 ··· (202)
　　二、九星与九宫步法 ·· (203)
　　三、玄空换星法 ·· (205)

第三章　下卦与替卦 ·· (209)
　　第一节　下卦与替卦的划分 ··································· (209)
　　第二节　替卦的意义与起星之法 ······························ (210)
　　第三节　玄空飞星四大局 ······································ (212)

第四章　双星组合及配卦决断 ······································· (214)

第五章　玄空立向造宅实践 ·· (225)

一、地运法则 ……………………………………… (225)

二、山上龙神不下水，水里龙神不上山 ……… (227)

三、城门 …………………………………………… (230)

四、合十、三般卦、七星打劫 …………………… (234)

五、反吟伏吟 ……………………………………… (238)

第六章 宅屋风水与调理 ……………………………… (240)

第一节 旺山旺向的风水布局调整 …………… (241)

第二节 双星会向的风水调整布局 …………… (251)

第三节 双星会坐的风水调整布局 …………… (259)

第四节 上山下水的风水调整 ………………… (267)

第四篇 风水文章选登

阳台不易堆杂物 ……………………………………… (277)

地铁会震断"龙脉"吗 ……………………………… (278)

化解"天斩煞" ……………………………………… (279)

也谈声煞 ……………………………………………… (280)

山水城中话风水 ……………………………………… (281)

对山面水的宜忌 ……………………………………… (282)

青山秀水出才俊 ……………………………………… (283)

盆地效应可聚财 ……………………………………… (284)

反光入室为大忌 ……………………………………… (285)

高架桥边喜与忧 …………………………………… (286)

识别门前"煞气" …………………………………… (287)

鸣珂之水方有情 …………………………………… (288)

破落之屋不宜居 …………………………………… (289)

床向宜明不宜暗 …………………………………… (290)

明堂阔窄有讲究 …………………………………… (291)

空中花园的讲究 …………………………………… (292)

山水住宅好安居 …………………………………… (293)

办公地选址有讲究 ………………………………… (294)

办公室内巧布局之一 ……………………………… (295)

办公室内巧布局之二 ……………………………… (296)

卧室大小有学问 …………………………………… (297)

马路与商铺的学问 ………………………………… (298)

四合院布局与小区设计 …………………………… (299)

倚山小区定座向 …………………………………… (300)

建筑工地要远离 …………………………………… (301)

生物住宅也讲求环境气场 ………………………… (302)

风水中的绿化 ……………………………………… (303)

酒店装修与布局的学问 …………………………… (305)

长寿乡的风水格局 ………………………………… (308)

后　记 ……………………………………………… (312)

序

2000年以来,我在《羊城晚报》主持一个栏目,叫"科学批风水"。有些人理解是批判风水学的,其实仔细读了文章才知道是批注评注风水的,是一个正面宣传风水的栏目。我非常感谢给我提供这样一个写专栏机会的编辑袁蓓及冯茵。这个栏目受到了许多读者的关注,也有人专门写文章来评论。一些人不理解还提出过批评,不管是赞誉还是毁誉,我都非常感谢我的读者,感谢他们给我的支持。

一直以来就准备写本有关风水方面的书,总想多些实践与研究后,写得更为充实些。然而,越是深入研究,越是觉得风水学之博大精深,迟迟不敢动笔。风水学是中国独创的一门艰深的学科。它是集天文学、地理学、环境学、建筑学、园林学、伦理学、预测学、美学等于一体的学科,已历经五千多年的时间检验,经过广阔地域的空间实践,具有世界上最充分的统计学价值和应用价值。实际上,在国外对于居住环境的研究还只能停留在理论上,最多也只能从采光、通风、绿化等几个方面来进行非常表面的量化标准。而中国风水学的研究远远高于这些简单的标准,而更多的关注天地人"三才"合一观,这是有别于西方传统的研究方法——人在事物外。中国风水学实际上讲的是"气"场的学问,这种场广及苍宇,微达人体,是中华民族经历几千年的实践总结出的一门学问。

中国是世界四大文明古国之一,是最早的有序建设城乡、有规范地运用风水理论来构筑环境的国家。从五千年前的黄帝陵建设思想,到三千年前的《周礼·考工记》,从宋代的《营造法式》,到清代的《营造则例》,都存在一种共同的思想理念:天人合一。从城市到乡村,从宫殿到民居,从阳宅到阴宅，都存在天地人和合的风水优选思想。建筑是物，风水是魂，风水学是中国传统建筑的思想和灵魂。建筑物不是一种简单的"住人机器"，建筑规划也绝非一种单纯的"空间组合"或形体罗织。建筑及其规划，是有构思意韵的，是有思想感情的，不能"见衣不见人"，"见人不见魂"地囿于躯壳研究。只有形神兼具，匠意兼顾，才是真正的华夏意匠。

其实，按风水学中三元九运来看，从2004年开始，进入八运，这个运程应该是古文化发展及光大的时期了。我想在这个新的天运开始的第一年，该是动笔写这本书的时候了，于是在许多不眠的夜里，我开始构思写下每一篇有关风水的文章。

说实在的，在这本书里，我只是闲散地谈了一些自己在研究风水中的体会及理解，只代表自己的意见。如果从一个角度来看风水学，能给爱好者提供一个了解的窗口，或给专业研究者一个新的提示，也就足够了。

徐丙昕

2010年11月15日于北京

第一篇

漫谈风水

一、什么是风水?

什么是风水?风水学是研究什么的?风水又起源于何时?为什么中国人那么笃信风水?风水与人生又有什么关系呢?面对这一系列的问题,在本书开篇就要一一回答,这也是我们研究风水必须要弄清的问题。

1. 什么是风水

风水一词最早出于晋人郭璞的《葬书》:"气乘风则散,界水则止,古人聚之使不散,行之使有止,故谓之风水。风水之法,得水为上,藏风次之。"从这段话里我们可以知道,风水的研究要早于《葬书》这个时代,这一点勿庸置疑。

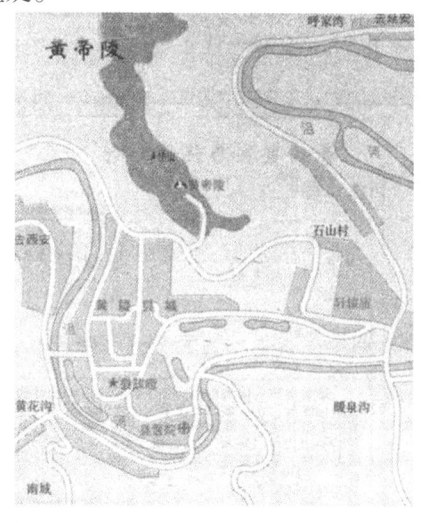

黄帝陵的选址后面来龙有气,四面有山环绕藏风,前有沮河环抱,得水聚气,谓之风水上乘宝地

风水还有一名词叫"堪舆",堪,天道也,舆,地道也。也就是研究天文地理的学问。所以也有人称之为"地理"。

由以上的解释里,我们明白古人有关风水研究的对象:气(风)、水、天、地。

气(风)不仅仅指我们现在所理解的空气、大气,而是有更深层次的内容，这里的气是一种微观世界的能量场。这种能量场，至微无所不在，至宏充盈天地。一切生命体都在这种能量场中，并且这种能量是与山川水文紧密联系、与天道运转息息相关的，这种无形的气场是通过有形的水（水质、流向、缓急）、天（天体运转规律）、地（地理山川形势）来表现的。所以说，风水学在某种程度上来说是研究空间气场的学问，也是一门大学问，因为它涵盖了天文地理时间空间的所有问题。

风水学起源很早，早在五千年前黄帝陵的选址即体现出来的风水思想的萌芽，在中国第一部诗歌总集《诗经》的《大雅·公刘》篇中，就记述了周文王前十二世祖先——公刘，于公元前十五世纪带领周民自邰迁至水草丰茂的豳地，初步定居并发展农业的史绩。其中就详细描述了公刘考察豳地的情况，包含了最初的风水环境思想。在数千年发展中，风水学越来越丰富，运用到的知识也越来越多，而最初的易学思想则是它的灵魂。以至于后来有人把风水学归类于道家五术之一，这当然是不正确的，不仅儒释道三教都乐于此道，一些政治家、军事家、教育家也都把风水地理作为必须掌握必须精通的知识与学术。只不过后来有些人把风水学引入太过功利化和神秘化的方向而已。

在现代汉语词典中，风水一词是这样定义的：指住宅基地、坟地等的地理形势，如地脉、山水的方向等。迷信的人认为风水好坏可以影响其家庭、子女的盛衰吉凶。

我们来看，现代汉语词典把风水定义为"指住宅基地、坟地等的地理形势，如地脉、山水的方向等"，是片面的，把风水狭义化了。定义"迷信的人认为风水好坏可以影响其家庭、子女的盛衰吉凶"，这是把风水丑化、庸俗化了。

如何看待风水？2004年国家住宅与居住环境工程中心发布了《2004年健康住宅技术要点》，明确指出："住宅风水作为一种文化遗产，对人们的意识和行为有深远的影响。它既含有科学的成分，又含有迷信的成分。用辩证的观点来看待风水理论，正确理解住宅风水与现代居住理念的一致与矛盾，有利于吸取其精华，摒弃其糟粕，强调人与自然的和谐统一，关注居住与自然环境的整体关系,丰富健康住宅的生态、文化和心理内涵。"

在我们日常生活中,人们使用风水一词可有两种解释,一种是比较广义的意义,泛指附近的空间、山、水、植被情况等自然环境。人们常形容一个地方的自然环境美好,人杰地灵,物阜人丰。往往会说:真是一块风水宝地呀。另一种是比较狭义的意义,专指阴宅(祖坟)和阳宅(住房),比如说做风水,你家有好风水等。

古代的阳宅阴宅,不管是官衙与民居,不管是贵族墓与平民坟,大部分都有风水师的一份功劳。所以现代人必须承认,风水学对中华民族的繁衍发展做出了不可磨灭、不容诋毁的贡献。

黄帝陵在青山绿水环抱中达到了天地人合一观

风水学的核心思想是天地人合一观,人与自然的和谐。它以天地为观察了解对象,以人为依归,以人为服务目的。这有别于西方的研究方法——人在物外。

2. 风水学研究的内容

风水学是一门研究"气场"的学问,这种气场是以人为服务目的的。它是集天文学、地理学、环境学、建筑学、园林学、伦理学、预测学、美学等于一体的学科。

观天：那么风水学关注的内容首先是观天，中国人的哲学观一直是天地人三才合一观。风水学特别强调：在天成象，在地成形，天象与地形相对应。中国人把天象分成四个区，即东面青龙，西面白虎，南面朱雀，北面玄武。在风水学上也同样讲左青龙、右白虎、前朱雀、后玄武。

这是汉朝时建筑使用的四兽图瓦当

而中国人对天象规律的理解更为深刻，这主要体现在"河图洛书"中。有关河图洛书的内容，我会在以下的章节中专门讨论。因为时空不同，天象不同，风水相对应的结果也就会不同，故天象规律是风水学研究的重要内容。

河南濮西水坡村仰韶文化晚期墓葬，墓主身旁有贝壳摆砌之青龙、白虎图案，可见造葬与风水学的关系

理地：这就是风水学关注的山川地理形势，研究来龙去脉，龙砂水穴。

龙——指山峰形态，起伏跌宕，或伏或腾，若隐若现，变化万端，因有诸内则形于外，细心观察，必能领会。诗云："龙楼宝殿势难攀，此处名为太祖山，若祖端方孙必贵，亦须剥换看波澜。"龙有山龙、水龙、真龙、干龙、支龙等。山龙是指山脉形态、走势，如龙之翻腾盘踞。若在大平原上，四处无山，只能看水之流向，曰水龙或叫平原龙。《水龙经》云："行到平原莫问踪，只看水绕是真龙，水要弯环莫直流，直流之处最为凶。玄武之水是龙身，走穴君须看的真，水积必然龙有穴，水流气散不堪陈。"

砂——堪舆家把穴场前后左右的山称做砂。因为古代研究堪舆，用砂盘做演习，因而得名"砂"（亦写做"沙"）。又把左边的山叫做"青龙"，右边的山叫做"白虎"，前面的山叫"朱雀"，后面的山叫"玄武"。（以上借用四兽来区别四方的山，并非以山的形状像四兽）。前面的山又有"朝山、案山"之称，"案山"是指面前近而低小的山，"朝山"是指高而大的山。后面的山又有"乐山"之称。

水——水是随着山脉的起伏顺转而流的，所以说："龙行看水走"，水源处即结脉处。杨公说："未看山，先看水，有山无水休寻地。"廖公说："寻龙点穴须仔细，先须观水势。观水之法，凡两水之中，必有山，故水汇即聚，这是山水自然之理。"凡属龙穴，端赖水为验证，其吉凶之辨，首在"过峡来龙"，终在"明堂水口"。堪舆家又认为"山管人丁，水管财"。

穴——堪舆家将结穴的地方（风水所在的中心点）指点出来，叫做"点穴"。真穴掘开三尺多深，将有叫做"太极晕"（一种像太极图的圈）会呈现出来，或现出光彩的五色土来。

辨质：就是对周围的空气、水、土质等进行好坏的鉴别，因为任何一项不好，都会影响到人们的生活与身心健康。比如空气中负离子含量的多少直接关系到人们呼吸空气的质量，但过去是没有办法用科学的仪器进行测量的，而风水师是通过地表植被状况进行辨别的，植被好又呈现欣欣向荣之象的，必然空气质量好，益于人们生活。水的鉴别也是通过水流形态、水的颜色、水的气味、味道以及水中生物等来进行的。土质的鉴别同样通过望、闻、捏、尝来对土的颜色、味道、黏性、含水量等进行判断。所以，人们把青山绿水土质肥美之地称为风水宝地。

乘气：葬书谓"气以生和，气因形来，气以势止，气以土行，气以龙会"，"形止气蓄，化生万物"，"葬者，藏也，乘生气也。夫阴阳之气，噫而为风，升而为云，降而为雨，行乎地中则为生气"是也。

风水学认为风水地三者中有一种看不到摸不着的气存在，这种气不是空气的气，而是由天地山川空间流通、会聚、孕育、体现出来的一种只能意会不能言表，不能用罗盘测量的东西。气有吉气凶气中气之分。能意会得这种气，能接收生气，摒弃凶气，才可以达到风水学的最高境界。凡乘生气者，气场和谐，温润舒服，山川形势必合风水规律，地质水文必然优良上乘，光照足而不烈，风力温而不暴，合乎此者，必是风水佳穴，乘生气而孕万物，地灵人杰，催生天骄人雄，必是天地有情。

以上四种是风水学研究的主要内容，除此之外，还需要辨方定位，选时择吉，在特定的时空内达到天地人三才合一，方能夺天地造化，建风水之奇功，使这门古老的术数学造福于人。

3. 福地心造

中国人的哲学观永远是统一的，认为天地人是一体的，最高境界便是天人合一。而不像西方哲学人在物外。古人认为：人的心灵与天地的灵气是相通的，积善之家必有余庆，积不善之家必有余殃。天地造化之功是与积德的美好心灵相振相谐，方能互为感应。有美好心灵人才能得到美好的阴阳宅，才能获得风水地的吉气善待。反之，有丑恶心灵的人是无法得到美好的阴阳宅的，只能得到丑恶的阴阳宅，也就只会得到风水地的凶气惩罚。就算得到好的风水吉地，也会遭到自然或人为的破坏。所谓天下吉壤佳穴为有德人居之。所以风水学十分重视风水用户和地师心灵的塑造与净化，十分重视道德的修养与积累。福由心生，地由心造。

4. 风水的流派

风水学在数千年的发展过程中，形成了难以数计的流派，可以说在中国古代术数学中以风水著作为最多，流派最繁，难以具实统计。若作简单分类可以分成两大类，这就是形势派与理气派。其中又以理气派最为丰富，其支流之繁杂，难以计数，这里只作简单分类，而不做实质探讨。

（一）形势派：

（1）峦头派；（2）形象派；（3）形法派。

（二）理气派：

（1）八宅派；（2）命理派；（3）三合派；（4）翻卦派；（5）飞星派；（6）五行派；（7）奇门派；（8）八卦派；（9）九星飞泊派；（10）玄空大卦派；（11）阳宅三要派；（12）廿四山头派；（13）星宿派；（14）金锁玉关派。

通过以上内容的探讨说明，风水学是一门古老的学说，经历数千年的发展，形成了自己一套独特的理论，并以其理论来进行环境选择与环境优化，最终达到趋吉避凶的目的。通过风水的选择建立好的气场感应，使自己与后人可以得到平安昌盛，百福臻临，丁贵财丰。如果人人家家都能获得好风水地而吉祥，社会就会因人人平安幸福而和谐，民族国家也就会因人人有为家家发达而兴旺，这就是风水学对人类最大的贡献所在。

但是不可否认的是，风水不是万能的，风水也只是影响人生的一种力量，风水学尚存在很多局限性，这就需要我们认真研究学习，博采众长，取其精华，去其糟粕，使古老的风水学真正地服务于人民大众。

二、易经——宇宙真理的符号

在中华文化的历史长河中，《周易》是源头的那一泓清泉，它以奔涌不息的生命之水，汇成了悠悠五千年的中华文明。"易"被冠为群经之首，可见其在中华文化中影响之大。易，乃中华文化之源，是华夏文化的聚焦点，曾被历代政治家、思想家、军事家视为群经之首，被现代科学家称为宇宙代数、科技之父。易是中华民族修身、齐家、治国、平天下、内圣外王的大道法则，是揭示宇宙万物产生、发展及运动规律的科学，是人类探索宇宙、解破人体奥秘的金钥匙。其易之本质我们概之为"易道"，它是宇宙生命的本体理念与生成结构，是开物成务，彰往察来，弥纶三才的大规律、大法则，是天人同构、时空合一、中正和合的思维方式与价值取向。"易道"构成了中华文化最稳定、最本质的内核，决定了中华文化的面貌、特征和总体走向，代表了中华民族的深层心理结构，促成中国人特有的生活方式、行为方式、价值取向、伦理道德、审美意识和风俗习惯。

在中国文化史上，知名度最高、影响最大、争议最多的著作，大概要算《周易》。《周易》分为经与传。《易经》主要是一本占筮之书，成书于西周前期；《易传》主要是一本哲理之书，成书于战国后期。从"经"到"传"不仅反映了"易"的演进，更重要的是反映了巫术文化向人文文化的质变，反映了中国文化发展的轨迹。一切文化皆源于巫术文化，《易经》作为轴心期时代人文文化的代表，是中华文化的"活水"。到了战国后形成了专门研究《易经》、《易传》的"易学"，从内容实质审视，易学实为一门探求宇宙生命大规律的学问，从某种意义上说，正是中国古代科学与哲学的代表。

有关易的研究与争论之多，是其他经书无可比及的。易既是儒家思想的导源，又是道家思想的起始。同时还是阴阳家、五行家、兵家等等百家思想的根源。易之含义之丰富超乎我们想像，易为变易、易简、不易；易为日月；易为生生不息；易为逆数；易为卜筮；易为宇宙之体等。《易经》从表面上看是占卜书，从本质上看是通过占卜来探索宇宙变化规律的书；《易传》则明确指出"易"是"天人之学"，是"开物成务，冒天下之道"、"与天地准，故能弥纶天地之道"、"广大悉备，有天道焉，有人道焉，有地道焉"的论道之学。

易学文化已成为全世界最前沿各科技领域研究的一个专题，为当今前沿科学领域提供新的理论架构或新的前瞻性预测，中华古老的易学文化显示出巨大的生命力。比如有关生态住宅的研究，国外还只是停留在理论研究上，而我国的风水学早已在实践中运用了上千年。国外的专家们不得不在中国风水学中寻求合理的养分来充实自己的研究成果。

在世界范围内对易的研究中，在16世纪末，德国数学家莱布尼兹在长期研究中国《易经》之后，于1701年4月提出了《八卦图象与二进位制关系》。随后另一位数学家鲍威特也发现了这一关系，从而给现代微积分和计算机奠定了基础。计算机是二进位制的。其0即阴爻，1即阳爻。宇宙万物生灭、变化，都是阴阳数之间的消长结果。"万物有数"是《易经》的命题。人的思维、判断，也全为"是"与"否"的二位数的运算结果。这种运算是快速完成的。二位数是穷通天地的宇宙语的基础。如果说《易经》中所揭示的阴阳两仪代表的是线，那么所生的四象即 2^2 的数则是面。而四象生八卦，这八卦即是 2^3 则是三维空间。到了周文王演八卦，把八卦推演为六十四卦，后又配以卦爻辞，这便是易经了。这六十四卦又是2的六次方，对应了六维世界，它尚难以透悟深识，与尚处在四维之中的人文时代的认识差距是历史的必然。可谓"人类还很幼稚"！它峥嵘偶露，人们半信半疑，又泯灭不掉，是因为它永远接近宇宙真理。正如英国的克里斯托夫·巴克特所说："我们发现传统的西方关于现实的模式在很大方面不符合科学事实。而同时，我们的科学巨匠认识到，古老的《易经》却令人惊异地接近了真理。更令人惊奇的是所有地球生命的秘诀同《易经》的教导十分相似，六十四个卦象严格地对应着遗传密码中六十四个DNA密码，这一点在马丁·斯科诺伯杰的《生命的奥秘》一书中清楚的叙述。"此外，在化学上，门捷列夫元素周期表，也严格地与六十四卦相对应。物理学也与《易经》之间存在永远平行的关系，从音律的声学，到色盘的光学，比比皆是。从微观到宏观，大小宇宙多层而又同模，都"其大无外，其小无内"地对应《易经》原理。现代科技发展扩大了人类的视深，观察到原子、原子核、电子、质子、中子等结构模型在宇宙天体的宏观中也成立。都是静中有动，动中有静，静是相对立的，动是绝对的。动的形式是多重旋绕式。带电粒子进入磁场时会产生螺旋运动，人类的认识运动以及社会发展也是螺旋运动，人类的认识运动以及社会发展也是螺旋式上升的。《易经》的变易思维，阴阳消长学理，奇异般地永远接近宇宙真理，成为中华民族思维的基本源头和文化基因。

伏羲先天八卦图　　　　文王后天八卦图

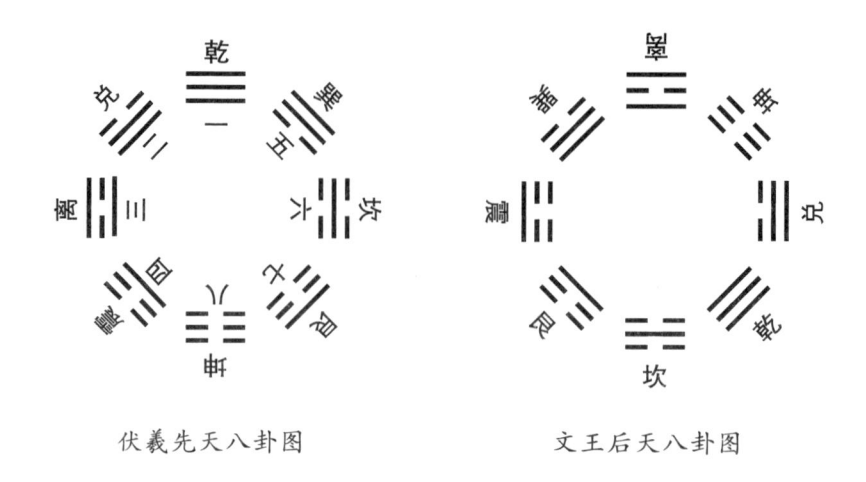

三、河图洛书杂谈

一、来历与数理

中国的玄学开篇几乎都要谈到河图洛书（见下图），河图洛书仅是两幅没有文字说明的图，是数字有序的星点排列。这种星点的排列到底蕴含着什么？在揭示着什么？是谁创造的？是一种怎样的智慧呢？

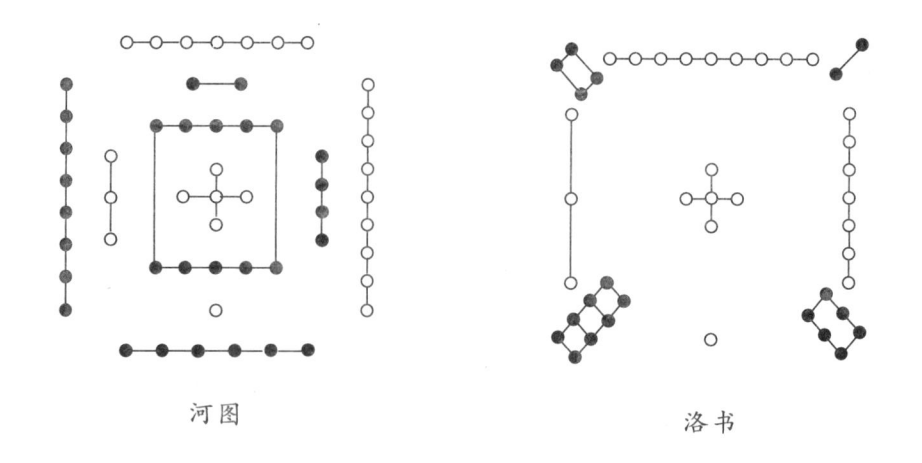

河图　　　　洛书

建在洛阳王城公园中的河洛图

首先，我们不能不考究一下它的来源，在宋代以前，几乎无人问津河洛，及至宋方有陈抟授河洛及先天图之说，中经刘牧、邵雍、周敦颐等人，至朱熹而集大成。有人说河洛是宋人的伪造，到1977年7月，安徽省阜阳地区城郊公社罗庄大队清理挖掘两座西汉汝阴侯墓，其中一号墓出土了两具占盘和一具有纪年的天文仪表。其中，"太乙九宫占盘"的天盘上的图便是洛书，从而结束了易学界认为河洛源于宋的说法。

《系辞》中说："河出图，洛出书，圣人则之。"于是便有传说：古时伏羲氏即位时，有龙马高八尺五寸，长颈，骼上有翼，马身龙鳞，蹈水而至，负图出于黄河。大禹治水时有神龟负书而出于洛水，又说有彩凤衔一卷书于黄帝，黄帝命凤后解之，得太乙奇门之术。这两段故事，叫做"神龙负图出洛书，""彩凤御书碧云里"。史书《汉书·五行志》中说："伏羲氏继天下而立，受河图而画之，八卦是也，禹得洪水，赐洛书而陈之，洪范是也，圣人行其道而主其真，河图洛书相经纬，八卦九宫相表里。"《论语·子罕》中，孔子说："凤鸟不至，河不出图，吾已矣夫。""洪范九畴"即九宫数，有谓其出于黄帝时代，"乾凿度"云："昔燧人氏仰观斗极，以定方名，庖牺因之而画八卦。黄帝受命，使大挠作甲子，容成次历数，五行、九宫之说，自此而兴。"从中可窥见河图洛书为先圣观察极星北斗天体运转，而创为探讨宇宙真理符号。

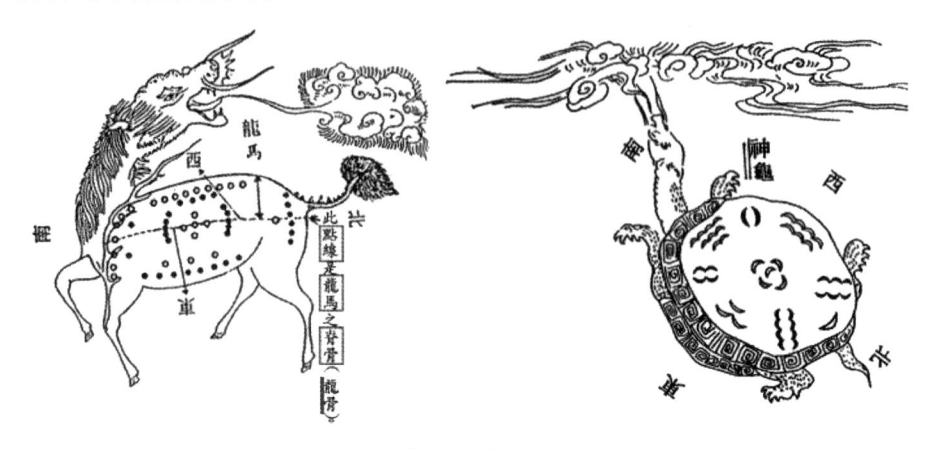

龙马神龟图

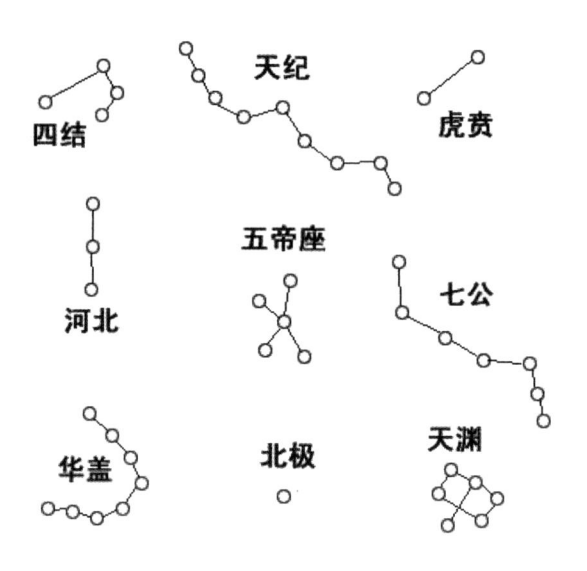

天星九宫图

河图洛书起源于伏羲时代，为易学界公认，但河洛的作者是谁呢？那时候人们不像现在，有功利思想，签个名，再印个激光防伪什么的，别人想来个盗版都困难了。河洛易理，穷天地之妙，对于现代人来说仍然是个谜，现在我们可以丢下一些神秘的色彩，在传说中寻找一丝真实。

今天我们来考察河图洛书时，几乎没有人能够说清楚其中之道理。至于八卦中的许多层次的理论倒能说上一二，我在下篇中将详解八卦中的数理时空问题。那么河图洛书中真的隐含着宇宙之理吗？其内容又是什么呢？我在这里只能先谈洛书，即九宫图，把九宫图中的数字排列来进行详解一番，或可看出一定道理来。首先在九宫图中数字之和等于十五，这一点恐怕所有研究易学的人都知道，就是横竖斜相加都等于十五。除此之外，还有什么数字玄机呢？我们以左列的438与右列的276为例加以说明。当我们把数递变为两位数相加时，左右两列数字之和依然相等。即43+38+84=27+76+62。从下向上递变依然成立。即83+34+48=67+72+26。递变为三位数依然相等，即438+384+843=276+762+627。从下向上递数依然成立，即834+348+483=672+726+267。再这样递变下去为四位数、五位数、六位数、一百位数、一千位数依然成立。神奇之处还不在这里，更为神奇的是不管是一位数，还是两位数、三位数的平方相加和依然可以左右相等。比如两位数即 $43^2+38^2+84^2=27^2+76^2+62^2$。三位数四位数平方和依然可以成立。也就是说一百位也好一千位也好都可以成立。这个数字的神奇排列真是让我莫名惊诧。再有就是把九宫图用行列式的方法计算，可以得到一个周天数360。在这些数字面前，我不敢想象，这样一个数字排列竟然有着不可思议的魔力。就是这样一个九宫数的排列解开了美国数学家提出的数学怪题，严格等平方和的问题，当时可是无人能解的数学怪题，就连计算机都无能为力。

二、洛书人事图

当代大易学家钟义明先生认为：河洛之数的排列以○和●符号来表示着宇宙的"象数"，其图形一圆一方，虽极简单，但构思精妙。这在上面的论述中可见一斑了。其中有很多的天文、物理、医学道理都是从这两个完美的"象数"中推衍出来。又说河图乃自然现象之"体"，洛书为"用"，两者互为经纬。○可当作天、奇数、时间、正数。●可当作地、偶数、空间、负数。并说近代的二进位原理、相对论原理、天文常数，都要从河图和洛书得到证明。钟氏之说不无道理，但终究也只是理论上提出而没有加以论证。

我认为洛书是相对讲时间的，而河图是讲空间的。洛书是讲人世小世界的变化规律，河图是讲大宇宙时空的变化规律。洛书是循环往复变化的，河图是讲空间膨胀变化的。没有河图也就没有洛书，正像先后天八卦一样，先天是讲"体"的，后天是讲"用"的。所谓"体"，是本源，所谓"用"是衍生。所谓"体"是原气，所谓"用"即成形。先天八卦乃宇宙生成定序，为"体"；后天八卦为地域方位人事百态，为"用"。河图产生先天八卦，故为"体"，洛书衍生后天八卦，故为"用"。而这个"体""用"是如何解释呢？

我还是用九宫图与后天八卦来解说人世规律。后天八卦中七为兑，为少女，八为艮，为少男。这少男少女定位却暗合男女一生之变化规律。对于儿童来说七岁女八岁男是童年时期智力成熟的表现，也是身体发育的第一次高峰。现代科学研究表明了这一切，故定儿童七岁为入学年龄。而到二七即十四岁女来说，则是第二次成熟期，即性觉醒期，初潮在这个年龄前后。男孩子要到二八即十六岁时，则性觉醒，即开始遗精期。医学心理学研究表明，女孩子要比男孩子性觉醒要早一两年。女性到了三七二十一岁和四七二十八岁间为生育最佳年龄。过了这年龄则被认为高龄孕妇。女人到了七七四十九岁时，则经血枯萎，更年期来了。男人则要到八八六十四岁后才停精。看来古人设定九宫八卦数是不无道理的，后天的九宫八卦数是讲人世的由此可见一斑。

九宫数中不仅暗含固定的人世自然义，更为适用的，可以根据九宫数推知社会变化规律，从而可推知国运、世界运。接下来我再论述世界人世变化规律，一切尽在九宫数理中。在九宫数理中，设三元九运，一运二十年，一百八十年为一个小循环。我们从二战之后来论述世界格局与主题大事。

从1944~1963年，这是中元五运，五运乃中间数，即九宫原图，各方均达到一种平衡，一种稳定。中间数为五，五乃五黄主土。这个运程世界主题是和平是稳定是建设。故世界大战要结束，世界形成两个势均力敌的阵营，这就是社会主义阵营和资本主义阵营。因为大战刚过，人心思定，搞建设维和平乃天运主题。故此时谁引发战争都不会有圆满的结果，我曾写过一篇《从洛书天运中看美国二战后出兵状况》论文。开篇立论引用《战争论》

之观点,一场战争的胜负决定条件有两个:一是经济,一是军队,没有经济不能打仗,没有军队也不能打仗,而军队的武器装备又是最重要的。二战结束后,美国的经济是当时整个世界其他国家经济的总和,也是拥有原子弹的惟一国家。在五十年代初,美国出兵朝鲜,中国出兵抗美援朝,不用说其他军事力量对比了,单是制空权中朝军队就没有,就是这样一个极不平衡军事对比下战争的结果,却大出美国人的预料。其结果被艾森豪威尔将军总结道:美国是在一个错误的时间错误的地点与错误的敌人进行了一场错误的战争。不合天运必然失败。其后的越南战争也是如此。这其间,苏联领导的社会主义阵营开始与美国领导的北约阵营进行了势均力敌的各种竞赛,达到了一种平衡。这一时期和平稳定与建设成了世界主题曲。除此之外,因为五为五黄为毒为传染病。这一时期,全世界范围内传染病爆发过几次。在中国的血吸虫病就非常厉害,后来得以根治,毛泽东主席曾写下两首《送瘟神》的诗表达自己激动的心情。

从1964~1983年,这个二十年是中元六运,六为乾,为天、为老男、为专制强权,这个时期,相对来说全世界范围内各国政府都要独立,使行强权制度,比如法国首先打破两个阵营的对立关系,与中国建立外交关系,法国摆脱美国控制走向主权大国。此时的苏联、南斯拉夫都推行了强权政策,在中国已经把个人崇拜推向了极至。在中国有十年搞政治运动,经济不进反而倒退了。相对来说,这个二十年,苏联经济飞速发展,太空探索取得极大的进步,苏联在1956年第一颗人造卫星上天,而此时各种卫星都得以长足发展,各国卫星飞上了太空,中国也于1972年发射了第一颗人造卫星。苏联开始第一个造出宇宙飞船,第一个太空人在太空漫步。此时的美国感到了极大的危机,对太空的探索再也输不起了,终于在1969年先于苏联人登上了月球。而此时的世界格局,似乎苏联要略强于美国,处于战略攻势,美国则处于守势。这是因为相对美国的自由民主来说,苏联要专制得多。专制是这个时代的主题曲,顺应了天运,故略强些。

从1984~2003年,这个二十年是下元七运,七为兑,为西方、为少女、为泽洋、为性、口舌、经济。进入这个七运以后,世界局势开始悄然发生变化。中国开始全面推行经济体制改革，对外开放，对内搞活，确定了以经济建设为中心的基本国策。而此时的西方开始全面推行自己的价值观，自己的意识形态，世界范围内进行了和平演变，东欧巨变，苏联解体。以美国为首的西方资本主义国家以"口舌"之争赢得了这场意识形态的全面胜利。在这一时期女权运动蓬勃发展，女性争取了更多的权力与自由。女性在政府中的席位明显增加。同样性在泛滥与开放的同时，引起性病流行，爱滋病在全球范围内扩散开来。在我国，经济带的兴起首先表现在沿海与沿江城市。同时出现了许多女强人，女人开始活跃于各个领域与阶层。这一时期美国发动的战争几乎无一例外地取得了空前的成功。海湾战争、入侵南联盟、出兵阿富汗、进军伊拉克，此时的战争已悄然发生了巨大的变化，高科技、精确制导都给战争赋予了全新的概念。此时的旧有世界格局已被彻底打破，新的世界格局不可能在短时间内得以平衡，故美国充当了世界警察的角色，全世界人都要看美国人的脸色行事。然而，物极必反，否极泰来。这是易学的理论，是事物发展的必然趋势。美国这种独霸世界的角色不会充当太久的。

2004~2023年，这是新的世纪，也是下元八运的二十年，这个运程的主题为艮，为山，为医，为少男，新科技与古文化复苏传播，为东北。以中国来论，开发大西北的政策，实际上就是开发山区，让内陆山区得到发展。振兴东北老工业区大规划也开始启动。正应了这个运程的主题。医学会得到极大的进步，新克隆基因技术应用，会给医学带来新的革命，许多医学难题将得到解决。这个时代会造就许多财富神话，知识化年轻化专业化是各阶层的用人原则，财富也将是这些人创造。各国领导人也将年轻化，新的一代将弹奏最为强烈的时代主题。新的理念新的世界格局将达到相对平衡。中国将会在这个二十年内全面发展，成为新的强国，在世界格局中将发挥更大的作用。

我根据三元九运规律翻查了中国历史与世界历史，并根据大元运相应照，果然十分明晰地符合这一洛书规律。洛书是讲人世规律的，历史变迁，人事更替不出其右。这一点是肯定无疑的。我为古人的智慧惊异不止，这样有规律的预言真的使人无法相信，甚至怀疑这样的智慧是几千年前人们创造的吗？人理、事理、宇宙理，理理入图内，家运、国运、天下运，运运在数中。在这样的智慧面前，要用怎样的心智才能企及，要用怎样的人生时间才能破解。我们不能深思下去。

三、河图浮想

洛书既然是讲人世规律的，那么，河图就应该是讲宇宙规律的。根据易的阴阳理论来推知，有阴就有阳，有人世规律必然就有宇宙规律，河洛又是互为经纬的，故河图应该是讲宇宙规律的。河图中的数点的排列究竟暗藏了怎样的规律呢？

根据传说中的线索来看，伏羲氏是根据龙马之图而画先天八卦。在先天八卦中，是天地定位，山泽通气，雷风相薄，水火不相射（根据前面的句式来看应该是水火相射）。在先天八卦中，都是相对立而平衡的卦位关系。这让我想起了宇宙大爆炸理论来。现代天文学认为：宇宙起源于一场大爆炸，宇宙由一个极度弯曲的奇点，向外爆炸膨胀而形成了今天的宇宙状态。现在的宇宙仍然向外膨胀着。天文学家回答宇宙的起源必须要弄清楚几个问题：

1. 如果宇宙真的源于一场大爆炸，那么，太空背景也必然不是真空。这一点已被证实。宇宙背景是有一种 3K 辐射充满其间。

2. 如果宇宙源于一场大爆炸，那么，爆炸产生的物质分布应该是均匀的。如核物质裂变一般，均匀裂变均匀辐射。实际上，宇宙天体分布是不均匀的，这是为什么？后来天文学家假设，在宇宙最初的裂变时，有个加速膨胀过程，这一过程极其短暂，就是这个加速膨胀过程改变了宇宙大爆炸时产生的物质均匀分布的情况。如果这一假设真实存在，那么原先认定的 3K 均匀辐射背景就不应该是均匀的。近阶段美国卫星上的高度灵敏探测器显示了宇宙的背景辐射果然不是均匀的。

我们来看河图阴阳点的排列，确实非常像宇宙大爆炸过程。从中心点向外裂变为四，这一阶段是均匀分布的，而接下来便是一个加速膨胀，向四周分裂产生变化，四周分布出现不平衡现象，这一不平衡的构图，确实与中国人的思维习惯不一样，因为在中国人的观念中是以平衡为美的。这种不平衡的构图在向我们揭示着什么呢？由洛书规律我们可以推知它应该在诉说着宇宙天体的规律。而宇宙天体的规律到底是怎样的，以一种什么样的模式运行着，宇宙会走向哪里，河图应该给了我们提示。然而，我们人类的历程太短暂了，短暂得觉不出宇宙有任何变化，所以河图的秘密是不得而知了。

河图洛书，里面到底蕴藏着多少无法探知的东西，真的非我们能想像。那里该有着大智慧，是宇宙大道，是天道。对着这两张图我陷进了茫茫的沉思……

四、龟壳浮想

从清代文史大家王懿荣发现甲骨文开始，传说中的殷商时代被挖掘出来。在大量的龟甲刻文中，我们看到的都是占卜文字。古人为什么用龟壳来占卜，而传说中的洛书又为什么是神龟驮来？这里面究竟有着必然的联系，还是仅是一种巧合呢？这与后来的许多预测理论有着惊人的暗合，这究竟是怎么回事呢？

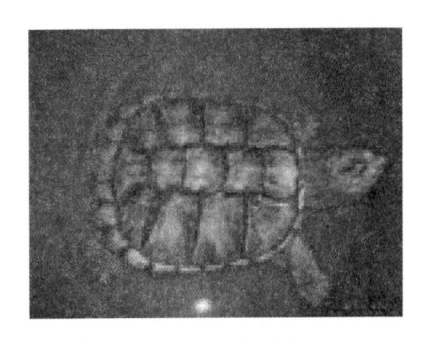

背上十三块图案 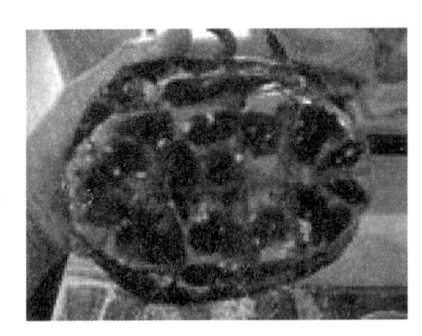　　　　　　　　　腹部十二块图案

神龟负书出于洛水，实际上这是神龟驮八卦的一种传说，我们注意观察一下乌龟壳，其中含有至妙天机，在这里我把龟壳组合的排列形式加以说明，其数理之妙暗合天地数理真实不虚。龟壳上面的形状是什么样的呢？中

间排列着五块，暗合了五行之说，两边分别四块，暗合八卦之数。如果正中以三块来论，正合天地人三才，四周围不算中间三块共有十块，天干之数也。上面代表天。龟壳下面两排一边六块，共十二块，正是地支十二。上面边缘共有二十四块，与风水学中的二十四山向吻合，头处凹陷只有半块。这二十四块半处天地间，正是一年十二个月，但有时闰月，故有时一年又有十三个月。这一年十二个月有时十三个月相加，共二十五，上壳十三与下壳十二又成二十五，其数五十，大衍之数也。为什么说大衍之数五十，其用四十九呢？刚才说到一个半块，正是头所处的位置，头为灵动之所，时出时缩，不能定也。故用其四十九来定头之位也。古人用灵龟来占卜，是绝对有道理的。龟壳中含有天地之数，实际上就是一个宇宙缩影，古人占卜明此理也。我们再来研究一下占字，上面就是一个卜字，下面的口，实际上就是一块龟壳，这个龟壳正是头部之位。卜得了头部是伸是缩便知吉凶了，在外则吉，可行动，在内则凶，当自保，当不能行动。龟之灵由此可见矣。

五、时间与空间

现在我们说时空统一，古人也明白这个道理，上下纵横谓之宇，古往今来谓之宙。宇宙一词是合起来用的。故我们说有了时间也就有了空间，有了空间也就有了时间。二者具有不可分离性，离开了空间的时间是不存在的，离开了时间的空间也同样不存在。也就是说宇宙奇点爆炸的那一刻时间与空间同时产生。就是盘古用利斧划开宇宙卵的那一刻时间空间同时存在，形成了天地，形成了对立，轻而清者上升为天，浊而重者下沉为地。阴阳形成，天地始分，乾坤定序，由此世界开始走向多样性。

我们来听听一群精灵有关天地的讨论，问曰：何为天，何为地？甲曰：头顶着是天，脚踩的是地。又问：天地间又是什么？答曰：是个害怕天翻地覆的惟我独尊者。乙有些不服气，曰，真是杞人忧天，小农意识，天是风霜雪雨，电闪雷鸣，是气候；地是个东南西北，是方位。丙曰：天是大气层，还有一层臭氧保护着这个世界，地就是一个球体，有山川河流。丁曰：你们真是个云间小雀，目光太短浅了！没见太阳和月亮就在天上，天是日月星辰，天是太阳系……戊说：那又错了，天外有天，太阳系在银河系中只能算小不点。己曰：地球就在银河系中，那么你到底住在地上，还是天上。庚曰：又错了不是，银河系多大，如何大过天，天上仙乐阵阵，众神再开蟠桃宴。辛早就持异议，这时再也忍不住：你们思维全都错乱了，天是太阳神驾车巡游走过的路程，走过一圈就是一天，是十二个时辰。壬嘻嘻笑道：天地本是浑圆的，是盘古爷给划分开的，天的对面就是地，地的对面就是天。癸是老小，本不愿说什么，这时见大家争个没完没了，也不同意大家的意见，淡淡地说：天青才谓天，其大无外，地厚才谓地，承载万物。那位问话的精灵言道：天大地大大不过道，身在此山中，云深独自迷，光闪不知处，眼前一线天。不可说，不可说，阿弥陀佛。

如此，天地真不可说，难以清晰了。

众灵精自迷，是谓盲人摸象，识得一鳞半爪，争即错。实际上，"天"与"地"在易经中以"乾坤"代之。在哲学的概念中称为"世界"，在物理学中便就只剩下"时间"与"空间"了。上面我已经讲过河图是为宇宙规律，洛书是讲地的，也就是我们人世所遵循的规律，河图洛书就说出了时间与空间宇宙的运行规律。宇宙中的万事万物，无不打上时间和空间的烙印。河图与洛书作为易学公理，易学之所以能够预测，就是因为它揭示了时间和空间的运行规律，每一种预测方法，无不取时间或空间的参数进行运算。

谈到时间与空间的本质，我不得不说当今科学研究成果，在物理学中，也难给时间与空间下个准确的定义，只能尽量去接近。时间与空间，看不见，抓不着。特别是时间，我们只能去感觉它的存在，在痛苦与等待中，感觉度日如年，在欢乐愉快的气氛中，时光飞逝。时间还有一个特征，就是总朝着未来的方向流逝，霍金在他的著作中称之为"时间之箭"。许多物理定律公式，把时间 T 变成 Tv，让时间倒流，依然成立，但谁也没有见到过一个破碎的玻璃杯自动合而复原，又掉在桌子上，接着从人的口中吐出一杯酒。由于人们不能抓住时间，测量时间的工具，只能用空间的位移来表示。

关于空间，在物理学中，用维来表示，我们生活在三维空间，在爱因斯坦的相对论中，时间与空间是相对的，三维空间加上一维时间，从而构成四维宇宙时空，在接近光速时，时间变得漫长，空间尺度会缩小。在相对论中，我们允许时间倒流，回到历史的某一时刻。但事实上，回到过去，也是于事无补，虽然我们的科幻电影中可以尝试改变错误，但最终结果是非人力可为的。

任何事物都存在于一定的时间与空间中，时间与空间在不断地变换着，"萧瑟秋风今又是，换了人间"，对于时间，我们是无奈的，它不会因任何人停留，也不会多分谁一秒，时间对于每一个人都绝对公平的，我们没办法超前或留住。而对于空间，我们往往可以选择，是在南方还是在北方，是住这所房子还是住另一套居所，这是人力可为的。而风水学在很大程度上是帮助人们来进行空间的选择，这也是风水学研究的实用性所在。

六、论龙脉

记得在中学上地理课，老师讲述中国的地形，从西到东呈阶梯状分布，青藏高原为第一阶梯，云贵川为第二阶梯，东南沿海为第三阶梯……山脉形势如何，地形之复杂，我已记不太清了。后来研习风水，才在王启荣先生的《地灵人杰》中充分了解了中国的山脉形势，明了了其中的来龙去脉。

中国的地理形势，每隔8度左右就有一条大的纬向构造，如天山——阴山纬向构造，昆仑——秦岭纬向构造，南岭纬向构造等。古人又把中国山脉划分为四列九山，这大概能总述中国大的山川形势了。而风水学则讲起始，讲源流，中国的山脉的总起始在哪里呢？西北方的昆仑山就成了众山之首，古人尊昆仑山为"万山之宗"、"龙脉之祖"、"龙山"，神话传说中的"天帝的下都"，其仙为王母，这也和易经中以西北为乾为长相关吧。

昆仑山既为我国山脉之祖，其他山脉皆出于昆仑，向东面分出北、中、南三条山脉（风水中称为"龙脉"）布遍全国。龙脉随三大水而行：黄河与鸭绿江夹北干龙尽于日本海；黄河与长江夹中干龙尽于东海；长江与怒江

(黑水)夹南干龙尽于缅甸，注入印度洋。

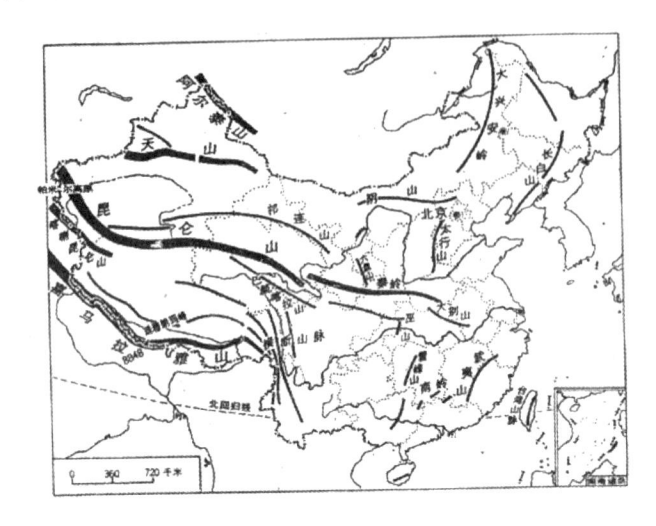

北干阴山系

阴山系由昆仑发脉，经青海、甘肃、宁夏、河北至太行山，长不可测，横亘千里，星峰磊落，气势雄伟。远古黄帝建都于有熊（河南省），尧都平阳（山西省），舜都永济，禹都安邑（山西省），均在太行山麓，故自黄帝、尧、舜、禹、汤、文、武，历代帝王均建都于西北。因西北多山，得天地严凝正气，其龙最垂久远，形胜完全，上钟三垣吉气，宜英雄出于其中，故玄空地理师祖杨筠松说："自古英雄多出西北。"

太行山自西北而来，盘旋于山西、河北境内的支龙，层峦叠嶂，耸入霄汉，北京在燕山之前，称为"燕"，大同在其之后，称为"云"。北京为北干龙的正结，建城始于西周燕国，距今已有3000多年，以后前燕、金、元、明、清及中华人民共和国都定都于北京。

太行山一支自长城外经内蒙古至大兴安岭、小兴安岭及长白山，结黑龙江、吉林等地，由吉林一支延伸至韩国；由黑龙江一支延伸到西伯利亚，再渡海至日本等处。阴山系一支盘旋于东北境内的支龙，万山环叠，雄峙东陲，得天地严凝正气，郁郁葱葱，磅礴万里，正脉腰落于长白山，余气尽于韩国。长白山绵亘千里，白云峰为东北最高峰（海拔2691米），山顶四时积雪如玉，上有天池，源深流广，为鸭绿江、图门江、松花江的发源地，三江孕奇，毓秀产珠，为世宝重；山风劲气酷寒，人参灵药，应气而生。

中干秦岭系

秦岭系称中干，脉出昆仑，越青海，经甘肃，出天水，辞楼巍峨，绵亘磅礴，入陕西太白山（海拔3767米），经首阳山、终南山，撒落平洋，结陕西省会西安（古称"长安"）。因西安东有函谷关，南有晓关、武关，西有大散关，北有萧关，其居于四关之中，故又称为"关中"，周、秦、汉、隋、唐皆定都于此。周公辅武王为政，忠恭勤慎，实行封建，划分井田，制礼作乐，潜移默化，官民咸宜，国内大治，得800多年的历史，享国悠久。

离西安不远至终南山（海拔2604米），由终南山东行至华阴，华山挺然天表，秀峰鼎立，端伟雄奇，云雾弥漫，气象万千，自此勇跃奔腾，越函谷关后一路顿伏，直至河南熊耳出脉，渐落低平而结洛阳。洛阳前据伊川，后依孟津，左偃右洞，洛水贯穿，东汉、魏、北魏、后唐建都于此。东汉刘秀长于田间，后通儒术，深知民生疾苦及为治之道，整顿吏治，政治教化，堪称盛世，文治武功，古今共仰。

由熊耳再前行至登封结中岳嵩山，嵩山为华夏之秀，居四方之中，巍峨卓立，形方气厚，自此逶迤东趋，结河南开封。开封平原广阔，四通八达，历为古战场，魏、晋、宋建都于此（汤都则在开封东边的商丘）。在宋朝徽宗之世，金人入侵，开封不保，高宗南迁，建都临安（即今浙江的杭州）。

中干尽结为东岳。自河南开封经考城，蜿蜒低伏，行至山东济宁，崩洪渡峡，平原散漫，一望无际，在运河跌断处，地势微茫，由此袤延东行，数百里间，渐起渐高，至泰安而结泰山。北界黄河，南界长江，有如束带，两大江水夹送至海，得天独厚，大抵途经华北平原，而泰山巍峨突出，上接云天，下临平川，俯视黄河，遥对大海，非常雄伟壮观。阳极生阴，此类大形大势，结作最钜。"登泰山而小天下。"令人向往！泰山为五岳之尊，正脉由济宁中间抽出嫩枝，行至曲阜，山有尼峰秀拔，水有洙泗逆流，极风水之大观，钟山川之灵秀，川岳呈祥，地灵人杰，故能诞生孔圣。

孔子崛起布衣，讲学施教，继往开来，德配天地，道冠古今，师表万世，学子3000中便出72位贤人，一时应运而兴，为古今所未有。

中干一支自甘肃来，左东行为凤翔，中东行为西安，右南行为岷山，而岷山一支则结四川全省。四川古称西蜀，有岷江、沱江、嘉陵江、长江四大川，故称为四川，其水分别在宜宾、泸洲、合川及重庆会合，流入长江，经白帝城由巫峡七百多里屈曲而出，峡山两边壁立，江流狭窄，截留去水，返气归堂，内气旺盛，故物富民殷，自古有"天府之国"美称。秦、汉以后，一直都为西南政治、经济、文化、军事的中心。三国时，刘备称帝于蜀，得丞相诸葛孔明英忠佐辅，整治内政，奖励生产，劝课农桑，息民练兵，夜不关户，道不拾遗，政治、军事都有辉煌建树，雄视魏、吴而成鼎足之势。

岷山一支由松潘、广汉、安岳、璧山至重庆，在嘉陵江与长江交会处尽结。重庆又称为"渝"，抗战时期，国民政府曾迁都于此，作为"陪都"。八年对日抗战，艰苦卓绝，最后取得胜利，虽然事在人为，但也有山川钟灵之助，故重庆对我国抗战取胜，另具殊功！

峨眉山为佛教四大名山圣地之一，有"峨眉天下秀"之称，最高峰为万佛顶（海拔3099米）。汶县西南青城山，东汉张道陵曾建道教于此。

南干南岭系

南岭系称南干，也发脉于昆仑，经青海、西藏，趋大雪山而南行，结云南全省；又东折娄山，结贵州全省；由此东南行至广西，复转北行结桂林。桂林水秀山奇，如独秀峰、象鼻山、南溪山、七星岩、芦笛岩等秀峭奇特，人们常说"桂林山水甲天下"，确实名不虚传！入桂一支龙，盘旋于湘粤赣之境，奠五岭之表，其中大庾岭在广东南雄与江西信丰、龙南边界及定南县太极山等处，钨矿丰富，驰名中外。

南行之脉，经南雄、曲江、从化，踊跃奔腾，千变万化，活动莫测，至白云山横列锦屏，中心出脉，蜿蜒起伏，左右周密，将至结作之际在观音山（越秀山）又顿起圆顶，撒落平洋而结广州。东、西、北三江大水会注广州，珠江环绕，山水大聚，加以虎门镇锁水口，融结益旺。广东香山荫生孙文，为中华民国国父，九龙百花林葬杨太夫人，百日后革命成功。梅州人文蔚起，为华侨之乡；阴那山于唐朝时，有惭愧祖师潘了拳得道于此，为岭南灵雕。南宋地理明师赖布衣，曾寻龙至广东，留下许多佳扦。

五岭之龙由桂入湘，蜿蜒湘、资两水之间，独衡山秀起，盘旋于衡阳、衡山、湘乡、湘潭（毛泽东故居）、长沙之间，延至湖北汉阳为尽结。衡山72峰中最高的为祝融、祥光、天柱、掷钵、芙蓉五峰，杜甫诗称："衡阳五峰尊"，即是指此。湘水北流，会注洞庭湖，万流汇聚，沃野千里，湖滨米产最丰，故谚语称："两湖熟，天下足。"

湖北之龙，聚秦岭、南岭系的精英，分别由陕西、四川、湖南三处而来，会于汉口、汉阳、武昌之间。武汉四通八达，形势重要，自古以来都为兵家必争之地，辛亥革命（1911年月10月10日晚），武昌起义，全国响应，一举推翻满清，结束了2000多年的封建专制统治，厥功甚伟。

五岭一支由江西南康经吉安（欧阳修、文天祥故乡）、临川（王安石故乡）、德兴（出众多地理名师），至婺源，趋徽州、黄山、广德，入江苏金坛，经茅山，至句容，转西北行，至紫金山撒落平洋结南京。战国时，楚威王以南京有王气，特在钟山巅埋金以镇之，故又称为"金陵"。南京山脉自东南溯江西行，数百里而止，蜿蜒磅礴，既合后张；紫金山峙其东，石头城绕其西，大江拦抱，秦淮河、玄武湖，左右映带，胜境天然。诸葛亮称："钟山龙蟠，石城虎踞，真帝王都。"但就地理而言，因"垣气"多泄，故明成祖皇帝再建都于北京，立久远之基，确有良因！

南干所结之次要城垣，为浙江省会杭州，其龙来自徽州，至浙江天目山，再经临安向东南蜿蜒结杭州。杭州西湖，丘陵围绕，峰峦挺秀，水清如镜，名胜有"三潭印月"、"断桥残雪"、"苏堤春晓"、"平湖秋月"等，风景幽美，被誉为"人间天堂"。宋高宗迁都于此，称"临安府"。隔钱塘江之东为会稽（禹陵在会稽山），春秋时期为越王勾践旧都。越王为报吴仇，卧薪尝胆十年，终于达到灭吴雪耻的目的，足资垂教百世。浙水自仙霞岭屈曲北流，至钱塘江入海，水秀山清，文风甚盛，人才蔚起。

仙霞岭一支沿闽江东南行，绵延福建浦城、建阳（朱熹生于尤溪）、南平境内，层峦耸萃，气势雄厚；转东行，踊跃奔腾，盘旋融会而结福州等。朱熹称："江西之山都从五岭赣上来，自南而北，故皆逆，闽中却是自北而南，故皆顺。"又说："闽中山多自北来，水皆东南流，江浙之山多自南来，水多北流，故江浙冬寒夏热，江西山水秀拔，英豪辈出，荆襄山川平旷，得天地之中，有中原气象，为东南交会处，宜卜居，但有刚，则正是兵交之冲。"的确相当精辟！

台湾之龙，按古书记载：也由仙霞岭经武夷山，从厦门渡海，再经金门、澎湖至台湾，在玉山起顶为台湾的祖山（海拔3952米），中央山脉绵亘台湾全境。东行之龙至花莲、台东，南行的至高雄、屏东，西奔的至云林、嘉义、台南，西北行的至南投、彰化、台中，而日月潭居于全岛的中央，碧水青山，风景天然，是台湾省的养荫龙池，气盛之征，具天成兼人为之功，也为造化之妙！玉山北行的山脉，蜿蜒于合欢山、奇莱山之间，由此西趋至苗栗、新竹再北行，由乌来左行的至桃园、台北两县，右行的经屈尺、新店至台北而尽结。至台北入局之势，拥从重叠，众山罗列如城垣，左右河水环抱，且深澄平缓，在两水交流出口处，又有两山紧锁水口如葫芦喉，成狮象捍门，内宽外聚，使水得以久注而渐出，水口间的截流之山高耸云霄，外气紧固，如此山水大聚，使台北确为风水佳城！

台湾岛的形状，极似大鲸在海中嬉游，这种"游鲸出海"形的龙格，在古地理书上没有记载过，但从"板块运动"去论，台湾岛属大陆板块，如台湾海峡的海面降低70米，台湾即与大陆成为一体。

七、论水势

上节论了中国的山势龙脉，这节来谈谈水，所谓气遇风则散，遇水则止。所以说："龙行看水走"，水源处即结脉处。杨公说："未看山，先看水，有山无水休寻地。"廖公说："寻龙点穴须仔细，先须观水势。"观水之法，凡两水之中，必有山，故水汇即聚，这是山水自然之理。凡属龙穴，端赖水为验证，其吉凶之辨，首在"过峡来龙"，终在"明堂水口"。堪舆家又认为"山管人丁，水管财"。风水学说认为：山随水行，水界山住，水随山转，山防水去（《堪舆完孝录》）。所以在上节中论述龙脉形势中说到四水夹三山之说，山与水是相依的，只见山而不见水则无好风水可言。故凡入一局中，未看山，先看水，所谓"入山寻水口，登穴看明堂"，即水之重要也。察山以水为重，以水寻龙，水是龙的血脉，两水之中必有山，故水会即龙尽，水交则龙止，水飞走则生气散，水融注则内气聚也。水深处民多富，水浅处民多贫。水聚处民多稠，水散处民多离。有人问：徐老师，你说水管财，是不是有水就能富呀？我回答：你把中国地图展开，看看哪个地方的蓝色多，哪个地方就富。

水在风水学中的重要性要比山更甚，因为看山的同时要寻水，有山无水休寻地，而有水无山可寻龙。这是千百年来人们生产活动经验的总结，是人们选择居住环境的必然结果。

依水而建的古村落

一、择水而居

人类社会进入定居时代，便开始选择在水边定居，故而纵观人类文明，都是与河相关的。中国的黄河、印度的恒河、埃及的尼罗河流域，都是孕育文明的摇篮。所以，水系与风水的关系是要远远超出山的作用的。人类所有的定居地，不管是一村一寨，还是镇墟街市，不管是城市还是国都，都要择水而建。小村居小水，大城毗大河，这是定律。多水汇聚处便是重镇与国都堪选的依据。故只论山而不论水，是风水学的一种误区。

150万年前西候度猿人在现今山西省黄河边的芮城县境内出现，其后，100万年前的蓝田猿人和30万年前的大荔猿人在黄河岸边取鱼狩猎，生活繁衍。7万年前山西襄汾丁村早期智人，3万年前内蒙古乌审旗大湾晚期智人，奏响了古老黄河文明的序曲。

距今10000~7000年的旧石器文化遗址、7000~3700年的新石器文化遗址、3700~2700年的青铜器文化遗址和出现于公元前770年的铁器文化遗址等几乎遍布黄河流域。从石器时代起，黄河流域就成了我国远古文化的发展中心。燧人氏、伏羲氏、神农氏创造发明了人工取火技术、原始畜牧业和原始农业，拉开了黄河文明发展的序幕。

长江流域为中国人类居住时间最长的地区之一。在安徽省江北发现有直立人化石，数处包含人类遗迹的遗址，尤其是在太湖周围，早期人类遗迹也有被发现。虽然中国政治史多以华北和黄河流域为中心，长江地区却以其农业潜力而对历代王朝始终具有重大经济意义。大运河就是用以从长江流域将粮食运往北方的大都市；可能运河最南段早在公元前4世纪即已得到利用。

长江上游除成都平原外，东至三峡地区，西北至甘孜、阿坝境内，西南至安宁河、雅砻江流域，均有遗址发现，初步统计约数十处。其中最著名的属巫山大溪文化遗址，经1959年和1975年两次发掘，共发掘墓葬214座，出土器物有石斧、石镜、石凿、网坠、鱼钩、箭链、纺轮等生产工具；釜、罐、曲腹杯、碗等生活用具，还有耳坠、玦等装饰品，代表了新石器时期从中期到晚期3个不同的发展阶段。

长江中游的新石器时代遗址几乎遍布江汉地区，尤以江汉平原分布为密，仅湖北已发现的新石器时代遗址就有450多处，经发掘和试掘的有60多处，多集中分布在汉江中下游和长江中游交汇的江汉平原上。早中晚期文化特征都具备的屈家岭文化，以薄如蛋壳的小型彩陶器、彩陶纺轮、交圈足豆等为主要文化特征，还出土有大量的稻谷及动物遗骸，畜牧业也相应发展。饲养的动物种类增多，并已有了渔业。该文化的影响范围甚广。

长江下游的新石器时代文化序列可以河姆渡文化、马家洪文化和良渚文化为代表。位于杭州湾附近浙江余姚的河姆渡文化遗址发现于1973年，曾先后两次发掘，出土的约7000件珍贵文物中，有成堆稻谷、稻壳遗存，是目前世界上发现的年代最早的人工栽培稻，证明人类6000~7000年前就已掌握种稻技术；出土大量"骨耜"，证明已脱离"火耕"，开始用骨耜翻地；还出土了大片木构建筑，已出现榫卯，可推断出迄今已知最早的"干栏式"木构建筑。

20世纪50年代，在长江流域陆续发现了一批殷商文化遗址。四川新繁水观音遗址的出土文物说明"蜀"与殷商中期有密切的文化交流，为以后的科学考察奠定了基础。

长江中游湖北黄陂盘龙城遗址是已发现的长江流域第一座商代古城，距今3500多年。城邑和宫殿遗址壮观齐全，遗址、遗物、遗骸中明显反映了奴隶社会的阶级分群。属于商晚期的大冶铜绿山古铜矿是我国现已发现的年代最早规模最大而且保存最好的古铜矿。江西清江的吴城遗址是长江下游重要的商代遗址。1989年江西新干出土大量商代的青铜器、玉器、陶器，距今约3200多年，具明显的南方特色。这些遗存对于了解至今仍较为模糊的长江流域商代文化，具有很高的科学价值。

二、水道兴城

人类择水而居，奠定农业生产的基础，社会的发展必然促使交换的发展，那么商品交流的集散地无一例外的选择在水道的旁边，然后慢慢发展成集镇与城市。城邦的发展是离不开水的，水不仅仅是人们生活生产的必需品，更是商品贸易的流通线。过去的交通运输力主要是通过水道来完成的，所以择水建城是再合理不过的了。水与商品交易联系起来，水与财富的关系也就建立了起来。古今中外，概莫能外。

古玛雅文明城邦出现在密林深处的山区，而没有择水而建，最后消亡了。它消亡的原因在很大程度上与脱离水系有着很大的因素。

中国的文明是以黄河与长江两大水系为代表的，中国的主要城市也大都分布在黄河与长江沿岸。

从公元前21世纪夏朝开始，迄今4000多年的历史时期中，历代王朝在黄河流域建都的时间延绵3000多年。中国历史上的"七大古都"，在黄河流域和近邻地区的有安阳、西安、洛阳、开封四座。殷都（当时属黄河流域）遗存的大量甲骨文，开创了中国文字记载的先河。西安（含咸阳），自西周、秦、汉至隋、唐，先后有13个朝代建都，历史长达千年，是有名的"八水帝王都"。东周迁都洛阳以后，东汉、魏、隋、唐、后梁、后周等朝代都曾在洛阳建都，历时也有900多年，被誉为"九朝古都"。位于黄河南岸的开封，古称汴梁，春秋时代魏惠王迁都大梁，北宋又在此建都，先后历时约200多年。在相当长的历史时期，中国的政治、经济、文化中心一直在黄河流域。黄河中下游地区是全国科学技术和文学艺术发展最早的地区。公元前2000年左右，流域内已出现青铜器，到商代青铜冶炼技术已达到相当高的水平，同时开始出现铁器冶炼，标志着生产力发展到一个新的阶段。在洛阳出土的经过系列处理的铁锛、铁斧，表明中国开发铸铁柔化技术的时间要比欧洲各国早2000多年。中国古代的"四大发明"——造纸、活字印刷、指南针、火药，都产生在黄河流域。从诗经到唐诗、宋词等大量文学经典，以及大量的文化典籍，也都产生在这里。北宋以后，全国的经济重心逐渐向南方转移，但是在中国政治、经济、文化发展的进程中，黄河流域及黄河下游平原地区仍处于重要地位。黄河流域悠久的历史，为中华民族留下了十分珍贵的遗产，留下了无数名胜古迹，是我们民族的骄傲。

长江两岸多名山大泽，风光秀丽，有许多游览胜地。由于流程长，流域广，土地肥沃，灌溉便利，中游有"天府之国"，下游多"鱼米之乡"，物产丰富。中华民族的摇篮虽在黄河流域，但据史载，周武王灭殷后，领域南达长江流域，此后黄河、长江两流域便成为中国历史文化发展的重心。

沿江有不少名城，如重庆、宜昌、武汉、南京、上海等。南京在历史上也数次为都，被称为六朝古都。上海更是中国最大的工商业城市。两岸有许多名胜古迹，是了解中国历史的珍贵资料，还有不少神话传说，是中国文学的宝贵遗产。长江干支流自古以来就是中国南方横贯东西、纵连南北的水上交通大动脉，航道总长八万多公里。

长江支流流域面积超过1万平方公里的有48条；5万平方公里以上的有雅砻江、岷江及其支流大渡河、嘉陵江、乌江、沅江、湘江、汉江和赣江等9条。其中雅砻江、岷江、嘉陵江和汉江超过10万平方公里，以嘉陵江流域面积最大，约16万平方公里。中国大部分的淡水湖分布在长江中下游地区，面积较大的有鄱阳湖、洞庭湖、太湖、洪泽湖和巢湖。

由长江水域的特点来看，水系纵横，湖泊重多，以水为财的风水理论来看，自然其富裕程度也远比黄河流域为胜了。

珠江流域北靠五岭，南临南海，西部为云贵高原，中部丘陵、盆地相间，东南部为三角洲冲积平原，地势西北高，东南低。全流域土地资源共66300万亩，其中耕地7200万亩，林地18900万亩，耕地率低于全国平均水平，流域人均拥有土地仅有9.31亩，约为全国人均拥有土地的五分之三。

从珠江流域来看，光入海口两岸就分布着广州、东莞、中山、深圳、珠海、香港、澳门等著名的城市。形成了物产富饶、经济发达的珠江三角洲。除去香港、澳门外，在一个人口四千多万的地区，2008年经济GDP产值29745.58亿元(4342.843亿美元)，占到了全国的10%。

松花江流域同样物产丰富，沿河兴建的港口城市众多，主要有哈尔滨、佳木斯、齐齐哈尔、牡丹江、吉林等城市。松花江流域丰富的物产和发达的工农业生产，促进了松花江水运的发展，运输业务十分繁忙，特别是松花江干流的运输更为繁忙。它是东北地区主要水运干线，货运量占黑龙江水系的95%左右。从江上繁忙的货轮足以见证其经济的发达繁荣。

从世界范围来看，世界上的文明古国都发源于大河流域，恒河孕育了印度文明，尼罗河孕育了埃及文明，两河流域（幼发拉底河与底格里斯河）孕育古巴比伦文明。文明的产生和经济的繁荣无不与大河相关。

八、山水相依好筑城

中国文化源远流长，其筑城史也随着人们的定居时代而开始了，在史传的文献中有"黄帝画野，始分都邑"之说。《史记·五帝本纪》记载了轩辕黄帝时期已经出现了城邑的萌芽。城的功能更多的是服从战争的，那时"诸侯相侵伐，暴虐百姓"，有了城便可以攻防自如。"禹作城，强者攻，弱者守，敌者战，城郭自禹始也。"据考古发现，我国最早的城墙正是这个时期建造的。

在古代人们对城址的选择是慎之又慎的，是一件极其隆重的事情。在中国古代历史上，有许多迁都之事，夏代就有十次以上，商代也有"前八后五"，著名的就是"盘庚迁都"。进入了周代，国都才渐渐稳定下来。而每一次的迁都都有政治经济的原因，城市的发展与繁荣决定着族人与国家未来的前途命运，故在城市选址上必须认真谨慎，同时充满了礼仪规范和天人相应的文化意识。

这是麻阳，是中国有名的长寿村，依山傍水的格局得天独厚，是城市选址的最佳风水环境

而城市的选址在数千年的历史进程中却有着惊人的相似，这就是依山傍水的地理环境成了城市选址首先要考虑的。

记录城址选择过程和原理的文献起源甚早，直可追溯到《诗经》里所记述的先周时期。《大雅·公刘》篇就记述了周文王前十二世祖先——公刘，于公元前十五世纪带领周民自邰迁至水草丰茂的豳地，初步定居并发展农业的史绩。这是一首在家族内部大型宴会上唱的雅歌，是歌颂周国祖先公刘由邰地迁到豳地的颂歌。这首歌也可以说是周国的开国史诗之一，在历史上，周人共有五次大迁徙，公刘迁豳是第一次，对周民族的发展起着重要作用。

原诗的大意为：

忠实厚道今公刘，详细察看这高原。既富庶今又荣繁，民心顺理心明白，没人埋怨没长叹。登上高高甑子山，返身回到那平川。怎样渡过这山坳，献出美玉和宝石，刀鞘饰物像只船。忠实厚道今公刘，去往百泉平原上，看那平原都有泉。然后登上南高岗，遇见这里宜建京。京师田野形势好，于是这儿停脚步。于是一同建陋居，于是说给大家听。……忠实厚道今公刘，又能普遍又专长，测量日影上高岗。勘察南北和阴阳，观看水源和流向。为君多次来敬畏，度量洼地和平原，确定田税好交粮。度量西山夕照处，豳地使用可扩大。忠实厚道今公刘，营建宫室在豳原。横渡渭水来治理，又采厉石和锻石。定好地基有条理，改易众人改易有。夹着大涧两边住，逆流而上可过涧。一同定居人安宁，水湾内外都靠近。

此后，西周初公元前 1175 年政治家姬旦选择洛邑城址时，先由召公到现场作初步地理勘察，随后又由周公选定城址。周公先卜黄河黎水之上，即今河南浚县东北，没有结果。又卜涧水以东瀍水以西的地方，结果城址应在洛河边上，由使臣将此占卜的结果和地图一起献给成王。于是筑了两个城，居于瀍水之东的叫做城周，位于涧水之东、瀍水之西的叫做王城。

此洛阳最初城址的选择，北依邙山，即以邙山为镇山，前方有嵩山为案山；左成皋、右渑池为青龙、白虎的耳山，后界大河。这是以关中平原为根据地的周王朝，以渭水和黄河为交通要道，进一步向黄河下游、华北平原发展。

洛邑在黄河支流洛河之畔。这里位于"天下之中"。伊、洛、偃、涧四水绕流其间，是山河拱载的形胜之地。建东都洛邑、王城，是黄河文化东迁的关键步骤。此后，洛阳作为"九朝古都"，建都前后达 1295 年。

春秋战国之时，迎来了周代城市发展的第二次大高潮。此时改变了"先王之制"中关于筑城的规定。城的兴起，在中国大地上已成为十分普遍的现象。即："古者，四海之内，分为万国。城虽大，无过于二三百丈者；人虽众，无过于千余家者。……今千丈之城，万家之邑相望也。"

这时，城址的选择、城市的规划布局理论也更加完善、充实起来。《管子》一书中的若干篇记录了春秋时期国都选址、建筑的一些原理方法。

"昔者，桓公问管仲曰，'寡人请问度地形而为国者，其何如而可？'管仲对曰：'吾夷之所闻，能为霸王者，盖圣人也。故圣人处国者，必于不倾之地，而择地之肥饶者。向山，左右经水若泽，内为落渠之泻，因大川面注焉。乃以其天材、地之所生，利养其人，以育六畜。天下之人，皆归其德而惠其义。'……此所谓因天之固，归地之利。内为之城，城外为之廓。廓外为之土闉。地高则沟之，下则堤之。命之曰金城。"

国都选址，要在平坦而肥沃的土地之上。背有大山，左右有河流、泉水或湖泊。城内有通畅的排水系统。选择城址应充分利用自然资源和农产品来保障城内人口的衣食所需和繁殖六畜、发展经济吸引更多的人口集中。选择这些地利，内筑城，外立廓，廓外挖城壕；低地筑堤防，高地挖沟渠，这样的城命名它为金城。

《管子·乘马篇》也说："凡立国都，非于大山之下，必于广川之上。高毋近旱而用水足，下毋近水而沟防省。因天材，就地利，故城郭不必中规矩，道路不必中准绳。"

城址选择依山傍水，方能藏风聚气。城内布局也不必有中轴线，只要因地制宜就可以了。城内的居民，也不必按照《周礼》制度，而"仕者近公，不仕与耕者近门，工贾近市"，以职业来划分居住区。这一城市发展的趋向，反映了春秋战国时期，"礼崩乐坏"宗法分封的文化体制逐渐没落的状况。

但其城都选择的地理形局要求，城与经济、人口的关系，其中的科学道理更加明确。

以后的秦都城咸阳、汉唐都西安、北宋开封、南宋杭州，以及金元明清的北京，无不是依此为大原则进行都城选址的。还有南京、成都等古都城。都符合这个选址原则。

九、论北京故宫风水布局

北京故宫，是完全在中国风水理论指导下规划建设的。大至选址、布局，小至细部装修，处处寓涵风水思想。其外局风水格局已论，其建筑物色与布局设计更是合风水理论。故宫是中国建筑风水实物的集大成者。

元世祖忽必烈决定在北京建都，令规划家、天文家、水利家刘秉忠、郭守敬师徒二人会集风水名家堪舆规划元大都。

堪选后决定，引地上、地下两条水脉入京城。地上水，引自号称"天下第一泉"的玉泉山泉水。人工引泉渠流经太平桥——甘水桥——周桥，直入南北河沿的通惠河。因水来自西方的八卦"金"位，故名"金水河"。

元大都地下水脉，也是来自玉泉山。这是选址之初首先察明的。伏流的通脉，在宫内至今尚存的御用"大庖井"可以证明。此井水甘甜，旱季水位也恒定；后来成为皇宫祭祀"龙泉井神"的圣地。

堪舆察明了水脉、龙脉(地势)，随之可以确定子午轴线。水脉为东西横轴线；龙脉为南北纵轴线。

明代灭元，南京之后，建都北京，既要用此地理之气，又要废除元代的剩余王气，风水制法采用宫殿中轴东移，使元大都宫殿原中轴落西，处于风水上的"白虎"位置，加以克煞前朝残余王气。同时凿掉原中轴线上的御道盘龙石，废掉周桥，建设人工景山，原有的玄武主山琼华岛（后名）成为北海一景而已，不再倚靠。这样，主山——宫穴——朝案山的风水格局重新形成。永定门外的大台山"燕墩"成为朝案山。小山墩之成为"燕京八景"中的"金台夕照"名景，在于山的地位是风水的朝案之山。

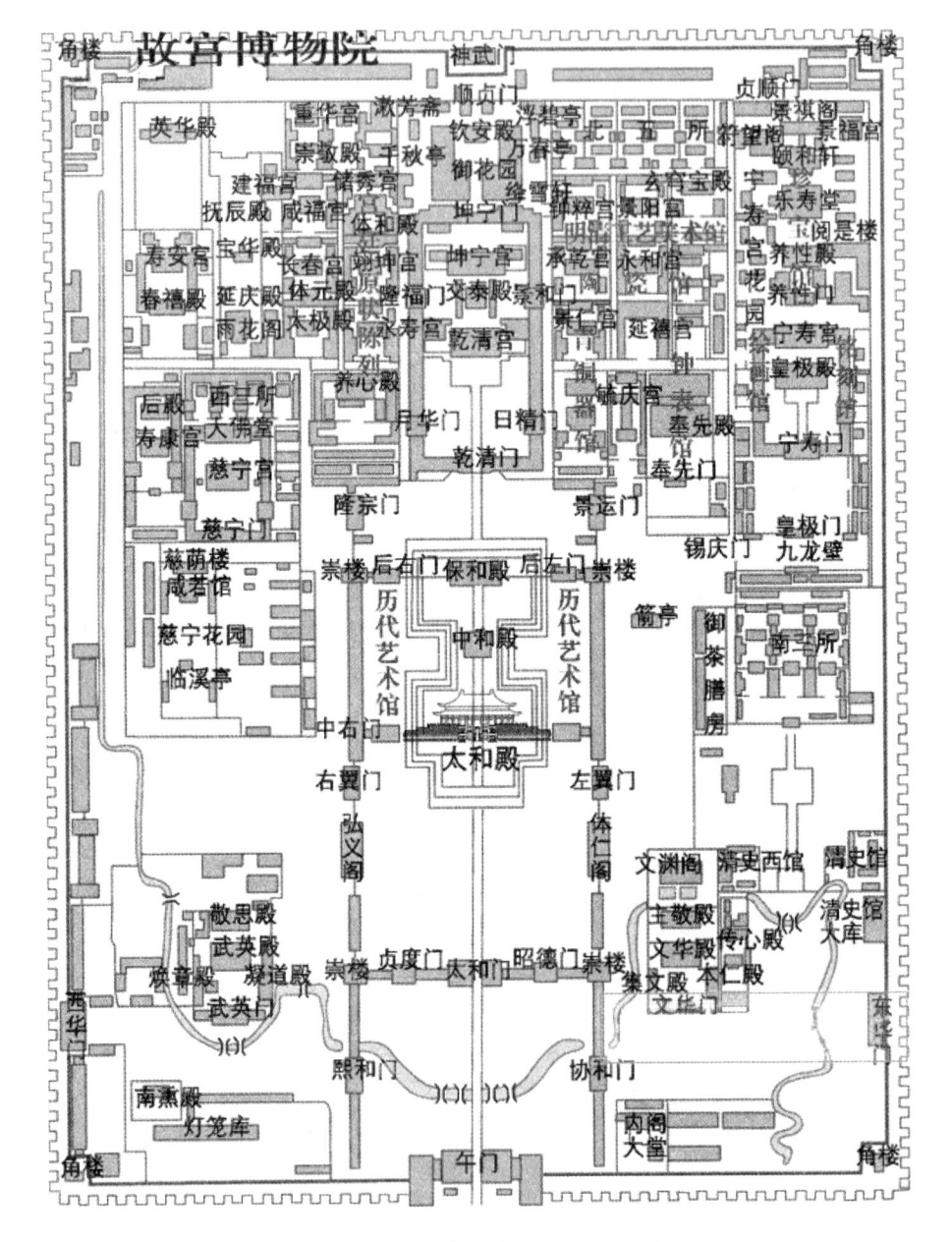

紫禁城按星宿布局出的"星辰之都"

北京古城风水格局的内局，更为细致。严格按照星宿布局，成为"星辰之都"。皇帝称"天子"，天之骄子。古代中国天文学很发达，战国时代(二千五百年前)就有《甘石星经》问世。中国古代将天空中央分为太微、紫微、天帝三垣。紫微垣为中央之中，是天帝所居处。皇帝在人间，必居"紫微宫"，紫禁城之名由此而来。把紫禁城中最大的奉天殿(后名太和殿)布置在中央，供皇帝所用。奉天殿、华盖殿(中和殿)、谨身殿(保和殿)象征天阙三垣。三大殿下设三层台阶，象征太微垣下的"三台"星。以上是"前廷"，属阳。以偶阴奇阳的数理，阳区有"前三殿"、"三朝五门"之制，阴区有"六宫六寝"格局。

"后寝"部分属阴。全按紫微垣布局。中央是乾清、坤宁、交泰三宫，左右是东、西六宫，总计是十五宫，合于紫微垣十五星之数。而乾清门至丹阶之间，两侧盘龙六个列柱，象征天上河神星至紫微宫之间的阁道六星。午门在前，上置五城楼又称"五凤楼"，为"阳中之阴"。内庭的乾清宫为皇帝寝宫，与皇后坤宁宫相对，在寝区中的乾阳，为"阴中之阳"。太和殿与乾清宫，虽同属阳，但地理有别。太和殿以三层汉白玉高台托起，前广场内明堂壮阔。而乾清宫的前庭院，台基别致，前半为白石勾栏须弥座，后半为青砖台基，形成独特的"阴阳合德"的和合。北京城凸字形平面，外城为阳，设七个城门，为少阳之数。内城为阴，设九个城门，为老阳之数。内老外少，形成内主外从。按八卦易理，老阳、老阴可形成变卦，而少阳、少阴不变。内用九数为"阴中之阳"。内城南墙属乾阳，城门设三个，取象于天。北门则设二，属坤阴，取象于地。皇城中央序列中布置五个门，取象于人。天、地、人三才齐备。全城宛如宇宙缩影。城市形、数匹配，形同涵盖天地的八卦巨阵。

今天能看到的故宫内断虹桥(原周桥"三虹"之一)至旧鼓楼大街的直线就是元大都时的中央子午线。在五百年前确定的中央子午线和相应纬线构成的城市骨架，并由此划分出坊里，再由坊划出一定距离的胡同，这种井然有序的规划布局，使北京成为世界上最优秀的古城。

故宫中轴线上的建筑：永定门——箭楼——正阳门——端门——午

门——内金水桥——太和门——太和殿——中和殿——保和殿——乾清门——乾清宫——交泰殿——坤宁宫——坤宁门——天一门——银安殿——承光门——顺贞门——神武门——景山门——万春亭——寿皇门——寿皇殿——地安门桥——鼓楼、钟楼。

建筑轴线十五里，是世界之最，也体现了洛书的方位常数十五之数。

在色彩上，反映"五行"思想。宫墙、殿柱用红色，红属火，属光明正大。屋顶用黄色，黄属土，属中央，皇帝必居中(从黄帝时代起)。皇宫东部屋顶用绿色，属东方木绿，属春。皇子居东部。皇城北部的天一门，墙色用黑，北方属水，为黑。单体建筑，也因性质而选色，藏书的文渊阁，用黑瓦、黑墙，黑为水，可克火，利于藏书。二层的文渊阁室内，上层为通间一大间，下层分隔为六间，体现"天一生水，地六成之"的《易经》思想。天安门至端门不栽树，意为南方属火，不宜加木，木生火在此不利于木结构的防灾。

建筑风水布局，还表现在名称上合于《易经》之理。南端的丽正门，合于离卦的卦辞"日月丽乎天"。顺承门、安贞门在北部后宫，合于坤卦"至哉坤元，万物滋生，乃顺承天"、"安贞之地，应地无疆"。皇帝的乾清宫，皇后的坤宁宫，合于乾、坤之义。

此外，在数理上，也要合于易理。易卦阳为九，又以第五爻为"飞龙在天"称得位。皇帝称为"九五之尊"(而尚未即位的称为"潜龙")。在中轴线上的皇帝用房，都是阔九间，深五间，含九五之数。九龙壁、九龙椅、八十一个门钉（纵九、横九）、大屋顶五条脊、檐角兽饰九个。九龙壁面由270块组成(含九)：故宫角楼结构九梁十八柱。为此，明代洪武三十五年又明文规定军民房屋，不许九五间数。"九五"为皇帝专用，成为一种规定。故宫内总共房间数为9999.5间。亦隐喻"九五"之意。甚至在建筑细部装饰上，都处处含有风水布局，宫廷古建筑，高低错落，勾心斗角，为化解风水上的煞气，多取太极化解法(而很少用镇压法、反射法的暴逆制法)。如梁、柱之间的雀替，梁枋上的彩画，多以S形曲线表现，此形是太极的阴阳分界线，是太极图形象的抽象简化，是风水学中常用的化煞法，符合"曲生吉，直生煞"的风水观念。故宫广用红色，红主火、主明，符合"光明正大"的寓意，也符合《易》理和风水原理。土地在易学堪舆理论上，泛论之，属于坤阴，土地上的建筑一般采取"阳数设计"，以求取阴阳平衡。"阳宅"观念，是中国建筑的主要特征。中国建筑均以"间"为基本空间单元，按奇数一字展开。如：三、五、七、九间等。皇帝乃"九五之尊"，易经卦象为"飞龙在天"，其大朝金殿必阔九间，深五间(排架)。古城故宫中唯一按偶数设计的特例是藏书楼文渊阁，开间为六，层数为二，底层六间，上层(二层)是一大通间，是象喻《易·河图》的"天一生水，地六成之"的寓意(其黑色瓦，又属坎水，利于防火藏书)。"阳数设计"理念，可溯源至东周时代，如《周礼·考工记》、《礼记》中都有明确规定："天子之堂九尺，大夫五尺，士三尺"等。从群体规划到建筑设计都必含有此等数理，甚至建筑构造细部做法亦如此。梁架排列，斗拱出挑，门窗设置，皆含奇数等差做法。

如果你参观故宫，到东华门，细心观察一下，会发现这个门的门钉却不是用九九八十一之数，而是用的八九七十二数。这是为什么呢？原来也是运用五行的思想观念来设计的，象征皇权的太和殿为中央土，那么东方为木，会克中央土，怎么办呢？又不能不开东门，于是便采取了在门钉制度舍阳取阴之数，阳与阳相克厉害，而阴阳却有相合相辅之义。中央为阳土，用了东方的阴木，为阴之数，则是生死的出入之门了，故皇家大殡都是出东华门的。

十、论南京风水格局

南京城号称"十代帝王都，六朝金粉地"，从三国孙权开始，历经东晋、刘宋、齐、梁、陈、南唐、明初、太平天国、中华民国，都在此为都。

南京在地理上，三面环山，一面临水。其东部是宁镇山脉的最高峰钟山(紫金山)。钟山余脉西延为富贵山、覆舟山、鸡笼山、鼓楼冈、五台山、石头山。一路跌宕起伏，直楔入城，径抵江边，最高的紫金山海拔448米，突兀矗立，今设有国家天文台。紫金山如巨龙伏于东南。石头山（今名清凉山）临江峭起，如虎踞江滨。诸葛亮初到东吴时惊见此势，谓"真乃龙蟠虎踞!"

历代中国都城皆方（"匠人营国，方九里"），宫城位于都城中轴线上偏北(皇帝南面为君)。而南京城却随地形而建，分为宫城、皇城、京城、廓城四层，核在中央。全城南北狭长，不规则，但宫城核心很规则，未越传统风水格局。

明太祖朱元璋要刘基对宫城风水选址。刘的师父铁冠道人指示刘，要建在燕雀湖上。因为南京风水外格大势属阴地，地处水南。而燕雀湖地处钟山之阳，在"蟠龙之头"，是风水穴位所在。填平湖水地，建成后，地面下沉倾斜，呈南高北低之势。朱元璋拟迁都，派太子朱标往关中另求佳地，途中病故，迁都未成。朱元璋下两京诏："北京"为开封，南"都"为南京。出于城防计，经二十年犹豫，始定南京为主，南京地接三楚，势控三江，进可攻，退可守，形胜江南，利于城防战略。但对于京都，在风水家认为，南京王气不足。据统计，历代在此建都都不长：

孙权在公元229年称帝南京，280年被晋所灭。传代三世，历时52年。

西晋被匈奴所灭，洛阳被焚。琅琊王司马睿在南京称帝为东晋，但公元420年又被刘宋所灭。历时一百零三年。为跨时最长的王朝了。

刘宋之后，齐、梁、陈相继都南京(南朝)，但宋59年，齐23年，梁55年，陈32年。四朝共约170年。

明朱元璋1356年在南京开国，1402年燕王朱棣"清君侧"，夺其侄建文帝朱允炆帝位，即迁都北京。明代立国虽277年，但在南京仅52年。

太平天国1853年在南京建国，1862年被灭。仅9年。

中华民国1911年至1949年都南京，仅38年(中有抗日战争迁都重庆，在南京实际不足30年)。

时间跨越一千七百二十年的历史统计，效应绝非巧合。究其风水原因，传说与记载有二说：首先楚威王曾在此埋葬金铸人体以镇王气，后称"金陵"。即，受镇说。其次秦始皇曾在此断地脉，以破王气。即，受损说。

公元前221年，秦灭六国，建立中央集权统一的封建帝国。之后十一年中，秦始皇五次出巡。公元前210年最后一次出巡。先到云梦，烧了洞庭湖中的"君山"(因忌另有"君"字)后，浮江而下至南京。随身方士风水家常生、仙导二人到南京即沉默不语。始皇细问之，才说："金陵四周山势不俗，地势险要，五百年后会有天子气。"问破气之法，而定凿断方山地脉。

方山，地处南京东南巽位，山顶平坦，状如官印，又称天印山，是风水吉祥命运山。破断方山地脉，又引淮河污水流贯金陵(入城必污)，直入长江。此水而名秦淮河。

城北的狮子山、马鞍山，本是相连一座山，也同时被凿断开。

同时，又改金陵为秣陵，意为牧马之地。

但方案一定，始皇从金陵归途中一病不起，驾崩途中。传说是"破天机"之谴。

明代南京，皇城位于南京都城的东部，系移土填地的新地基，虽有"前昂后洼"的缺憾，但也属平坦，其选址和布局全按中国风水学原理进行。史载："太祖将营宫于南京，命刘基相地。"皇城因山城地势难于居中，而选在偏东位置，也是根据八卦的东方属震卦方位，帝居偏东合于《周易》的"帝出乎震"之意。震象征龙，合于帝居。建筑布局井然有序，对称布置。以皇宫为中轴线，把重要的宫殿门阙建在中轴线上，其建筑群体布在中轴线两侧。中轴线以正阳门、洪武门、承天门、端门、午门、奉天门、奉天殿、华盖殿、谨身殿、乾清宫、坤宁宫、玄武门、北安门为一南北纵轴。均依《周礼·考工记》和易学堪舆理论，"象法天地，经纬阴阳"，并参考元大都、金中都的规模法制而建。皇城呈倒凸字形，利于接南天之气。城之正门为洪武门，南与都城的正阳门相对，北与承天门相对。承天门外有东、西长安门。皇城东墙有东安门，西墙有西安门，北墙有北安门。东安门与宫城的东华门相对，西安门与西华门相对，北安门与玄武门相对。在东华门、东上门、东上南门、东上北门前形成一个封闭的东广场。在玄武门、北上门、北上东门、北上西门之间形成一个北广场。又在西华门、西上门、西上北门、西上南门之间形成西广场。东、西、北三个小广场既可显示城门群的雄伟，又可聚各方的风水之气。

十一、盛唐长安

长安自西周以来，八百年间历为诸朝政治中心。隋名大兴城，城东西长9721米，南北8651米，周围三十六公里，城内8300公顷。唐代在大兴城基础上扩建为长安城，成为当时世界上最大的城市。长安城北临渭水，南对终南山和子午谷，东为浐水及灞水，西为平原。东北部较高，为龙首塬。史载，在规划建设大兴城时，完全依照《易经》八卦思想进行。龙首塬南侧有六个坡阜，视为乾卦的六爻。按"初九、九二、九三、九四、九五、上九"的爻序布局。如：九二爻谓"见龙在田，利见大人"，意为真龙现于大地，为君德居中之位，故将宫殿置于其上，为帝王之居。九三爻是"君子终日乾乾，夕惕若厉，无咎"，含反省自厉之意，故布置政府机构百司。九五之爻为"飞龙在天"，极尊之位，故布置寺观佛道神位。全城规划排列南北十三坊，象征一年有闰月。皇城南面设东西四坊，象征一年有四季。对向皇城的四个坊，一律不开北门，以不冲皇城之气，不与皇城争吉气。在风水理论上，严格尊崇。长安城路网平直如棋盘。唐代诗人白居易曾用"千百家围棋书"比喻城市路网。全城以朱雀大街为中轴，东西对称布局。全城南北大街十一条，东西大街十四条，其中贯穿南面三座城门和东西六座城门的六条大街为主干道，号称"六街"。东西南北二十五条大街划分出两市（东市、西市）一百零八坊。各坊周围环筑高墙，四面设门，晨钟暮鼓，朝开夕闭。但皇城以南的三十六个坊都只开东西门，不设南北门，以避免泄掉皇城的风水吉气。

长安城中轴线朱雀大街北端是皇城。皇城最北端有一层小城——宫城，面积只有0.7平方公里。宫城由三部分组成，东宫和掖庭宫东西对峙，中间簇拥着太极宫。太极宫是宫城的主体部位，在长安城中轴线的最北端；象征皇帝的至高无上,"南面称王"。太极宫内的主要大殿:太极殿(皇帝上朝之所)、两仪殿(内朝小会之所)。"太极"、"两仪",即象征《易经》中的"太极生两仪"之意。

图中心部分是长安皇城复原图

第二篇
实用风水布局

第一章　略论城市风水布局

第一节　古代城市的规划设计原则

我们古代有关城市的定义很简单：城，以盛民也；市，买卖之所也。也就是人们居住与进行买卖的集中地。在这里突出了两个功能，居住与商业。在上面的章节内容中，我也讲到了水道兴城，城市的最初功能就是商业，由商业的集散地，又把人聚集起来。当然也有先筑城而后形成商业中心的。但不管怎么说，商业才是一个城市的灵魂，离开了这个灵魂，一个城市是不能发展的。而一个发达的商业是离不开运输的，在古代运输主要依靠水道，这也是绝大多数城市都是沿江河分布的原因。

城市作为商业中心、物资集散地，水道运输则至关重要

城市除了以上两个功能外，在古代还有一个很重要的功能，那就是防御功能，这就是古城修筑城墙的原因。在过去冷兵器时代，一座有高高城墙再加护城河的城，要想攻入那种难度是可想而知的。随着冷兵器时代的结束，现代城市则由封闭而变成开放的自由发展的模式，再也没有了城墙，这使得城市进入高速发展时期。

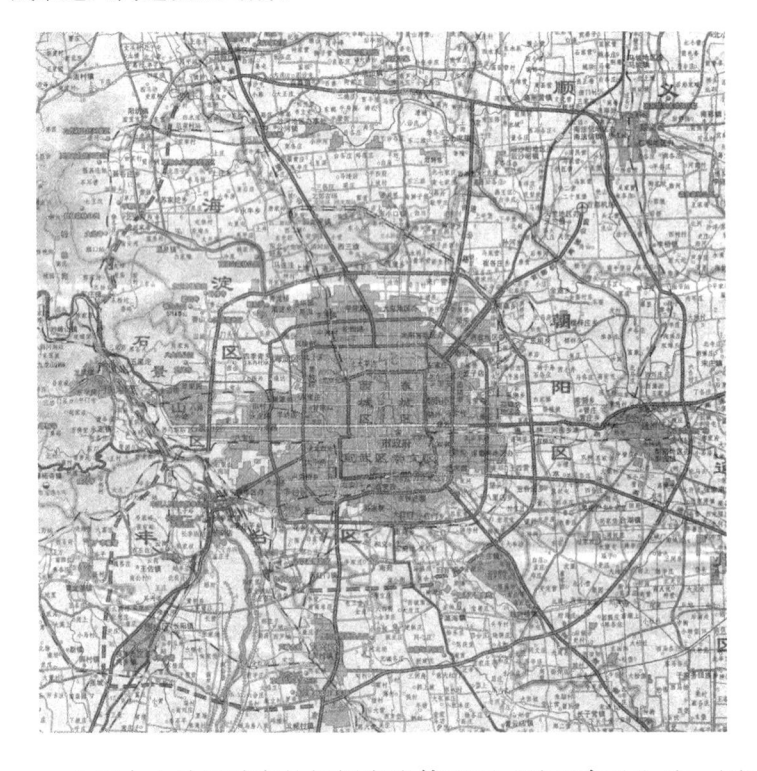

六环路已全部修通发展，原来的城市只是最中间部分即二环路内。如今从这张北京的环路图可以看出现代城市的飞速

中国古人关于城市的规划突出体现了"法天象地"这一原则。这一原则充分体现在古代都城的建筑设计里。在中国古代传统的文化观念里，自然与人是相互感应并相通。天、地、人这三大系统叫做"三才"，共同组成一个统一的机体。都城与国家是这个机体的反映，所以城市的选址与规划布局与天文、气象相互联系，组成一个有机的景观生态系统，就是中国古代文化的最高原则。明堂是古都不可缺少的建筑，与此一脉相承。汉代《白虎通》也记载说："明堂上圆下方，八窗四达。布政之宫在国之阳。上圆法天，下方法地。八窗象八风，四达法四时，九室法九洲，十二坐法十二月，三十六户

法三十六旬；七十二牖法七十二候。"这反映了中国古代认为天地自然是个大宇宙，城与明堂是个小宇宙的观念。我们看到秦统一中国后，秦始皇兴建都城的整个设计指导思想便是这一法则的集中体现。

《史记·天官书》说："众星列布，体生于地，精成于天，列居错峙，各有所属，在野象物，在朝象官，在人象事。"这种天人相应的观念在秦都设计中被体现得淋漓尽致。

《三辅黄图》记载：（始皇）二十七年作信宫渭南，已而更命信宫为极庙，象天极，自极庙道骊山。作甘泉前殿，筑甬道，自咸阳属之。始皇穷极奢侈，筑咸阳宫，因北陵营殿，端门四达，以则紫宫，象帝居。渭水贯都，以象天汉；横桥南渡，以法牵牛。

书中的"天极"、"阁道"、"营室"、"端门"、"紫宫"、"天汉"、"牵牛"均是天象星宿的名称。于是秦都咸阳的布局呈现出一副壮丽而浪漫的景色：沿着北原高亢的地势，营造殿宇，宫门四达。以咸阳城为中心，建造象征"天帝常居"的"紫微宫"；渭水自西向东横穿都城，恰似银河亘空而过；而横桥与"阁道"相映，把渭水南北宫阙林苑连为一体。像"鹊桥"使牛郎织女得以团聚；建阿房以像"离宫"，天下分三十六郡又像灿灿群星，拱卫着北极咸阳，这种风水布局确实布成了天体运行的缩影。每年十月，天象恰与咸阳城的布局完全吻合。此时天上的"银河"与地下的渭水相互重迭，"离宫"与阿房宫同经呼应，"阁道"与经由横桥通达阿房前段的复道交相辉映，使人置身于一个天地人间一体化的神奇世界。秦朝就是以十月这个天地吻合的吉兆作为岁首的。

代信宫而起象征天极的阿房宫，是一座巍峨宏大的朝宫，帝王朝会、庆典、决事都在这里举行。

"前殿阿房，东西五百步，南北五十丈，上可坐万人，下可以建五史旗。周驰为阁道，自殿下直抵南山。"（《史记·秦始皇本纪》）

前殿遗址在今西安市西三桥镇南，夯土迤逦不绝。东西长1300米，南北宽500米，建筑基址至今仍高出地面10米以上，可以想见当年宫殿的宏伟。不仅宫苑如此，陵墓亦不例外。据文献记载，始皇陵"以水银为百川江河大海，机相灌输，上具天文，下具地理"，"天为穹窿，上设星宿，以像天汉银河；下百物阜就，以像地上万物。"这又是一个完整的宇宙缩影。

秦都这与天同构的宏图，充分显示了秦帝国与日月同辉的气魄和博大胸怀，是皇权思想在都城建设上的具体反映。

这是阿房设计的复原图，从中可以看出皇宫与皇权的气势与威严

这种"法天象地"的建城原则在后世的都城建筑规划设计中一直沿用着，唐长安的建筑设计充分运用了《易》理原则，宫城的设计依然取法天星紫微为尊为上的原则来布局设计。一直到明清的皇城也无不如此。

第二节 现代城市的规划设计原则

现代城市的规划越来越有趋同感，城市的风格越来越模糊，每个城市都是高楼大厦，千篇一律的钢筋水泥堆成从数层到数十层高低不同的水泥丛林。城市的变化日新月异，城市的个性在渐渐消失。

这座十三层的爱群大厦在改革开放前的几十年都曾是广州高楼的标志

广州在建的双子塔比现在88层的第一高楼中信广场还要高得多

改革开放三十年来，中国发生了天翻地覆的变化，市场经济日趋成熟，城市逐渐演变成了物流集散地，高新技术汇集地，人才竞争集合地，商品消化消费地，服务业集中地，信息交通枢纽地，经济发展原发地，地区、国家、国际综合交往地。中国的人口结构也在发生着变化，广大农村人口大量涌入城市，使城市人口骤增，解放初的百万人口就可以称为大城市（北京当时只有200万人），而今天上千万人或数千万人同居一个城市（北京常住人口达 3000 万），城市变成了超级大城市，城市的摊子变得过大，问题也就越来越突出了。只有城市的规划建筑富有极高的智慧，这些问题才能慢慢地消化。

现代城市规划的设计理念必须符合城市快速发展的要求

快捷路在城市设计中越来越扮演着重要的角色

一、北京城市规划设计原则

在这里我还以北京为例来说明，新中国成立后的五十年代，我国仿照

"城市功能分区"的模式,其理论依据主要是参考莫斯科和大伦敦的规划思路,而这种思路遵循的是"雅典宪章"的精神,即城市要进行功能分区,一定要分为工业区、商业区、教育区等等。上世纪二三十年代大伦敦的"功能分区规划"实行了不过十年,其弊端就已表现出来。人们由于在不同的功能区间游走,造成交通拥堵、空气污染等等严重问题,城市也越来越缺少竞争力,泰晤士河两岸面貌也因此产生巨大差异,民选市长查里德上任后,对这种工业化明显的功能区进行了调整,如提高CBD的停车费,再如让地铁来回穿行五次泰晤士河,将城市的功能进一步融合,城市也恢复了活力。

其实,如果人口、汽车、经济不是无限制扩大的话,城市功能分区的好处还是显而易见的。人口爆炸、汽车激增、经济越来越国际化,打破了工业化时代城市相对宁静的格局,随之变得嘈杂不安,这些问题必须提出新的规划理论来加以解决,否则将会造成城市功能瘫痪和居住环境条件的下降。

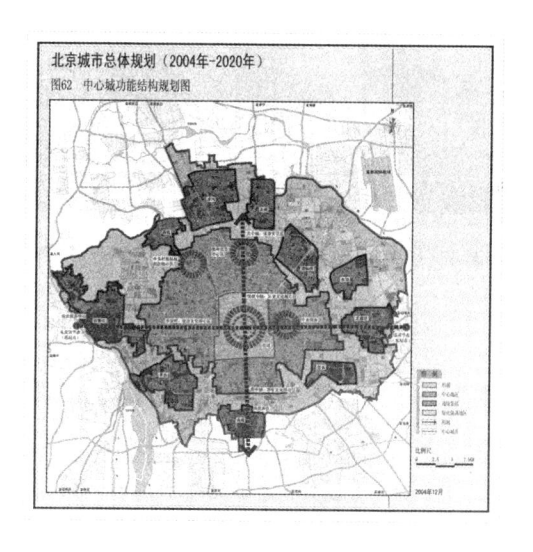

北京两轴东西南北发展战略,东部经济发展带和西部生态带

所谓"两带",就是北起怀柔、密云,重点在顺义、通州、亦庄的"东部发展带",以及包括延庆、昌平、良乡、黄村等在内的"西部生态带"。

2004年初,北京城市总体规划修编开始,指导思想一改过去一个中心、周围展开的城市格局思路，将按照"两轴、两带、多中心"的思路进行调整。发展新城并不意味着抛弃旧城，而是为了减轻旧城区的超强度开发。超强度开发必定造成对老城区历史风貌的破坏，不利于老城的保护。北京新城区的开发并不是上海的"浦东模式"，或像巴黎那样划分新城和旧城，因为制造新城需要大量的资金，而且不能解决目前北京拥挤的现状。所以，北京需要发展的是多中心的城市空间新格局。所谓"两轴"就是按照老城以天安门为中心东西发展的"横轴"和南北发展的"中轴"。

北京东面三环以国贸为中心的商贸区CBD成为经济发展带的形象标志

这幅被喻为大裤衩的中央电视台主体建筑也在国贸区内

城市不管发展成什么样子，两个功能不能消失：一是经济造血功能，不可能有一座城市是纯粹消费型的，没有一点生产及带动能力；二是居住功能，城市不可能变成一个纯粹的竞技场，除了拼命工作之外一无所获。东部经济发展带集中代表了经济发展和带动的意义，西部生态保护带则体现了人文环境自然生态的居住概念。

北京新的规划修编中，欲打破行政区划的限制，把东、西、崇、宣四个老城区作为城市中心区整体规划研究，提出整体的功能定位，体现协调发展的观念。

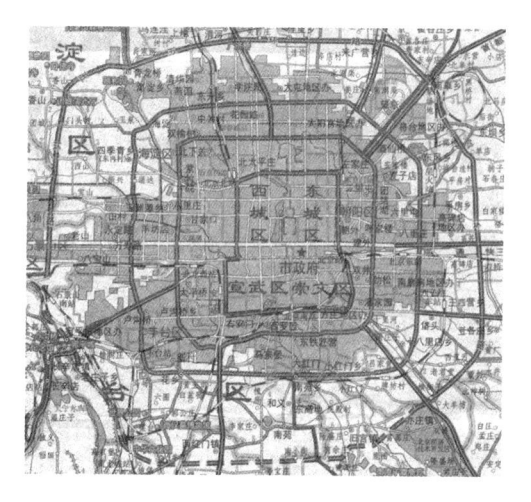

南城范畴的丰台区则被定位为"城市建成区"，对"城市建成区"将重点进行环境整治、交通疏理、改善基础设施等项工作。

西部生态保护带更多关注山林自然的保护，建设绿色北京成为北京的生态屏障，在生态优先的前提下安排环保型产业园区，同时向人们提供适宜居住的环境和工作岗位。同样，在东部发展带上，确立生态优先原则，在发展产业的同时，完善环境保护、绿化系统、水环境等环境建设，提供生态居住环境。所以，"两带"上的新城，都可以吸纳新的产业和人口，起到分流中心区的功能。

在北京新的规划修编中，最核心的不同就是"单一中心"和"多中心"的布局战略，卫星城和多中心可以分散中心区大量的人口，但是城市功能依旧在一个市中心里，而"新城"是有相对完善的功能，它不仅分解了人口，也分散了市区压力，人们居住、工作、娱乐、购物、教育、医疗都可以在一个区域内完成，不会引起新的交通或人口拥挤，能较好地解决了"城市交通潮汐现象"。

西部生态区以园林为标志，这是颐和园风景区一角

香山红叶风景区

密集型高楼大厦的发展是世界上经济发达城市的通病。例如东京、纽约等。建筑的高度密集对人类自身的安全、身心健康都有不同程度的影响，会加剧空气污染。房价奇高、交通拥塞，加剧工作竞争压力，促使生活节奏加快，导致心理疾病的增加。所以，超大城市的建设在风水上是不提倡的。

二、广州规划概念

改革开放后，除了北京变成了超级大城外，上海、广州也变成了超级大城市，常住人口都在2000万以上。广州是我国的南大门，是我国改革开放的前沿，经过三十年的发展，广州的变化之大，真是难以形容。花都与番禺两市划归广州后，广州突破了原来的地域限制，一个后广州时代来临了。

"单一中心"时代的结束，"多中心"布局战略是大城市必然的选择，广州亦然。原广州的一中心格局，白云山耸立于北为其靠，越秀山前来龙落脉正穴，现建有中山纪念堂，前面是政府所在地，再前面现为人民公园，过了中山路，便是千年古街——北京路，是广州最繁华的商业区之一，再往前就是珠江环抱，形成后有山脉依靠，前有流水环绕这种天然的风水格局，这种风水格局，虽历百年千年，依然是广州繁华地。这是老广州，是以越秀山上的五羊群雕、前面中山纪念堂，到商业区到珠江，而珠江夜韵则是"羊城八景"之首，形成了一条生生不息的风水地。这些是老广州的名片，是凡去广州旅游的人必到的游览之处。

镇海楼位于越秀山上，是老广州的一张名片，现为广州博物馆

越秀公园的五羊群雕，是老广州的形象的标志性建筑

家居精粹

老广州龙脉落穴的越秀山，其前方就是现在的中山纪念堂

风景如画的中山纪念堂，其前方是人大与政协所在地

越秀山之脉前伸遇水而聚成的商业街——北京路千年来经久不衰

这是位于广州东站前的著名景观："天河漂涓"，美与力的完美组合，风水设计中的水为财，完美表达了天河其旺无比

新广州的代表当然是"天河飘涓"了。这又是一个中心，这个格局的设计非常妙，简直让人叫绝，风水设计浑然天成，是我见到的最绝妙最合理的风水布局，不管是有意还是无意为之，这种风水格局设计都是百年难得一见的杰作。她的奇妙之处在哪儿呢？先看自然山水，后靠是白云山支脉——瘦狗岭，左右两水相夹，前有珠江环绕的自然风水格局，其内分布着一系列的建筑，组成了一曲风水的华美乐章：以北面火车东站与公交车总站组成的建筑群，是这一风水格局的动力源泉，这一动力源又在前方的人造大瀑布得以放大，大瀑布前是一大景观，中信广场花园，中信广场以88层之高矗立在花园正前方，形成广州最高的地标。与两边的裙楼组合成一种非凡的标志，以风水学的观点看，高处为阳，这一广州最高建筑为阳，从外形上与男性之阳类比。中信的前面是体育中心，是第六届全运会的主会场，体育中心的主建筑同样在这一中轴线上，椭圆形的建筑自然形成了女性之阴，与中信高楼相呼应，一高一矮，一阳一阴，阴阳相互交合。再往前，便是广州两个最大的购物中心——天河城广场与正佳广场，现在这两个购物中心是中信与体育中心阴阳相交所生双子，自然人潮如涌，热闹非常。再向前过了黄浦大道，这就是广州的地王——珠江新城了，珠江新城将来会建成两座广州最高的建

筑——双子塔，与中信与体育中心相呼应，形成阴阳相交生双子的美好喻义。在这条中轴线上，两边附设的高楼大厦数不胜数，以西边广州购书中心与东边的电脑城中心配合体育中心形成一个文化中心；国际知名的公司在广州的分部大都设在这一带，比如高盛、劳力士等，配合购物中心形成一个商业中心；以火车东站与汽车总站还有一号与三号地铁在此交汇形成了交通中心。这一带便自然成为新广州的标志。

中信高楼与体育中心主场馆构成阴阳交合的格局，后面隐隐的山峰为其来龙

天河体育中心右边的一角，林立的高楼，最现代化的设计，所以这些都明证着这里的风水之旺

广州的多中心还有以花都为中心的航空港及其附属设计，大学城为中心的文化教育区，广交会及其相关施设区，新南沙开发港口区等等。这里就不再一一赘述了。

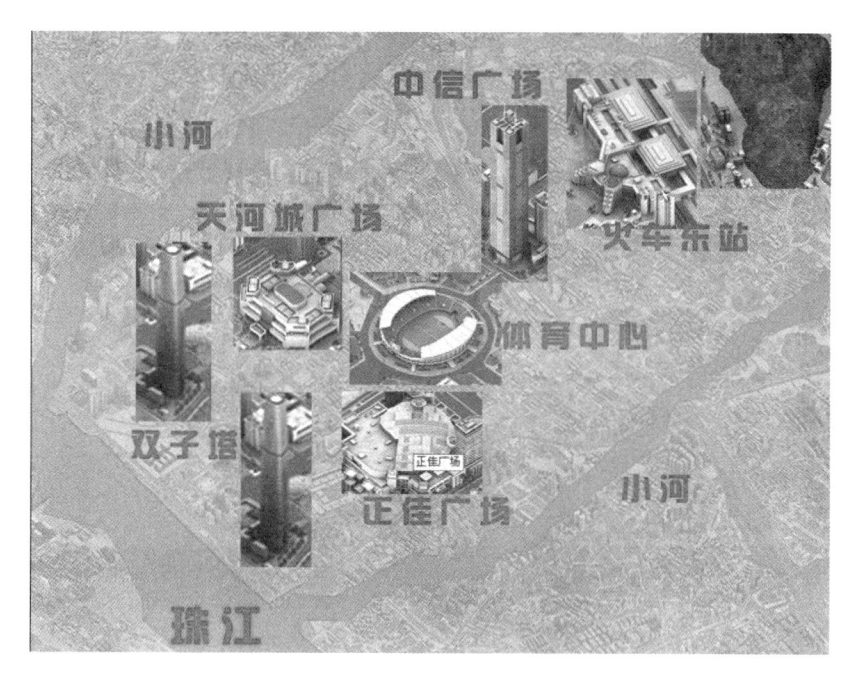

天河中心经济带风水设计示意图，最后面是山，左右河水环抱，前有珠江界抱，形成得天独厚的风水格局

美与力的完美组合，风水设计中的水为财，完美表达了天河的其旺无比

第二章　小区的规划设计

改革开放三十年来，中国发生了天翻地覆的变化，城市更是以惊人的速度改变着。以广州为例，改革开放前，广州人口不足三百万，而今天的广州人口早就突破一千万，常住人口有二千多万，人口的巨增，势必促进城市的飞速发展。曾经的十三层楼也称为广州的高层建筑，而如今，高楼大厦已建到上百层了。

而更大的变化是人们的居住条件发生了根本性改变，由过去的政策性分房到商品房，过去人们有房住就谢天谢地了，而现在人们更关心住房的品质、外部环境、配套设施等等一系列的条件。于是，对开发商们提出的要求也越来越高，他们所建的不仅仅是居民楼。住房概念也在悄然发生着改变。住宅小区也开始变大，由十几亩地到几十亩地，到几百亩地再到几千亩地。住宅小区由小品园林走向了集大成的卫星城园林的设计。如北京的天通苑、广州的凤凰城、祈福新村，都不仅仅是一个住宅小区，而是形成了集数十万人居住、园林、商贸、休闲于一体的卫星城。

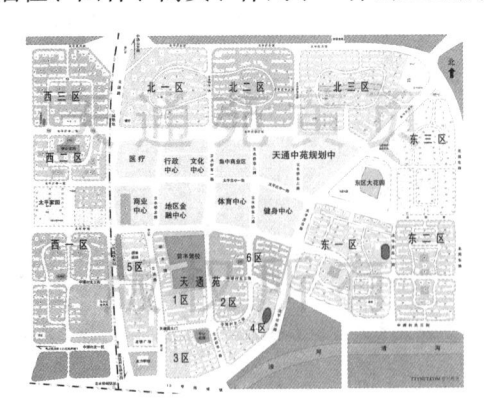

北京天通苑布局图。超大型社区，社区内设施完备，已成为相对独立的中小城市

北京的天通苑，是 1999 年由顺天通房地产开发集团建设的大型社区，占地面积约 8 平方公里，规划建筑面积 600 多万平方米，区各种设施一应俱全，拥有居民近 60 万，形成北京市内最大的卫星城。

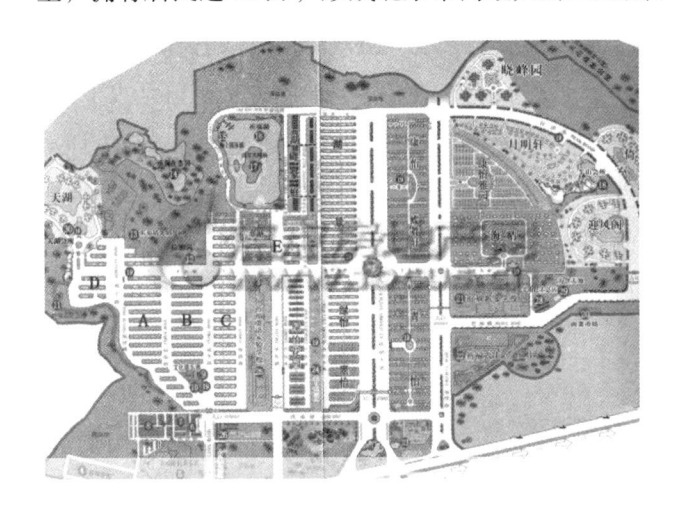

位于广州番禺的超大型社区，占地约 5 平方公里，拥有居民 10 万，社区内设施应有尽有，是成熟的卫星城

一、整体的规划原则

住宅小区的概念也随着人们经济条件的提升，发生着悄然的变化，从绿化配套到文化配套，从园林到山水又到生态，概念的变化也在提示着人们对居住条件的要求，人们对居住的要求不仅仅是房子，而是房子之外的文化、环境等。"移天缩地到君怀"这是造园家的梦想，更是选房人的梦想。所以，皇家园林的大气，苏州园林的小品都开始被移置在小区内，叠山理水，亭台阁榭，湖岛溪流，花草树木，鸟鸣鱼游，这动静配置、主次顺序、变化层次、近景远景如何在小区内得到合理的配置与设计，关乎到商品小区的档次与品质，也是人们选择的重要参考。开发商不得不绞尽脑汁来进行设计。

然而小区的规划者往往过多的借鉴西方的建筑规划概念，有时候过于突出整齐规则的人工效果，比如水的设计不在中央位置便在大门的位置，然而，从中国风水学的观点来看，水的设计要符合元运位置，而并非统一设在固定的位置。而水主财，水的位置放错了，自然不会财运亨通，反而可能会败财。

再有就是开发商追求以形求象，由象喻义的法则，比如：设计为钻石形、聚宝盆、蝙蝠形，以求得一个卖点，这种刻意追求并不一定能达到最好的效果，一切还是要自然为美，也就是巧借的原则，如皇家园林颐和园，巧借天然形式，自然把山水设计成了"福（蝠）山寿海"，浑然天成，确实让人惊叹其妙不可言。其实小区园林的设计，也要因地制宜，不可强求形式。广州的某些楼盘，就非常注重小区构图与景观配合的整体概念，讲究山环水抱，格局天成，强调水的利用，特别是天然涌出的泉水或者湖泊，巧加利用，必然会形成风水聚合的宝地。汇景新城可算得上这方面的典范之作，巧借自然地理之势，加以合理的设计布局，形成风水学上称为"玉带荷包"的格局。

如意形

整个项目设计正好形成了一个象征吉祥富贵的如意

项链串珠形

项目园区道路形成了一条项链，上面镶满了钻石珍珠

巧妙利用地形把项目做成近似钻石的设计

环绕在项目中的水形成了佩在腰间的玉带,喻意富贵

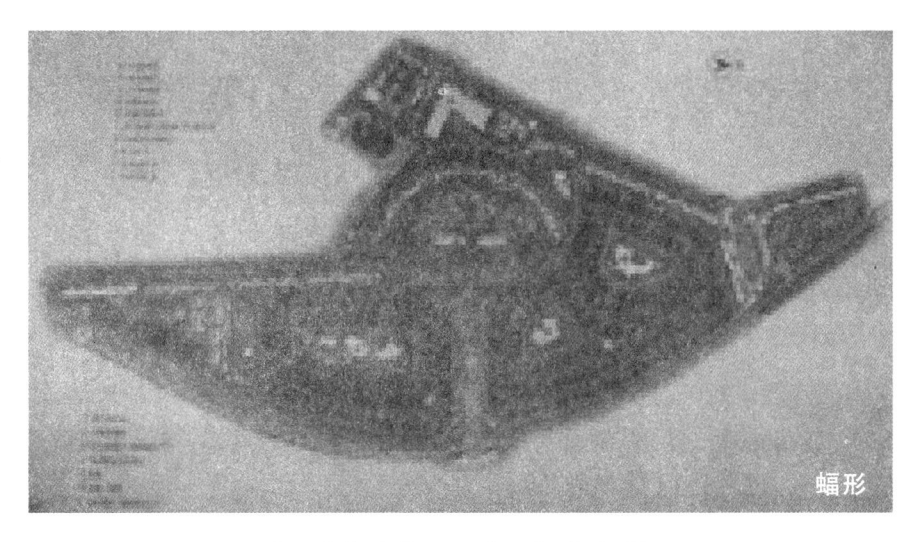

项目设计就像一只展开翅膀的蝙蝠

两湾湖水像张开的贝壳，项目在中间形成耀眼珍珠

为什么要强调小区的整体规划？实际上这是大环境重于小环境的理论，我们说一方水土养一方人，青山绿水出才俊，这就是大环境的作用。大环境重于小环境，同样，小区的整体规划格局肯定比起一个单元房格局宜忌要重要得多。开发商能因地制宜，把整个小区的风水配置合理，构成一幅合理的风水局才是重要的。

1. 因地制宜的原则

这里强调因地制宜实际上是要综合考虑建筑用地的特点，如果有山环水抱是最理想不过的自然环境，也是最符合风水格局的用地。在以上的篇章中我也特别指出过山环水抱好筑城，所以不管城市还是村寨，相对来说都是理想的居住环境，对建设居住小区，当然也是这样的环境为最理想。

园区正是利用了天然的山环水抱的地理形势

依水而建的大型社区象征财源丰厚

这个别墅得天独厚，正是山环水抱的风水宝地

有山无水，或有水无山，相对来说这样的建设用地都是不错的，但要注意的是山必须是圆润而植被茂盛，若是破碎之山，乱石遍地，植被稀少则难以为用。水以自然水为上，若是被污染则不能用。其实大多数建筑用地，大多无真山真水，但水可以通过人工造出来，山也可以通过其他建筑借过来。

这几个项目都是做足了水的文章，灵动的水不仅丰富了小区环境，更象征财源滚滚

2. 楼群构成和谐原则

这一点也是十分重要的。什么是和谐呢？这就是对称原则、虚实原则，环抱原则。一般来说，楼群建筑以后高前低的格局，还要有宽敞的前明堂，形成和谐层次，由高到低，有无相对，虚实得当，这就是虚实原则。对称一般是左右建筑要协调，虽不严格对称，也要轻重相宜。环抱原则，也就是楼群不一定设计成直线，可以设计内弯环抱的变化。不要出现诸如"T"形格局、"E、F"形格局，这都是不利的。

这一小区设计成环抱有情的风水格局

高低虚实的配置是符合风水阴阳合和的原理的

3. 楼群与公共用地成比例原则

一般来说，开发商为追求建筑面积的最大化，用于公共绿化植被用地就会减少，但若是用于建楼的面积大于绿化面积，楼层建得又高，那么，会给人以压抑感，这是不利的。一般来说，绿化面积最好能略大于建筑用地。

以上小区设计都是合比例的，是合乎风水要求的设计

这两个项目，为了增加建筑面积而过多占了公共用地，少了空间，是不符合风水设计的，居住其间也会不舒服

二、小区大门设计

《阳宅三要》中把门的位置放在第一位，可见其重要性。实际上，不管一家院落，或一座大楼如此，一处住宅小区也是如此，大门为一处宅院的入气口，主宰着成败之关键。一处宅院总布局设计很完美，如果大门没有设计在合适的位置，那么，往往会功亏一篑。风水是讲究气场的学问，气场和谐的关键是大门的方向纳什么样的气，这一点是非常重要的。

一般来说，小的住宅小区，只设计一个大门就足够了，那么这个大门便主宰着整个小区的气场。然而，现在住宅小区越建越大，往往不止一个大门，那么到底以哪个门为主呢？其实，风水学上有个以主体建筑为重的原则，比如，颐和园开门几处，但总大门只能是东宫门，因为主体建筑是仁寿殿，仁寿殿是以东宫门为主的，是当时皇帝主要出入的大门，也是现在游人进出园最多的大门。

同样的道理，小区门可以根据需要开几个，但主大门只有一个，这是根据小区建筑群坐向来确定的，也是开门最大，设计规格最高最正规的一个，也是人们进出小区最多的一个。小区大门位置是十分重要的，所以要开在一个旺气的位置上，旺气的引入必然会对整个小区形成良好的气场，那么哪个位置是旺气的位置呢？根据元运学说来看，2004年2023年为下元八运，东北方为旺气，正南方为生气，正北方为进气，这三方位置被称为三元生旺之气，也就是说这三方开正门最好。然而并非是任何坐向的小区都可以这样开门，这要根据不同的情况进行合理的安排，因为坐向变化了，很多条件也会跟着变。比如珠海的某楼盘，建好后销售情况很不理想，通过调整了大门的布局，结果销售节节攀升，热销起来。

1. 根据地形地势巧布小区坐向与大门

在风水学上可能因一个条件的变化便会引起一连串的连锁反应，很多东西都会跟着变，所谓差之毫厘，谬以千里。因此，要做到精确的风水设计，最好请有关专家来设计。

由于地势的原因，大门两边的主柱不一样高，出入的路也分上下

2. 因路方便原则

不能因为所谓的生旺之气在不适当的位置而强开大门，这同样会给人们出入带来不利的影响。要根据路的实际情况，在整个小区设计时就要充分考虑大门的位置，以便做出最佳的方案。有的小区可能三面临路，三面都会开门，但门的位置与主门之间是要讲究配合。

小区紧邻一条宽阔的马路，自然大门也会设计在主路的一方

三、园林的设计

大型园林小区的开发给了设计单位更大的想像空间,作为小区功能的主要部分,小区内园林营造需要更多的创意与更充分的利用。小区园林应不仅给业主提供休息的场所,更重要的是作为景色配合楼群形成赏心悦目风景线,以达到"移天缩地到君怀"的目的。小区园林的营造要注意以下几点。

1. 整体风格要统一

园林风景的设计当然离不开山和水,绿化与建筑。高低起伏的地势可以调节人们的视点,组织空间,造成仰视、平视、俯视的景观,丰富庭园建筑的条件和植被,增加人们的活动面积,丰富庭园艺术的内容。这些艺术表现形式是中国园林布景的主要手段,移植过来稍加变化就可以用在小区园林中,也可以把欧美式园林风格移植过来,但总体风格上要尽量统一。

这一园区内的园景设计整体和谐统一,给人以美感

上面这两处设计布局同样有一个主题可以统一起来

2. 理水原则

所谓山主人丁水管财，水在小区园林中应是必不可少的。有关水的功能，在《园林规划设计》一书中这样评说："在古代园林中，山水密不可分，叠山必须顾及理水，有了山还只是静止的景物，山得水而活，有了水能使景物生动起来，能打破空间的闭锁，还能产生倒影。园林中水的作用还不止这些，在功能上能造成湿润的空气，调节气温，吸收灰尘。"

园林中水的设计最忌直泄，以曲回为上。北大校园的西部与北部，是圆明园附属花园旧址，虽然当年的地面建筑早已荡然无存，但其水的设计部分，如游龙般峰回路转，舒展自如，其山形水系的初貌仍依稀可辨。设计在小区中的水最好是能流动的，不能死水一潭，不然就失去了用水的功能，因为水不动则易腐，腐水只能带来无尽的烦恼。

在这方面星河湾做得相当精致，大面积的绿化带，静静的流水，园中小品建筑点缀，无不相得益彰。更重要的是它关注到每一单元住房，打开任何一面窗子，窗外都有不同的风景映入眼帘，春夏秋冬四季变换，窗外的景色也会随之有所变化，不能不说星河湾是高品质的园林住宅小区。

当然所有水的设置包括溪流、喷泉、湖沼、壁泉、瀑布等都要放在合适的方位上，才能更好地发挥水在风水中的作用。

3. 堆山原则

园林中的山不可以乱堆，就低开池而得土可构筑岗阜，但应按照庭园功能与艺术布局适当运用。庭园中的山不要高耸又广，不要因山挤占小区其他功能用地，山应土石相间，以土为主，石要"深埋浅露"，全是石容易产生荒凉冷寂之感，全是土又过于平淡单调，但不要乱石堆砌，更忌山石嶙峋险恶。

这两个设计堆山与水巧妙结合，不显荒冷

4. 植被原则

大片的绿地不但给人视觉上的享受，而且可以改善小区内空气的质量，增加负离子的含量，使空气清新怡人。

那么，是不是在居住的小区环境内，栽上了植物就是做好了绿化了呢？当然不是！这里还有个对植物选择的问题，草地与道路的合理配置，常青植物与落叶植物的配置都要合理，更不能选择有毒性的植物，比如蔓陀萝；也不能选择散发怪味的植物，比如蓖麻。有关植物的各方面特性最好请教相关的专家。当然有针刺的植物也不能进入小区，月季与玫瑰这些小针刺花卉可以在绿地中间点缀种植，这些植物除了在生活中会给人带来麻烦外，也为风水理论所禁忌。

大量的植被运用，分出高中低层次，不仅丰富了小区环境，更合风水要求

5. 小品设计原则

在小区园林中设置的凉亭、雕塑、风雨桥、摆件等都属于园林中的小品，有了这些小品点缀才能使园中的景致变得活泼、层次感才会突出。它们是小区园林设计中必不可少的部分。小品应以点缀性与实用性相结合为原则，比如凉亭与风雨桥。特别提出的就是，这些小品不要出现尖锐的角，这是不利于整个风水气场的和谐的，还有颜色搭配要合理，最好不要与周围环境颜色相克。

这些园区中的小品增加了生活情趣，让人喜爱

以上讨论了小区园林造景的几点原则。但是，不管住宅小区是大是小，都不可能有大面积空间来造景、叠山、理水，所以在把握园林规划设计理念，加上风水调节的前提下，可把本来应该是大景的图画采用点、散、聚、姿、体、色等等小品手法，配合水形，水意、水声，变成小区内的整体构景。

西方雕塑最好放在欧式建筑群里,不然是不和谐的

整个小区园林造景运用了点、散、姿、体等手法,完整而又丰富

古典与现代的装饰小品组合,完美地统一起来,很有活力

后现代主义表现手法的主题小品

四、园区道路与文化墙

在中国的园林文化中,道路宜曲不宜直,曲径通幽是人们欣赏心理的需要,同时也是风水气场的良性表达。直路的尽头会形成最差的场能效应,风水学上则谓之煞地,是不利于居住的一个环境场。如果遇到设计上出现了这种直路尽头有楼盘的情况,这时候补救的办法就是文化墙了。

而随着人们生活质量的改变,越来越多的居民使用汽车代步,如果园区中的道路设计全是曲路,则势必影响到车辆的出行。特别是那些大型小区,路不直使这种矛盾更加突出,所以,如何解决这一矛盾也是小区规划必须要事先考虑的。

1. 超大型小区道路规划

如果小区占地面积大，小区中的主干道要以直为主，用主干道把小区分成不同的楼盘区。这些主干道以车辆行驶为主，不仅是私家车进出的主通道，也是公交车通行的道路。主干道不与楼盘区发生大的联系，这种道路规划则是有利的，不会破坏到居住楼盘的气场。

这种笔直宽阔的主干道路只用在不同楼盘区之间，以行车为主

2. 人车分流

一般来说，进入楼盘区的道路要求不能有过长的直路，人行道设计做到这一点并不困难，如果有汽车出入就很难了。所以，建地下停车场，实行人车分流就是一种最佳的解决方案。需特别强调的是，虽人车分流，并不是地面道路都不能跑车，各楼群间有一条路还是必须要能行驶车辆的，这是消防的需要。

3. 文化墙的利用

有的直路直抵楼前，应该怎么办呢？就可设置文化墙，或建亭台，这在风水学上称之为"解煞"，在园林设计上则称之为"缀景"。因为太直的路无变化，园林设计上就是"伤"，尽头置景，则为"救"。这样的置景点缀，就会舒解直路形成过急的气流，把气场的破坏程度降到最低。园林设计上的"缀景"，则丰富了景色，多了层次与欣赏空间。

这两个文化墙的利用达到了移步换景的作用

这个文化墙是为了"解煞"。直抵楼前的园区行车道用文化墙"挡煞"，又植一排树就可化解路箭

五、小区的命名

一个建筑不仅是它的建筑风格、建筑形式有名，同时它的命名也十分重要。"名正言顺"、"名副其实"，更是一种文化上的要求。一个好的命名，会使人们产生美的享受，愿意接近。如何给一个小区命名，这是整个小区设计中的一个重要部分，一个好的命名也必将提升一个小区整个文化内涵，所以，开发商都会认真对待。那么，如何起一个好的楼盘名称呢？楼盘命名创作是已经提升到文学美的程度，要求也很高，在几个字间要有诗意、有意境、有想象的空间、有回味的韵味，别致而又朗朗上口，这考验着创作者的文字文学功力。这里谈作者的几点看法。

1. 与时俱进

改革开放后，住房进入商品时代，上世纪八九十年代建起的商品楼盘，多以"居"、"园"、"苑"等，有的干脆直接叫"小区"，比如：广州的"天荣小区"、"六运小区"、"云宁居"、"尚河居"、"绿庭苑"、"东晖花园"等，北京的"双龙南里小区"、"松榆里小区"、"博雅园"、"幸福家园"、"东潞苑"、"樱花园"等。后来随着开发规模的扩大化，出现了以"城"、"庄"、"堡"的命名，比如："华南新城"、"华景新城"、"凤凰城"、"翠湖山庄"、"祈福新村"。我们现在来看这些小区的命名，也并不新鲜。随着时代的发展，人们对居住环境与居住文化要求的提高，必然也会要求小区的品质与名称相符相承，这就对小区的命名提出了要求。

我们来看一下以后住宅小区的命名创意：

风景点题类：风林绿洲、美林海岸、香花畦、金色曼香林、常青藤、枫润·水尚、优山美地、半山枫林。

诗意典雅类：漾晴居、星汇园、水岸长桥、苏荷雅居、品阁、隽园、星河皓月、陶然北岸、花神·美境、云起时。

欧美意境类：莱蒙湖、欧陆经典、温莎大道、欧郡、柏林爱乐、澳洲康

都、阳光斯坦福、蓝堡。

传统时尚类：倾城时代、历德雅舍、西山美庐。

富贵大气类：耀星华庭、帝景苑、观澜国际、亚胜铂第、泰悦豪庭、壹线国际。

前卫新颖类：蓝调沙龙、北岸1292、FREE自由季、摩卡空间、SOHU、飘HOME、炫特区、回车DBC-S系、都市T站、易构空间。

以上楼盘名称都有自己的新意，在一定程度上达到了较好的效果，对自己的楼盘起到了画龙点睛的作用，是比较成功的创意。

2. 品牌战略

品牌是开发商多年经营而积累起来的结果，有着极大的市场潜力。人们相信的是这个品牌的品质，因为大品牌开发商经营的房产从规划设计到施工成品，配套设施都是一流的，故而可形成强大的品牌号召力。大地产商经营的房产名称都冠有自己的品牌。比如：万科、星河湾、富力、珠江等等。

虽然品牌力量巨大，但对于不同的小区仍要有新的命名，新的创意，只不过要与自己的品牌相辅相承，一个有创意的命名仍能增加楼盘的附加值。

品质铸造了万科地产

这个 Logo 是尊贵身份的象征　　这个广告语便是这个品牌的说明

除了小区楼盘要有好的命名外，小区内的楼盘群往往也要命名，包括小区内的道路，好的名称都含有深刻的文化内涵，也为人们所欣赏。我曾为"御景台"小区策划过其小区内的道路与楼群命名，因小区分两部分，中间

以一条大道分开，我把这条路命名为青云大道，喻义一步青云。楼群与其小区内道路命名如下：

润琴轩，鸣玉轩，桂月轩，友梅轩，倚云轩，翠云轩，聆泉阁，韵泉阁，毓英阁，七星阁，芸香阁，凤翔阁，鸿远阁。

青云大道，海云路，山岚路，丹凤路，玄武路，七星路，琴韵路，棋音路，水墨路，书香路，梅笑路，竹风路，菊香路，兰幽路。

随着人们生活条件的不断提高，人们对楼盘品质的要求也越来越高，不仅是硬件上，同时也包括软件上的。所以楼盘文化概念开始扮演越来越重要的角色，甚至成为人们选择楼盘主要考虑的条件。而风水文化的概念也悄然来临，其实这一文化概念在香港是必须有的，在南方城市楼盘概念中也开始成为一种时尚，这也是规划设计者不容忽视的。

第三章　选楼须知

中国人很重视居所，若经济能力许可，必定购买物业，认为这样"有瓦遮头"，才算生根立命，否则便会有飘泊无依的失落感。"安居乐业"充分表达了中国人对居所的看重，没有基本的安居，何来乐业！因此，中国人不论身处何地，均以置业安居作为自己的首要目标。然而若真的要在城市中拥有自己的一处物业，对于大多数人来说，绝非是一件轻而易举的事，可能要用自己大半生去为之奋斗。既然用了这么多的心血去买楼，当然希望自己的物业非但可以住得舒适，而且希望住得人财两旺。买房也绝对是人生中的大事，所以不得不慎重对待。基于经济的原因，很多人更多关注价位，而于其他条件却是关注不够，从而给以后的生活带来诸多的麻烦，影响了自己的生活质量。

如何选一个好的楼盘与好的单元呢？下面我从几个角度来进行分析，以供买房者进行参考。

一、楼型

在中国文化中，往往注重形象，所谓在天为象，在地成形，形既成便分吉凶。吉凶分辨是以和谐为美，平衡为美，圆润为美。打破平衡的、和谐的、圆润的当然就是凶的。

1. 独高

住宅设计上，楼层高低要相对差不多，不能把其中的一栋楼设计过高，这样就与周围建筑不和谐，形成无依无靠的格局。所谓"木秀于林，风必摧之"，一楼独高，上面就会风速过大，而风水是讲究"藏风聚气"的，风速过大则不利于居住，在风水学上这叫"孤峰煞"，容易带来各种麻烦与疾病。这种楼是选楼所要避开的。如果只能选这种楼，最好选低层。不要以为独高的楼是"鹤立鸡群"，住这样的楼是不可能带来福气的。

2. 独低

独高不宜，独低更不宜，如果周围都是高建筑，中间却有一座低楼，必然受四面压力，这种建筑叫"坐困愁城"，与牢狱无异。这种房子是不宜居住的，最好迁出，不然，会对自己的事业与人生发展带来不好的影响。

3. 角形

在住宅楼的设计上不要出现三角、斜角的建筑，这种建筑带来的气场是极不稳定，往往会形成尖角效应，在风水学上叫"角煞"，让人烦躁不安，内心不稳定，容易产生怪病与精神病，是不宜居住的。这种楼也不能选。

4. 交叉形

住宅楼也不要出现"T"、"F"、"E"、"H"形这样的建筑,这种带交叉的楼形,同样是凶形的建筑,这几种形式都难形成稳定的气场关系,都是自身相刑,在风水学上叫"顶心煞"。这种楼形也是不能选的。

虽然图中交叉楼之间有路相隔,但仍不算好的设计

5. 纯圆形

一般来说,这种建筑符合圆润的条件,但纯圆形属水,同样不稳定,所以这种建筑只利于体育场、剧院、商场、写字楼而不适合住宅。

这样圆形的大楼适合办公不适合居住

如果以上这几种情况能避免,那么所选的楼型就不会太差了。

二、楼周围环境

周围环境同样是相当重要的，好的周围环境肯定会让你神清气爽，会带给你福气，不好的环境自然会破坏稳定的气场，自然也会带来灾难。

1. 街巷直冲

风水学是"喜回旋忌直冲"，因为直冲和来势急剧，倘若居所首当其冲，则为大凶，不可不慎。所以，楼外若有长长的直路直冲到楼下，则不宜选购。

2. 地势宜平

房屋建在斜坡上，大门正对一条甚为倾斜的山坡路，那便不应选作居所，因为不但家财泻漏，而且还会家人离散，一去不回。

3. 忌反弓

所谓"反弓"，是指房屋前面的街道或高架桥弯曲，而弯曲角位对着楼房，对着大门更甚，风水学称之为"镰刀割腰"，这样的房屋不宜选购。

4. 忌天斩煞

所谓"天斩煞"是指两幢高楼大厦之间的一条狭窄空隙，因为仿佛用刀从半空斩成两半，故称天斩煞。

5. 烟囱不宜

风水学古籍《阳宅三要》有云："烟囱对床主难产"，由此可知烟囱对健康有损，所以倘若窗外有烟囱，不宜选为栖身之地。

6. 尖角或反光

站在楼中向四周望去，若有尖角直冲过来，则不宜，距离越近越凶险。若有玻璃幕墙强反光入室也不宜。

三、室内风水

室内风水同样很重要，因为这是与你息息相关的小环境，如果小环境出现大的风水问题，同样是不宜居住的。在选楼时要注意以下几个问题：

1. 风大不宜

风水学最重视"藏风聚气"，这表示风势强劲的地方肯定不会是旺地。风大固然不好，但倘若风势过缓，空气不大流通，那也决非所宜。最理想的居住环境，是有柔和的轻风徐徐吹来，清风送爽，这才符合风水之道。

2. 阳光充足

阳宅风水最讲究阳光空气，所以选择房屋居住，非但要空气清爽，而且还要阳光充足，若是阳光不足的房屋，往往阴气过重，导致家宅不宁，实在不宜居住。

3. 中心受污

这是指房屋的中心部位不宜作厕所，否则这便有如人的心脏堆积废物，那自然是凶多吉少了。

4. 中心楼梯

如果是复式楼房，楼梯不能设计在房子的中心，特别是圆形回旋式楼梯更不宜，像电钻一样，那是凶相而不利家运。

5. 大门不对墙角

如果你房子出入门所开的位置不巧有墙角沿长线冲进来，那也是不宜的。

以上各方面的情况你都注意到了，恭喜你，你所选的楼房基本上算是一个风水较不错的房子，再配合风水布局，相信会带来好的家运。

我最不能接受的是这种奇形怪状的建筑设计，这种设计不管是办公，还是用于其他目的，都根本不会有好风水，只能带来灾难

第四章　家居布局风水要诀

论断阳宅要先从峦头形势入手，查看外局吉凶，然后再依理气飞星进行诊断。所以，阳宅论断必须把峦头形势的基本常识熟练掌握，才能运用灵活，一语中的。这章内容是学习风水者必须要过的关口之一，也是风水入门的基本内容。把这章内容掌握好，就为相宅打下了基础。

阳宅局势相对来说是小形势，在小形势范围内，主要查看宅基的前后左右情况，既有宅地自身的内容，也有对其有影响的外围环境，也就是形势地理的"龙、砂、水、穴"四大内容以及与之相关的形煞问题。这是本章主要要解决的问题。

第一节　阳宅外部吉凶判断的法则

一般看阳宅先从外围形势入手，查看有无吉凶，哪些条件符合吉的内容，哪些条件是凶的煞力，要分辨清晰。

一、论明堂

（一）吉论

宅前院井谓明堂，明堂之法须细详，宽敞洁净谓之吉，污秽怪形定灾殃。

1.宅之前面，门内空地，若能筑围墙为最佳，但其形要为方形，或半月形（弯向内）为吉。

院落平整多方形，围墙高矮要适中，居之平安财富至，前圆后方大亨通

2. 住宅外面，前方之外有一小水池（不能有两个，水反光不入室），论吉。

以水为财在明堂，当旺之运财三江，反光入室不为吉，两水似哭痛断肠

3. 宅前有圆障（弧形内弯的物体）距离住宅八尺到十二尺者主发财。

宅前有案似弯月，内收财气汇成河，高低远近有分别，得财快慢有分说

4.宅门前有"回圆"（圆形小土堆）之土环，主"进财山"，大吉。

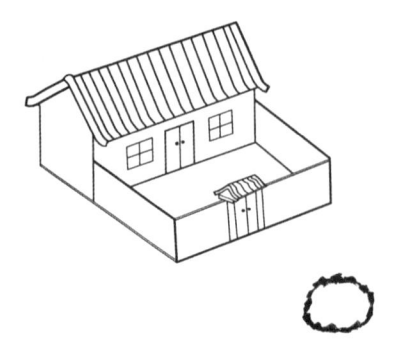

环形如月进财山，得之福气如日天，不可藏污纳秽气，管教富贵上百年

5.宅前开"之"字形路主大吉，财富旺。

宅前水开之字形，若有道路论相同，回曲有情水进财，风光门弟富永亨

6.宅前有"之"玄水，主吉祥。

以上为吉的格局。

补充几点：

（1）地形不可高低差距太大，若有凹凸，必定要填补或铲平。

（2）住宅周围的绿化好，负离子高，阳光充足，附近没有污染水源论吉。

（3）住宅空气流通，但风不可过大，或后面有高地或高层建筑，或前面有场地、街道论吉。

（二）凶论：

门前逢冲主论凶，破残逼压一般同，怪石镰刀都有害，遇之定然放悲声。

1. 门前逢路冲、尖角、电线杆、死胡同、水道转角处等，不吉。

门前被冲财气散，破落之宅殃连连，若遇阻隔水飞去，万事不顺苦叫天

2. 住宅的对面为空屋且破旧不堪，论凶。易患怪病，出怪异。

门对空屋且破烂，人之不居鬼影现，运气不发出怪病，虽有良药身不堪

3. 前面或右边住宅比自己的高,主凶。

前逼右压不为吉,人丁破落被人欺,早做破解方可安,坐困消退输不起

4. 面前左右有小塘,下雨时水满自溢,谓之连泪眼,主凶。

门前惊现两水塘,泪眼不干哭断肠,填起镇煞重改过,可保平安福安康

5. 乱石当门,谓之"磊落煞",主眼目之疾。

乱石门前煞无情,磊落灾现复失明,若无大灾幸万事,难保不害红眼病

6. 住宅前有路向外弯不吉。

7. 住宅明堂内不能乱堆杂物，若堆成棺形，一两年内必伤人口。

明堂不当堆杂物，成形成象放悲声，伤人损口后悔晚，呼天喊地不留情

二、论周围环境

1. 住宅四方有高山者，主出英雄豪杰。

四方高山相呼应，不压不逼大事成，英雄豪杰人彪悍，多行正义人人敬

2. 宅前有山石似"酒瓮"之形状者，主大吉祥之兆。

宅前山石如酒瓮，万贯家资无须明，谢得天地有造化，长寿南极神仙公

3. 住宅前低后稍高为吉，住宅地形前稍窄后稍宽为吉。

前低后高主吉祥，宅得此地为理想，若是前窄后稍宽，发财发福理应当

4. 宅前朝平圆山主吉。

前案之山平圆形，吉祥如意大亨通，生意顺心平添财，如若从文亦有名

5. 三角形或多角形地不宜居。

地呈三角不规整，居之凶险怪事生，败财暗疾时常有，是非官灾不留情

6. 住屋前后有寺庙不宜，衙为煞地，庙为孤阳。

衙前庙后不宜居，孤阳煞地灾频出，若得化解尚可安，鳏寡孤独是此屋

7. 屋后两旁有直屋，谓"推车屋"，凶。

屋犯推车凶无比，居之难安被人欺，千里之外横祸生，此煞所主总无疑

8. 屋后有直屋，谓"直射煞"。凶。主有是非或暗箭中伤。

犯此直射凶相连，是非口舌总不断，被人暗算心胸病，平地风波恶流翻

9. 住宅前方有尖形建筑者，多主火灾。

尖形建筑立在前，回禄天灾起浓烟，居之难安心生恐，解煞得法保安然

10. 阳宅前后两平房，中起高楼者，缺男丁。

中间孤高前后低，二姓招郎男丁稀，居之不祥重改过，前低后高保无虞

11. 宅前冲物如屋脊墙角、亭塔、楼阁、道路、河渠直冲不吉。

门前直冲犯箭煞，终身辛苦定不差，损丁损财常常有，疾病灾难让人怕

12. 阳宅屋后左边，有一间横屋者，谓之投河煞，投河自杀或游泳淹死。

屋后左右屋相横，水汜自缢灾非轻，不若早做破解法，方保平安人财宁

13. 阳宅屋后右边，有一间横屋者，谓之自缢煞，主自缢死。

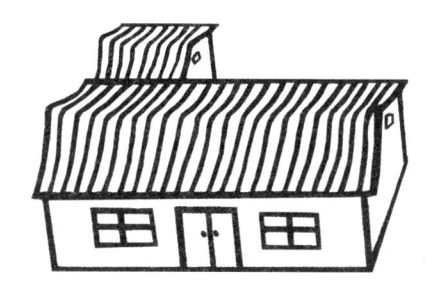

屋后左右屋相横，水汜自缢灾非轻，不若早做破解法，方保平安人财宁

14. 阳宅屋后有一边侧厢者，谓之"亡字杀"，主刑伤人口。

亡字伤人犯惊恐，暗箭伤人亦不轻，六畜财产多有损，盗贼频顾有几宗

15. 阳宅屋后如箭暗冲者，谓之"暗箭杀"，主损宅主、伤六畜、招盗贼。

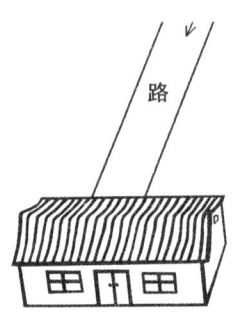

屋后路如飞箭来，定然无名起凶灾，宅主家长难保全，伤及六畜盗贼来

16. 阳宅前后不要在绝尖尾地，主绝人丁。

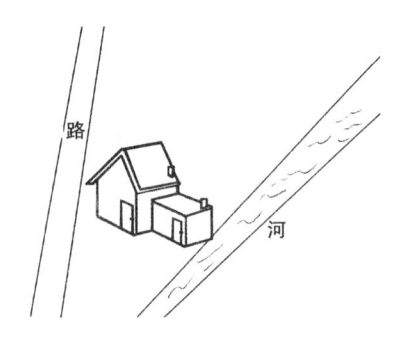

绝地不规尖尾形，窄狭侷促心难宁，若不尽快迁移居，后继乏嗣少人丁

17. 宅前有探头山者，四时防盗，或主出盗贼之人。

宅前探头多不吉，主犯盗贼有几起，春夏秋冬时时防，不然自家出贼胚

18. 宅前见朝飞水反背，主出淫乱之妇。

前见飞水反背流，淫乱之妇时时有，纵是官宦千金女，花前月下情亦偷

19. 住宅两边都有道路为凶宅，此宅居之，定会发生精神病等灾劫，家中不平安，终日不得安宁。

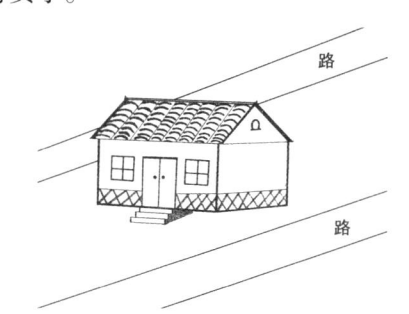

左右两边道路夹，居之定然灾病发，精神恍惚不安宁，针石医药也无法

20. 宅旁两边低下、屋后偏高，必为终生贫苦。

宅后偏高两边低，终生贫苦命不济，疾病丛生难安乐，当运合气尚安居

21. 宅左有大道，久住先富而贫，性躁事急。

宅左大道车马喧，久居富贵也会转，江河日下贫且贱，性躁事必忙乱添

22. 正门直水流出是煞气，钱财破耗皆尽废。

门对直水破财钱，煞流财尽不安然，无端花钱事不成，虚耗财力度残年

23. 丁字路口当面冲，定主小人是非又破财。

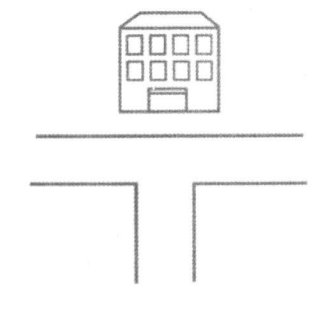

丁字路形迎面冲，直路空亡破财丁，是非怪病常会有，放荡破家不留情

24. 死巷之宅不可居，财源枯竭祸连绵。

死巷之内气不接，事业失利财源竭，乱事如麻官讼连，怪病久治无仙药

25. 前高后低的房基，怪病是非，官讼出，人智商也低。

前高后低定不吉，怪病久治不痊愈，损财官讼是非地，后代子孙智力低

26. 房子四周高楼包围，如入牢城，定然败运。

周高中低不安然，如入牢城官讼连，怪梦惊心出差错，事业失利坏财源

27. 剪刀屋，就好像有人拿着一把巨大的剪刀要把房屋剪掉似的，路和水同论，大凶。

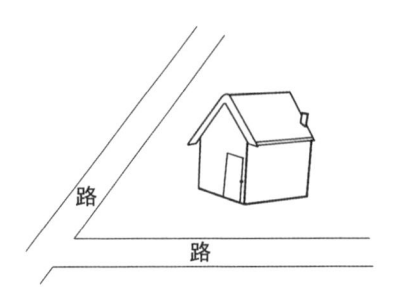

水路形同剪刀剪，此处万事必不安，家道破败定无疑，花街柳巷好淫贱

28. 宅前流水倾泻，不吉。水倾泻意味着财倾泻，事业失败。此种倾泻水形的房屋千万不可进住，以免事业失败、倾家荡产。

29. 宅前树缠藤，官讼连至，易生灾厄。宅前树分枝，困苦难解决。

院前忽见树藤缠，官讼口舌不须言，家中有人生怪病，生意暗淡不胜烦

30.. 宅院四周篱、墙多破碎为凶，为退财，居之家运年年冷落，必须尽快修葺。

围墙破碎应为凶，家运冷退祸不轻，事事不顺是非起，一场劳累一场空

31.住在高架桥或天桥路旁，最容易发现弯度如一把刀拦腰截来，大有一分两半之势，为凶宅，容易造成分离或外来灾害。

高架桥形如弯刀，拦腰斩来祸事添，外来侵害时常有，家人分离泪连连

32.四面都是小巷道，中间独有一间住宅，是为凶宅，慎防意外灾害，如车祸、血光、跌倒、中毒等意外事件。

四面道路围中间，居之必然凶事连，车祸血光中毒事，哭声阵阵不应天

33. 宅近垃圾场为凶宅，为人喜怒无常，意志衰弱，生不逢时，子孙离乡背井。

垃圾场边不可居，污秽之气压运时，病疾相随坏意志，离乡背井不团聚

34. 宅前独一屋，女人守寡，子女缘薄。

宅前独屋是凶象，男孤女寡心不畅，更无子女膝前绕，伤残带破是无常

35. 住宅之横幅过长者凶，主居者有患气喘之人。

宅第横长不成比，吉变凶象定无疑，气短气长喘不住，不分四季与天气

36. 住宅近火葬场或在公墓附近，常招致身心受阻，为凶宅，居之主悲观少欢乐，婚姻上更不易成功。（注：如内气当运，此事便可消）

公墓之地阴气重，身心不畅常受刑，任你多情桃花开，婚姻十来九不成

37. 住宅左右两边有水声，好像悲泣一般，此宅居之，日后对女主人不利，易自杀或遇水溺等。

两边闻听流水声，如泣如诉如悲鸣，阴人小口多不利，心志混乱赴阴城

38. 所谓"壁刀煞"，是指门口或神位，对着人家的屋角，此屋住久，流年一到，破财连连，药碗不断。

壁刀煞气应规避，大门神位不能对，若犯此煞连破财，药罐又煮几陈皮

39. 所谓天斩煞，就是在两座平排的建筑中间留有一条小巷空隙，恍似一把刀从上斩下来，若对着此处便是凶相，会导致生意破败或人口不安、火灾等。

天斩凶煞煞无比，冲此煞星怎如意，生意破产人不安，火灾疾病有几起

40. 围墙高过房屋者，阴气过盛，属凶，不宜居住，否则官讼连连，烦恼交织，有如囚牢一样。

围墙太高高过房，犹如囚牢一般样，困兽烦躁团团转，官讼是非不寻常。

41. 河流当门流，又有桥来冲，运衰途穷食山空。

门前横河桥来冲，此处居之不安宁，穷途末路人暗淡，财去财来食山空

42. 住宅之周围二公里内无其他住宅，为虚宅，在此居之，思虑过大，缺乏耐力，人缘薄弱，作事诸多阻滞，招致精神衰弱症。

虚宅居之气不聚，耗精废神多阻滞，人缘薄弱少朋友，愁苦贫乏少人知

43. 宅院门前正中有破屋，为凶宅，居此之人会有损丁、破财、凶杀事件之应。

44. 门前宅院有大树，树干双分向上为凶宅。此宅居之，有讼之事。自己困苦艰难却无法解决，生涯中多曲折。若更有藤缠树，更主妇人口舌，意外频生。

45. 阳宅两新夹故，死不须住，两故夹新，光显宗亲，宅材鼎新，人旺千春。屋主半住，人散无主。间架成双，典尽衣粮，屋柱曲弯，子孙不睦，虫柱木空，目盲耳聋，柱若悬空，家无老翁，梁倚栋斜，是非反复。

46. 阳宅独高于众，四边风吹，主不吉。

47. 阳宅屋边有高楼压住本屋者，主不吉，左压左凶，右压右凶。

49. 阳宅正屋后边，不论东西南北中，或一间二间乱起，谓之"埋儿杀"，小口不利。

50. 住宅门前方有庙宇神殿不吉。

51. 宅前有砖窑、烟囱主不吉。

52. 宅前有森林者，主怪物入门，为不吉。

53. 住宅的西方有缺陷者，对子孙不利。

54. 住宅右方有石斜耸而出，主事多不顺。

三、住宅设计

1. 住宅中地板宜平坦，不宜前高后低设计，论凶，后高前低尚可。

2. 房内地面高低不平，会导致身败名裂。

3. 住宅中电线电路，宜设计隐藏式，方论吉。

4. 不宜自河川引水入家宅使用，主凶。

5. 有孕妇时，不宜修造建房，否则论凶。

6. 连栋式住宅，一栋独高者，财难旺，主凶。

7. 独栋的住宅，不宜再建相连之屋，财难聚，论凶。

8. 狭窄的土地上建满房子，主凶。

9. 浅而宽之住宅，主精神不振，缺乏恒心与耐力，不吉。

10. 房子小而家人多，阳气旺则财气就旺，反之则不吉。

11. 住宅的高度要适宜，不可过高或过低，一般住宅为一丈二左右。

12. 灯、水管、排水系统、门等有损坏时，必须立即请人修理。

13. 阳宅屋高地窄者，主人财两退，屋矮地阔者，主一代发福。

14. "水阁"（水上住屋，可用以欣赏）不可住人。

15. 阳宅以天井为财福，以面前屋为案山，天井阔狭适中聚财，前屋不高不矮，宾主相称为宜。前屋高过主屋主人受欺，太低者宾主不称，太近者逼，太远者旷，前屋近宜矮，远则略高，住屋吉凶全在此处。

四、论宅形

阳宅之屋形以方正，气象豪雄，护卫整齐为贵，墙垣周密，四壁光明，天井明洁，规矩齐聚者为富。如南北皆堂，东西异向，势如争竞，左右雄昂者为忤逆宅。屋小而高孤，正屋无依，四周无护卫者为孤寒宅。东倒西倾，栋折梁斜，风吹雨泼者为病痛宅。屋宇不整，四壁破碎，椽头露齿者为零丁宅。基地太高，屋前后深陷，四水不聚，荡无收拾者为贫穷宅。房屋黑暗太阔，或太狭者为妖怪宅。

阳宅宅基造形以方正为吉，虽不是绝对方正，至少入眼难以分辨，加以理气宅命相配，一般来说肯定是一个好的修造之宅第。除此之外，以前窄后宽，前低后高为宜。经云：前窄后宽富贵如山，前宽后窄失印逃灾；前低后高世出英豪，前高后低儿孙昏迷。前窄后宽形如棺，主发横财最验，有前高后低者，主长幼昏迷及出孤寡。

宅地前圆后阔方，大吉。"宅形前圆后阔广，名为蟹壳大吉星，居之丁财六畜盛，更兼子贵姓名扬。"

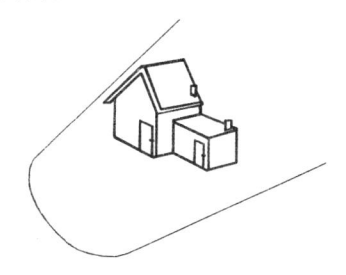

宅地右长左边短，阴盛阳衰损夫男，修造取方去尖用，庶免出寡得周全。

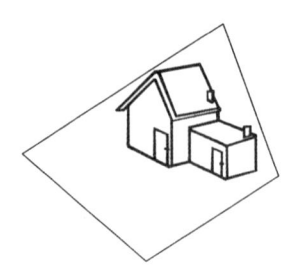

宅地前阔后尖长，火星拖尾灾难挡，自缢痨病小人犯，意外之灾又经常。

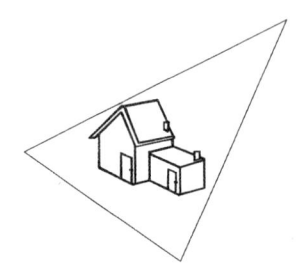

宅地左长右边少，阳强阴弱损妻小，当取规正修造法，顺心如意灾难消。

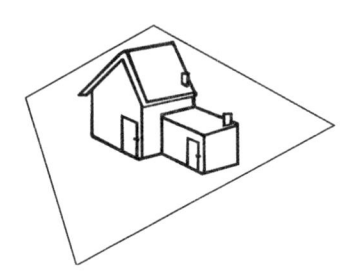

宅地前尖拖后宽，非是发富贵如山，真名当是退田笔，官非口舌目疾染。

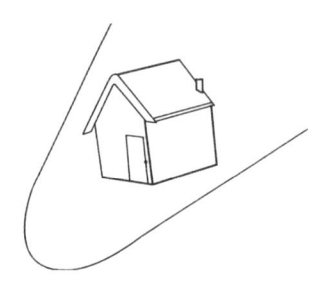

第二节　阳宅内部吉凶判断法则

判断阳宅品质的好坏，其重点可分为"外六事、内六事"来进行，在上一节中，我们讨论的是"外六事"，指住家周围的环境，及这些环境会对阳宅风水产生怎样的一种影响。外六事的吉凶，因为外在形势，并非本宅所能掌控或改变，往往是很无奈，只能做某种化解，化解制化之力也有各种因素而产生不尽相同的结果。而"内六事"是在宅内，是在我的掌控之内，可以随我意来加以改变。虽如此，也要依风水原则来进行趋吉避凶的改变。下面是基本内六事法则，还需参合理气之法。

一、大门内外吉与凶

门者，气口也，乃一宅进气之所，其重犹如人之口，纳气之成败全在此也。《阳宅三要》把门排第一；《八宅明镜》有云：宅无吉凶，以门路为吉凶；《辩论十三篇》亦云：阳宅首重大门者，以大门为气口也！

大门是一所住宅进气采光的主要出入口，其外环境与方位足以影响房子的风水。犹如人的口，身之所需营养全从此进，同时，病也是从口入。可想而知这大门的重要性。大门吉凶关乎整座宅院或一单元房之吉凶，那么我们如何来评价大门吉凶？又是哪些因素构成了门的风水呢？

我们把握大门风水，首先要分出大门的内外环境，外环境乃是大门之外的水路、建筑、设施等等一切有形的东西。内环境则是指大门与宅内布局互相作用而引起的风水作用。我们先来看外环境。

1. 门外冲煞

直形冲煞：常言说，大门不对树，对树挡财路，口中有木字，万事成穷途。说的正是大门正对大树产生的风水效应。一般来说，树是不能正当门口栽的，门口种树，只宜两旁各种一棵，对称的格局会形成和谐的气场效应。

同样的道理，门不能正对电线杆、路灯杆之类的设施，都会对家运产生影响。如果不巧大门正对了这些直形冲煞，则需要做些风水化解，一般来说，用太极八卦镜挂在门楣对着这些直形冲煞就可以了。

尖角冲煞：现代城市的建筑，可能会设计成许多尖角，比如一些楼形外墙就形成了锐利的尖角，也有屋脊尖角、亭子尖角、屋角等等，如果冲门而来，就形成了尖角煞，风水学上也称"飞刃煞"，这些尖角都会形成一种尖角效应，从而破坏门前的和谐气场。现代科学实验表明，当一种尖形状物体对着一个人时，这个人就会产生一种不安全感，情绪易躁，较容易失控，伴随失眠或惊恐的症状。一般来说，如果出现的尖角冲煞，可用葫芦化解。

反弓水路：有水路在门前转弯流去，形成转角对着大门，这是很凶的风水煞。这些转角处的气流急而不稳，形成一种气散不收的气场环境，长期在这种环境中，情绪失常，心神不宁，在工作中因精神问题容易酿成大祸。这种环境以不居为上。

电机设备：一般来说，变压器、变电房、加上工作起来不停震动的机械都要通过风水设计安排在合理的位置，如果大门正对这些，都会对风水产生极大的破坏作用，影响到人的休息与健康。

冲门煞：就是门对门。两家大门相对的情况出现时，会影响到哪些问题呢？最直接的影响便是家人多是非，甚至一丁点小事就起了争执，严重的会发生冲突，不是与邻居，就是与其他人或同事或上司发生摩擦。有人说，在单元房内，这种情况很多，并没有出现这种问题呀。其实，冲门煞的构成是需要条件的。门对门只是在外形上符合了条件，在大多时间内，这两扇门都是关着的，气流不造成相互的影响。如果两个门有一条较长的走廊相连着，恐怕就会有情况了。如果真有以上各种不顺，又如何解决呢？用一个小小的太极八卦图就迎刃而解了。

楼梯问题：这种情况一般在较为旧的楼宇中会出现。一般分为两类：一、大门对着的楼梯是向下的。二、大门对着的楼梯是向上的。如果楼梯是向上的，主家人的健康比较差，化解的方法很容易，只要在门口加条约三寸高的门槛即可。如果楼梯是向下的，主家人的财运甚差或入不敷出，故不宜贷款给别人，往往是"刘备借荆州，一去无回头"。化解的方法：只要在门楣上挂一块凹镜，将流走的气收聚，钱财自然会慢慢积聚。现在高尚住宅都有电梯间，有些住宅的大门会对着升降机，一般风水先生都认为大门与升降机相对，会影响财运，而且情况不利。升降机对大门，叫"开口煞"，主是非纠缠。其实，这要分不同的情况来对待。如果在旺位，"旺位冲起喜连天"，也叫"冲起乐宫无价宝"，是最吉利的格局。一般人难以分辨方位的吉凶，也只有做常规化解：在门楣上挂镜子及大门门槛要加高。

其他问题：一般来说，大门不能对死巷、死胡同，主后无退路，宅气不流通，阻塞，衰败。大门前不要堆乱石、石碓石磨等。大门对着寺庙、祠堂，若为阴庙应避之，若为佛寺、教堂则慎选。

2. 门内布局

门窗相对：现代住宅设计讲究通风，故而有的单元房设计就会出现这种情况，一进大门便是客厅，对面设计了一个大窗，形成一个从门到窗无遮挡的空间。其实这种设计是不合风水的，这种设计是通风了，但问题是这种通风是过堂风，气流急而无收，而风水则讲藏风聚气，不藏风不聚气，则必败无疑！所谓"前空后空，人财两空"，遇到这种情况，最好在进门处设玄关隔挡，这个问题便可解决。

门厕相对：大门与厕所门相对，这种设计是极为不利的，是影响健康的，为什么呢？因厕所是污秽潮湿的地方，大门之气与厕所之气相混和，便产生不洁的气流，自然会影响健康与家运。所以，大门不与厕门相对，如果出现了这个问题，最好在厕所门挂一珠帘来做化解。圆形珠子可以改变、阻隔气流，令坏的影响降到最低。当然，厨厕门也不能相对，这个道理也很明显，污秽之气进入厨房自然不会有好的影响。化解方法同。

3. 门的设计

门自身设计也是非常讲究的，一般来说，拱形门慎用。过去拱形门一般用于城门、庙宇、清真寺等，平常百姓家最好不用。拱形门属孤阳，人少则生肃杀之气，不利。

门前若有台阶，不宜有破损，亦不能太窄。

大门之墙宜方正整齐，主家运隆昌财富足。

大门必须大小适中，配合住宅之大小，口大肚小，或口小肚大都不吉。

大门须要正，也就是说不论何向，须与屋向呈直角或同向，方论吉。

大门构造要坚固牢靠，要端正笔直，论吉。

大门建材要坚固耐用，不论是钢门、铁门、铜门或木门均同，尤其是木门必须顺树木根在下的基本原理做门，方论吉。

内门不可大于外大门，有盛气凌人之势。

大门门扇要一样大，左大主换妻，右大主孤寡。

大门不可高过墙和厅，凡此者，皆对人口不利。门太高大，人丁稀少。

大门之墙不可破残缺失，主枉死与疾病无药。门穿孔，不利子息。

门高于厅，后绝人丁，门高过壁，不利主人。

门柱不正，多遭疾病，家运衰退，灾祸频仍。

门扇歪斜，夫妇不睦，家财耗散，须防他人谋欺。

门柱补接主凶灾，补顶端，病在头目；补中间，主肺肝胃；补下端，主脚腿。

4. 防盗门与主大门

这里我还要略谈一下关于防盗铁闸门与主大门的颜色搭配问题。其实，颜色影响风水并非是空穴来风，自有它的道理。一般来说，五色是与五行相配的，五行间是存在着生克制化的关系的。《玄空秘旨》云："重重克入，立见消亡，位位相生，连添财喜。"所以两者之间是存在着克与生的关系的，如果相生那就添财喜，如果相克则就不妙。那么，作为内大门的木门与作为外大门的防盗铁闸门间如何用色呢？这里简要说明。

一般来说，内木门颜色用黄色，铁门的颜色最好也用黄色，接近黄色的咖啡色，接近红色的紫色等也是适宜的颜色。不能用绿色青色，也不要用黑色。

如果内门是白色或乳白色，那么铁门最好用镀锌或土黄色或咖啡色，不能用接近红色的紫色，也不用绿色或青色。

如果内门用绿色或青色，那么铁门最好用蓝色或黑色，不能用白色或镀锌颜色，也不用红色。

如果内门用紫红色，那么铁门最好用绿色或青色，不能用黑色蓝色，也不用黄色或咖啡色。

如果内门用了庄重的古黑色的话，那么铁门一般用白色镀锌类。其实这种古黑色与铁门是很难配色的。铁门一般不使用白色或镀锌的，只有用与古黑色差不多的颜色了。

还有就是铁门上的装饰物，一般用较为吉祥的图案为好，也有人喜欢装兽头，这对于对面的家居会多少构成一点不好的影响。

二、玄关布局切风水

什么是玄关？这里专指风水学上大门到客厅室内的缓冲区域，是过渡地带，是气流引入引出的重要转折区域。此处起着调节门内外气流的作用，使得有利于宅运的旺气和不利于宅运的晦气能以一种缓和自然的方式得以流通，而不是直来直去。玄关的设计与装修在风水中有着重要的意义。

玄关有化解煞气的作用。如果门外环境对室内风水造成了不良的影响，玄关的设计可以起到化解作用。比如，屋外有长长通道直射大门，或大门口正对附近建筑的转角或尖角，或是正对电梯门，所有这些风水问题都会对宅运造成极为不利的影响，家宅不宁，失财而影响健康，意外之灾等。若有得当玄关设计，在一定程度上可以化解这些不利的煞气。

玄关的另一个作用可以防止旺气外泄。若是大门与室内的阳台或窗子形成了没有遮挡的直线，这就是"泄气"的格局，主损丁破财。此时在大门内设置屏风玄关，使气流不会直泄无收，而是形成回旋收聚的作用，能藏风纳气，从而化不利为有利，以增强财气旺气。

玄关的大小。有人以为玄关既然有利于化煞聚财，是不是把玄关空间做大一些就更好呢？实际上并非如此，玄关之大小是要与住宅之大小相协调，比例失调则玄关的风水作用反而不能发挥出来。

玄关的装饰。玄关的装饰也是有讲究的，整洁明亮为其要点。玄关处只宜摆放风水物品而不宜堆放杂物，风水物只以一两件为要，不可过多。玄关处如果杂乱无章，会对住宅风水大有影响，使家庭诸事纷扰，引起口舌争端。如果玄关处昏暗不明，会使人产生压抑感，并且严重影响宅运，有家道中落的隐忧。由于玄关的特殊位置，处于大门到客厅的过渡空间，可能自然采光不足，这就需要用灯光来补足了。

玄关下方摆放植物。植物在一定程度上可以化煞旺宅，所以在玄关处可以摆放。但植物的选择是必须的，一般来说，最好选择生命力旺盛的常绿植物，气味清新。带刺的植物与气味不雅的植物是不宜的。比如仙人掌、月季等，这些外形有刺的植物则有常遇棘手难缠的问题，引起家庭成员不必要的口舌争端。

玄关设计要下实上虚。在现代家居布置中，由于玄关与家居面积的原因，也为了通风和采光，一般都在玄关上部设置间隔，采用镂空的木架或者磨砂玻璃。这种上虚下实的布局，一方面利于玄关在住宅功能区上的作用，便于采光，同时，也可缓冲视觉，不至于进门后太局促；另一方面则是为了玄关的风水考虑，上虚下实的格局主家宅根基稳固不易动摇，同时家运亨通有发展前景。

玄关用色要遵循上轻下重的原则。玄关虽小因位置关键，上轻下重是符合采光的要求，也是家庭和睦，长幼有序，家宅安定的风水布局。若是下轻上重，则会头重脚轻，有失和谐之道，影响家人之间的亲情和家运。

玄关图案要遵循下方上圆的规则。玄关地板装修也是很关键的，一般使用图案的话，最好用方形图案。方形图案代表为静为安稳，下面的根基须安稳，上用圆，因上为天，也符合天圆地方的概念，是符合自然之道的原则，下有安稳的根基，上有发展的空间，自然有利于家运。

三、客厅格局宜与忌

客厅是居家生活和社交宴客的主要活动场所，所以布置客厅好风水可为全家带来幸福。客厅也是增进人生健康财富的最佳房间，因为每一个人都会使用客厅，良好的客厅风水会使每个家庭成员受惠。那么客厅的风水布局有哪些讲究呢？

1. 采光与通风

阳光蕴含阳气，太过阴暗的房子自然少了阳气，而且阴暗导致潮湿，潮湿易生细菌，不好的秽气聚集，居住在里面的人身体健康方面容易发生问题。一般来说，客厅设计时都会考虑带有一个大阳台，这个阳台既可采光又可通风。若是没有阳台，通风不良，则肮脏污秽的气流不易排出，好似作茧自缚，久而久之，当然会形成有害的阴气，待在这样的空间久了，身心都会受损。如果矫枉过正，室内一直有风也是缺点，风从前门可以直接灌到后门后窗，类似"穿堂煞"的格局，将会带走阳气，造成气场的不稳。人住在里面没有遮风避雨的感觉，心情容易不稳定，没有安全感。

2. 格局与色彩

客厅最好位于住家的前半部靠近大门的位置，以便直接吸纳从大门进入的气。如果必须经过一条走廊才能到达客厅，那么走廊一定要保持整洁，而且照明一定要充足，以免阻碍气进入客厅。如果是双层屋设计，客厅应位于下层。客厅地板应平坦、不宜有过多的阶梯或制造高低的分别。有些客厅采用高低层次分区的设计，使地板高低有明显的变化，家运会因地板的起伏而多坎坷。过于狭长的客厅是不利的，使得空气对流差，死气沉沉。也因为阳光无法均匀地照到过长的地方，会增加阴暗面，这样的客厅对健康极为不利。如果客厅呈L形，可用家具将之隔成两个方形区域，视为两个独立的房间。例如，可将一个区域当成会客室，另一个区域当成起居室。或是在墙壁挂一面镜子，象征性地补足缺角。

客厅的主色并非风水布置的主要因素。过去房屋所有的墙壁都是白色的，现代人追求个性，于是房内装饰色彩开始变得丰富起来，无论居室内色彩怎么大胆运用，客厅相对来说不要用重彩，例如使用蓝色或绿色或红色，最好用淡一些的色彩，与自己的命格相符才最为重要。墙壁颜色确定后，客厅中的沙发与家俱颜色要与墙壁颜色相生，不能相克，最好是墙壁颜色生家俱色。这相生系列是：红生黄，黄生白，白生蓝或黑，蓝黑生绿，绿生红。

3. 沙发与茶几

这是客厅中的主角，客厅是家人一起聊天看电视以及待客的场所，所以会以茶几为中心，三面或两面或一面摆上沙发，这要根据实际情况与客厅的大小而定。一般来说，沙发是主，茶几是宾，沙发较高是山，而茶几较矮是砂水，二者必须配合，山水有情，才符合风水之道。沙发是主宜高大，茶几是宾宜矮小，如果茶几的面积太大，就是喧宾夺主，并非吉兆，所以沙发前的茶几不宜太大。喧宾夺主的格局，会使家口不宁。宾主配合有情，则既不会碍眼，同时又可符合风水之道。

如果人坐在沙发中，茶几高不过膝，则合乎理想。此外，摆放在沙发前面的茶几必须有足够的空间，若是沙发与茶几的距离太近，则有诸多不便。茶几的形状，以长方形及椭圆形最理想，圆形亦可，带尖角的菱形茶几绝对不宜选用。倘若沙发前的空间不充裕，则可把茶几改放在沙发旁边。在长形的客厅中，宜在沙发两旁摆放茶几，这两旁的茶几便有如青龙、白虎左右护持，令座上之人有左右手辅佐，非但善用空间，而且亦符合风水之道。茶几上除了可摆设饰物及花卉来美化环境之外，也可摆设电话及台灯等，既方便而又实用。

4. 组合柜

组合柜也是客厅的重要家具之一。一般的客厅布置，主要以沙发来休息，以组合柜来摆放电视音响及各种饰物。从风水学的角度来看，组合柜的重要性虽然不及沙发，但仍有相当多的风水宜忌需要注意，以免破坏了客厅风水。

客厅中的高组合柜与沙发，一高一矮，一实一虚，是理想的风水配合，很多家庭的客厅均摆放高身组合柜。高组合柜除了可摆放电视及音响器材之外，还可在上层摆放各式各样的饰物，既整齐美观又很实用。如果客厅面积较小，却摆放了一个高身的组合柜，便会有压迫挤塞之感。若要改善这种情况，可以改用半高身柜，让柜顶与屋顶保持两尺左右的距离，这样一来，客厅的格局便大为改观。这两尺空间在风水学来说相当重要，有了这两尺的空间作缓冲，客厅的气便有足够的回旋余地，可以来去自如，而不会阻滞。在设计方面来说，有了这两尺类似国画中的露白，整个结构就会变得灵活起来。

倘若在小厅中必须采用到顶的高身柜，灵活变通的方法是可以改用中空的高身柜。这种柜的特点是下重上轻而中空。所谓下重是指组合柜的下半部较大，而上轻是指柜的上半部较小，中空则是指柜的中部留空。换句话说，这是把露白从柜顶向下移，移至中间部分而已。中空的高身组合柜，虽然高及屋顶，但因中间有相当大的一片空白，故此不觉挤塞，亦减少了压迫感。

柜的下半部可储放书籍杂物，宜有木门遮掩；上半部的空格则可摆仿古玩及各式各样的收藏品。至于中空的部分，则可摆放电视机以及音响器材等。

5. 家饰与植物

尖锐的物品，例如刀剑、火器、奖牌、动物标本，都不应该挂在墙上。因为这些物品都会产生阴气，导致争吵或暴力行为。客厅如悬挂花草、植物、山水或是鱼、鸟、马、白鹤、凤凰等吉祥动物，通常较无禁忌。但如果您喜好悬挂龙、虎、鹰等猛兽时，则需要特别留意将画中猛兽的头部朝外，以形成防卫的格局，而千万不可将猛兽之头部向内威胁自己，否则容易为家人带来意外灾祸。客厅不宜塞满古董、杂物或装饰品，堆积灰尘，影响气流畅通，当然也容易使人气血不顺，健康衰败。

在客厅里摆放几盆观赏植物，可以净化一下空气，同时开运竹、万年青等植物还带有开运带财的功能，所以很多人在家里摆放。但任何事情都有个度，多者同样不宜，因为大多数的植物仍是属"阴"，在空间中如果种植太多植物，不是件好事。还有人喜欢爬藤类的植物，在风水布局上可是大大的禁忌，因为爬藤类的植物必须仰赖更多的湿气才能生存，室内绝对不适合种植。有些楼房外观也被藤蔓遮住，在风水的角度看来，相当不吉祥。

四、厨房布局与健康

厨房是一家烹制吃食的场所，故应安排在吉位，以保障家人所食之物是有益健康的。应保持厨房的洁净与通风，厨房的用品不能摆得杂乱无章，柴米油盐、锅碗瓢盆都应该有相应的位置，使用起来方便、应手，方是合理的设置。现代化的厨房已与过去的火灶相去甚远了，管道煤气灶、电炉、微波炉、电饭煲等替代了原来灶的功能。除此之外，厨房中的冰箱、水位、灶君等物件的摆局亦影响厨房的吉凶。

1. 位置与格局

厨房至少要有一面对着空旷处（如阳台、天井、后院等），切忌封闭，或在屋子中央。这种情形常见于事后自行加盖的房舍，原本在屋后的厨房，在后头加盖之后，变成只有门没有窗的"闷罐"式，不但有碍卫生，更影响家运。

横梁压灶是一种很差的格局，由于在厨房活动时间最长的是女主人，因此，这种格局对女主人的危害首当其冲，即便请了保姆做饭，保姆也会产生不安定的心理倾向，主人将会为了要经常更换保姆而大费心思。

厨房切不可设在两个卧室之间，犯此忌，对居住两边卧室中的人不利。两卧夹一火，祸事动干戈，会使人心烦意乱，祸事连连。

灶忌门路直冲：中国传统的风水观念中，认为厨灶是一家煮食养命之处，故此不宜太暴露，尤其是不适宜被门路所带引进来的外气直冲，否则家中便多损耗，这正如古书所谓：开门对灶，财畜多耗。

厨门对灶不好：厨灶不宜暴露，在大门外见灶，固然不吉，而在厨房门外见灶亦不宜。

忌与厕所相对：炉灶是一家煮食的地方，故此地应该讲究卫生，否则便会病从口入，损害身体健康，而厕所藏有很多污物及细菌，故此地不宜临近厕所，尤其炉口不可与从坐厕相对。

忌与房门相对：厨灶是生火煮食的地方，甚为燥热，故此不宜与房门正对，否则便对房中的人不利，会有灾病吐血的情况发生。

不宜贴近睡房：灶生火热，因煎炒时所产生的油烟对人体不适宜，故此炉灶向正房门不吉，尤其是睡房的更不适宜。

厨房忌设在住宅或客厅前面：现在城市单元房厨房不少设在进门一侧，这与庭院式住宅是有区别的，不算此列。

厨房忌毗邻卧室、厕所、神位：这一点也是最好注意，能避开最好。

厨房形状忌圆形或半月形：圆形会使人心神不安，不利于厨房。

厨房设在宅之中央，大忌。

厨房地面宜平坦，忌比宅内各房阔和高。

2. 炉灶位置

炉头怎么才合风水呢？其实，注意到下面几点就行了。第一，炉头最忌被水龙头冲射，如果犯了这样的毛病，往往家人很容易染上一些与肠胃有关的毛病。第二，炉头的底部忌被水喉经过。第三，炉头要常常清洁，否则，影响这个方位的空气，会对健康不利。

此外灶忌背后空旷：灶宜背后靠墙，不宜空旷，倘若背后是透明的玻璃亦不吉，因为这正如古书所云："凡灶，忌窗光射之，主凶。"

忌安在水道上：炉灶属火，而水道乃排水之物，水火不容，故此两者不宜接近，倘若炉灶正放在水道上则不吉。

不宜斜阳照射：在风水学来说，厨房向西，特别是煮食的炉灶受西阳照射，不吉利，这是因为西阳为暮气，认为这会令家中各人的健康受损。

不宜尖角冲射：风水家认为尖角锋利，容易造成损害，故此对于尖角冲射很忌讳，而炉灶是一家煮食养命的所在，倘若受到尖角冲射，便会对家人的健康有损。

3. 冰箱位置

冰箱是厨房中最为重要的设施，冰箱如何放才吉利？冰箱是储存食物的地方，而食物的好坏亦影响着人的健康，所以，冰箱的摆位也应以配合风水为原则。在厨房内摆放冰箱要有两点避忌：一、冰箱不宜与厨房门相冲，怎样才是相冲呢？就是冰箱的门与厨房的门在一条直线上。如果相冲，食物保持良好的时期会缩短，且吃下腹中，更会影响健康，这种相冲的情况在风水学上叫"门冲煞"。二、冰箱门不与灶口相对。冰箱为水，灶为火，乃水火不容。

吊柜设立也有讲究。一般来说，在厨房内大都设有放置碗筷及调味品的吊柜。一来可以节省有限的空间，二来在使用时放取方便。在装吊柜时要注意一点，这就是不要使厨柜压灶。现在一般不会出现这种情况，因为灶的上方大多安装了抽油烟机，抽油烟机上方有风洞，排除油烟，所以不属于"压灶"。

4. 餐厅布局

厨房与餐厅的布置要重简单及洁净，千万不能杂乱或摆设太多装饰品。毕竟惟有在温馨的环境中，才能不受外物干扰，愉悦用餐。厨房与餐厅的构造将会影响到人的健康，因此居住者不仅要注意餐厅内的格局及摆设布置，尤其厨房需注意保持空气的流畅及清洁卫生。餐厅和厨房的位置最好设于邻近，避免距离过远，耗费过多的置餐时间；餐厅不宜设在厨房之中，因厨房中的油烟及热气较潮湿，人坐在其中无法愉快用餐；餐桌不可正对大门，若真的无法避免，可利用屏风挡件，以避免视觉过于通透；餐厅天花板不宜有梁柱，若建筑物的结构无法变动，则可在梁柱下悬葫芦等饰物，避免它直接压到餐桌上。餐厅自身方向最好设在南方，如此一来，在充足的日照之下，家道将会日渐兴旺，若餐厅内设置冰箱，则方位以北为最佳。

五、卧室布局与养生

人的一生有三分之一的时间是在床上度过的，故卧室布局非常重要。据调查我国有三成的居民睡眠不好，现代人特别是城镇居民社会压力大，竞争激烈，这些成了困扰睡眠的主要因素，长期睡眠不佳会诱发疾病，许多人的高血压、心脏病都与睡眠有关。睡眠不足首先影响的是人的注意力、专注力、精细操作能力、思考与记忆力，学习效率减退，严重的可能诱发精神错乱。而卧室布局得当可以有效地调节这些问题。什么样的卧室才有利于睡眠呢？这里我根据风水原则一一说明。

1. 卧室大小的问题

风水学中讲究"藏风聚气",这四个字可谓道尽内中"天机"。现代科学表明,人体外表存在着一层肉眼看不见的气场,它由人体本身产生的能量流不断流动形成,这种能量流所交织而成的维持生命所必需的"气"(这种气已被特殊的摄影技术拍摄到)称作"那第斯"。这种气场喜聚不能散,相当于给人体穿了一层"盔甲",加了一层保护层。若是这种气场散失到一定程度,人体就会受到外界不良因素的侵袭而致病。这种"气"在人休息进入睡眠状态时最弱,也最为外界不良因素所侵入。有人做过实验,在空旷的地方睡眠比在室内睡眠时围绕在人体周围的气要微弱。古人在居住环境上下了一个断语:"宅小人多气旺",这与人体气场在外环境中的聚与散的理论不谋而合。

在实践中也的确存在这样的例子,北京故宫的"养心斋",即西侧雍正皇帝的书房和书房后面的卧室,其面积不过十多平方米而已。如果你留心参观就会发现,皇帝卧室面积、木床大小并无特殊之处,但木床紧靠着墙壁,则利用了"床要有靠山"的原则。由此可以看出,并非皇帝住不起大的卧房,而是选择"养气"的卧房,以保身体健康。

卧室大小是有学问的,现在流行大客厅小卧室的设计相对来说是适宜的,一般来说卧室过小过大都不吉。太小给人压抑感,太大又不聚气,给人无依的感觉,都不利睡眠。一般来说卧室以 10~25 平方米之间为宜。

2. 卧室形状的问题

卧室以方形为宜,正方与长方都是卧室最佳的形状,但是长方的卧室不能太过瘦长，那样的空间同样是不舒服的，在一个狭窄的空间内，人必然会受压抑，更不可能利于睡眠。同样卧室不能设计成圆形或半圆形，因为"方"主静，为偶为阴；"圆"主动，为单为阳。故方形是利于睡眠，也利于夫妻关系和谐，而圆形则不利于睡眠，也不利于夫妻关系的和谐。卧室更不能设计成奇形怪状，这同样是不利于睡眠与养气的。在卧室里最好不要出现方形立柱，由于角形的凸起，会引起尖角效应，不利于健康，若是出现了这种情况最好在装修时进行圆形处理为好。当然，卧室不能设计成三角形，大斜边，这些设计不利于摆放床具，形成的场能效应也不利于睡眠。还有就是卧室里最好不要出现横梁，若出现最好在装修时利用天花板进行遮挡，形成同一平面为好。

3. 卧室用具摆设的问题

卧室中的用具摆设是很讲究的，特别是不能用镜子进行装饰，梳妆台不能摆在床的对面，因为床对镜子最不宜睡安稳，而应摆在与床头平行的位置。卧室中一般不安装吊灯，正中安装了吊灯，无论床怎么摆，都会在床的上面，而床是不能被压的，所以床上方不能有任何突出的东西。有些人因为卧室不够大，就在卧室装挂柜，特别是床头上方是不能装的，床头最忌上方有东西压着，这是不利于休息的。再有就是床的摆放也是很讲究的，床不能正对着卧室房门，不利于休息，床头不能对着窗，床头为空，不免会形成风吹头引起相关的头痛病。所以，床头要摆在一面实墙上，这叫床有山养，有利于休息和健康。卧室中的家具最好是木质的，不要用太多的铁制或大理石等用具，这些东西的阴气太重，不应摆在卧室中。卧室忌用圆形物体布置，即使是盆景、镜子、化妆桌椅等也尽量用方形，否则难以松弛入睡。

还有就是电视机的摆放，现代家庭的卧室都摆有电视机，以便在床上休息时看看电视。电视机的摆放是有一定讲究的。当然，一般不会把电视机摆在床头，而是摆在床尾。其实正对着床尾的位置是不宜摆放电视机的，因为电视有很强的辐射，正面对着它的辐射最强，健康就容易出问题。所以一般摆在床尾的一个侧面较好，如果卧室较小，还是不要摆放电视机为好。不过用液晶电视的问题会小一些。

再有就是冰箱的摆放，一般来说，冰箱是不会摆进卧房的，但有些单身公寓里，不设隔间，有些人不注意还真把冰箱与睡床摆在了一起。一般来说，睡床与冰箱摆在一起的话，就会影响到人的精神，会常觉困倦提不起劲来。如果是老人恐怕健康会越来越差。

4. 卧室用色的问题

现代室内装修，一改过去单一的白墙天花，用色开始变得丰富多彩，这种改变更突出了主人的个性，使他能把自己的审美情趣反映出来。在个性张扬的时代，我还是赞赏这些改变的，这种改变并未违反风水原则。但卧室毕竟是休息的地方，所以卧室装饰色以柔和为主，不能太刺眼，也不能形成强烈的反差。

下面的情况也是卧室中需要注意的：

1. 在同一房间内，如有二扇门，忌一左开，一右开，最好是同一方向开门。
2. 卧室不可开圆形单窗。
3. 卫浴套间的地面高度，切忌高于卧室的地面。
4. 卧室尽量不要开拱形门。
5. 卧室之内少用铁制用品，如铁床、三角架等。因卧室以厚、暖、柔为主，不宜用冷、硬、坚的设施，以木制为佳。

六、书房布局旺文昌

书房是学习工作及创作设计之处，一般要设在文昌位。那么书房的设计布置有没有特别的要求呢？当然有！这就要突出一个"静"字。如果窗外是热闹的街道，人车鼎沸，当然不利于看书学习。所以，卧房与书房都不应该设在临马路的一边。

书房内布置唱主角的当然是书桌，首先要选择一款适合自己的书桌，市面上有很多种款式，材质是首要考虑的问题，当然要选木质书桌，实木的最好，为什么呢？这是因为书房书桌自然是要旺文昌运，这文昌五行为木，自然这实木材质的书桌最合适。颜色的选择可以根据每个人的命中喜用五行来定。还有书桌大小当然也要根据书房的大小来决定。

书房的布置也有要求，书桌是书房的主角，摆放是有讲究的：第一，书桌不抵墙摆放。这是因为书桌前方为墙壁，使文昌星前无明堂，没有了发展的余地。长期对着墙壁，墙壁气场就会压向书桌，使人感到神经紧张，产生不良的情绪，心胸压抑而不开阔，甚至形成孤僻的个性。面对着墙壁，自然采光也不好，没有良好的自然采光，文昌自然也不会旺，是不利于读书学习，不容易学进去。

第二，不能使坐椅背靠窗子，窗子的一面最好是在桌前，或桌旁。背靠窗子，这种格局叫坐空，坐空的格局同样不利于读书学习，背后窗子的光会把人的背影投在书桌上，同样会压住文昌星，使学习效率不高。同时，背后窗子有风送进来，吹到人的后背，容易使人生病。

第三，有些人把书桌放在门的对面墙边，使椅子背对书房门，使门路背后冲自己，这也是不正确的。门路冲背后，是一种极不稳定的格局，当读书入神时，门口进出人会使人受到不必要的惊吓。从风水角度来说，后背冲门，易遭打击。往往是不清楚来自何方的打击与压力。如果把书桌安排在正对门的方向，冲着书房门坐，使门路正冲自己，同样不正确。

第四，坐椅不能背靠墙角，如果有方形柱子也不能出现在椅子后面。这样摆放书桌坐位都是容易受压受制的格局，是风水中的大忌。

第五，坐椅的背后墙上不要挂"鹰"的装饰，有人喜欢挂诸如"鹏程万里"的画或装饰品，这是不对的。中国文化中讲究形与意的统一，背后的猛禽是一种对自己形成袭击的符号，会形成对自己造成伤害的风水布局。

第六，书房的光线与用色要柔和，太暗与太亮都不宜。

除了这六点外，书桌上方也要注意几点：其一，不受梁压，现在设计的房子很少会在房间内出现横梁了。其二，书房最好不好装吊灯，吊灯最忌出现在书桌的上方。其三，忌装风扇，现在家庭中很少再装吊扇，所以这种情况一般也不会出现。其四，屋顶的图案，有些装修在天花上设计图案，如果书桌上方有圆形图案容易使人躁动，不能安心读书。如果有三角形图案则带有煞气，会使人思维迟缓，记忆力减退。

书房中的第二大主角是书柜。书柜的选材与书桌一样，同样要选木质为佳。书柜的摆放一般都会靠实墙而立，一般来说，还有个男左女右的说法，也就是说书房的主人是男性的话，书柜靠左边墙，因左为青龙主男。如果书房主人是女性的话，书柜靠右墙，右为白虎为女。这样的摆放容易激发不同主人的文昌运来。

书柜不挡窗这点无需多讲，也不会有人这样摆放书柜。其次，书柜最好也不要冲大门，相对来说，书柜宜阴不宜阳，宜静不宜动，冲大门为气流直冲之处，为动，是不利于学业的摆放方式。

书柜高大而华丽并不一定利于书房的风水。书柜中藏书丰富，当然给人品位不凡的感觉，书房里多了些书香，是利于提升书房的文昌运。因此有人追求又高又大的书柜，而且装饰华丽，这样的书柜不但不能增加文昌运，反而会给书房造成受压抑的不利因素，会让书房中的书桌和其他配具都形成压抑感，长此以往，不但提升不了文昌运，还会对主人的健康不利，可能引发头疼病。

书柜是盛放书的地方，也是主文昌运关键的家具，有关书籍的摆放是有讲究的。书柜的书不能挤占书柜的所有空间，每个空间都塞满了书，首先是不利于书柜的气流通畅，也不利于取书，由此而导致文昌运的不旺。其次书柜的书摆放要合理有序，合理的摆放会对人的思维有助，使人逻辑更清晰，古人就很重视书籍的摆放，举对图书进行分类。再者，书柜一定要经常整理、清扫，保持干净，书籍害怕浊气的冲犯，否则会影响阅读者的接受能力，而且书柜不注意卫生，很容易招灰尘，书中还会生虫子，这些东西会使书房的空气变得很差，影响家人的健康。

书柜的藏书也是有讲究的。一般来说，那些内容不健康、血腥、暴力、淫秽的书籍最好不要收藏在书柜中，这些书中的不良信息也会影响书房中的气场，如果孩子接触到这类书对他们的影响更大。破旧受到污染的书最好不要摆放在书柜中，如果是难得的珍本，要专门做储藏盒，里面放置香料和干燥剂，以防书籍的再次毁损。除此之外，书柜中摆放的装饰品也要注意，柜顶一般不放玻璃与金属制品，这些东西的五行与书柜的五行相克。更不要摆放兽骨类装饰品，同样灵怪图片、裸体相片都是不利的。还有风铃不宜悬挂在书柜旁，风铃为金，也是克制书柜文昌的，风铃又是动态的，随风发声，会扰乱人的思维，不利于读书。

七、儿童房布设讲究

儿女是血脉的延续，是社会的希望，家有儿女幸福多，当然操心也多。现在也有不少人推崇丁克家庭，不要儿女，这是个人的生活方式，我不便多说，但就我个人看来，生儿育女才是社会与家庭的完整。家有儿女，免不了给他们安排房间，那么儿童房的布设要注意些什么问题呢？

一般来说，儿童房多选择在东面或东南面为好。这两个方位是阳气最足的方位，充满活力，正好符合儿童活泼好动的特点。我们知道早晨的时候是吸收太阳能最佳的时机，在这两个方位的房间有利于儿童充分享受阳光，利于身心的健康成长。相对来说，西面的房间最好不要设计儿童房。

儿童房的安全是必须要考虑的。在某种程度上，儿童的好奇心很强，会给他们造成危险和伤害。所以，儿童房内的装修要考虑到这个因素，书桌与家俱都要固定好，插座一定要安全，灯具要装在相对安全的位置。另外，儿童房的装修材料最好使用环保的，比如用木地板、实木床桌等。人造胶合一类的材料最好不用，否则影响孩子的身体健康，阻碍孩子将来的发展。

儿童房的用色。相对来说，儿童房用色要偏向柔和，明快简洁为佳，比如浅绿色，对儿童抗干扰防止烦躁情绪有很好的助益作用。天蓝色能使人感到环境幽静，视野开阔，有助于儿童读书学习，培养宽广的心胸。粉红比较适合女孩子，易于激起对美好事物的向往，善良而温顺。忌花里胡哨的颜色，会使人产生烦躁不安的情绪，影响读书学习，也易使家宅风水产生波动。

儿童玩具的摆放。一般来说，小时候的各类玩具随着年龄的增长可能不会再玩，就要用柜子收起来，摆放整齐。

八、卫生间风水要诀

浴厕在现代住宅楼中是设计在一起的，会共用一个空间，所以在这里放在一起来讲。那么在浴厕设计中又有哪些要注意的呢？

其一，浴厕的位置。浴厕是一所住宅中或单元房中必不可少的部分，面积较大一些的房子还不止设一个浴厕。一般来说，浴厕不设在有生旺之气的位置，而设在整个房子最差的位置为宜。最不能犯的一个错误，就是把浴厕设计在了一所单元房的中心位置，这是阳宅的大忌。房屋的中心是住宅的重心，也是家居风水的重心，在住宅的中心处一定要保持干净、清爽、整洁。如果浴厕设在这个位置会使房屋中心受污，是风水的大忌。卫生间处在房屋中心，秽气不利排出，从而会向四周房间扩散，这种阴湿污秽的气体肯定会影响到家人的健康。所以，应把卫生间设置在房屋的一侧，可以通风排气的位置。有些设计把卫生间放在一个死角，没有采光也没有通风排气，这同样是不对的。

其二，厨卫分开原则。有些住宅因受空间的限制，上下水的问题，会把厨卫设计在一起，实际上是不对的。厨卫一属火一属水放在一起，气场相冲，会形成不好的气场，对人的精神与健康都会有影响。但是，客观情况就是如此，两者已经设计在一起了。遇到这种情况，卫生间一定要有独立的空间与可以关闭的门，排气还要良好，另外在卫生间门上另挂珠帘做一化解。

其三，不对大门。浴厕本身是一个相对污秽的地方，所以浴厕门不能对着大门，大门是一宅之总气口，是家人与外界接触的地方，有利于家宅的生气、福气和财气从大门而入，如果正对卫生间的门，就会受到卫生间浊气和阴气的冲撞，不仅会破坏家宅的风水，还会影响家宅的运势。而且来客进门就见卫生间，也很不雅。如果遇到这种情况，在尽可能的情况下，封闭对着大门的门，重开卫生间的门为宜。

其四，套房中浴厕的地面高度不能高于卧房的地面高度。这是从家居环境的科学宜人处考虑的，也是符合风水的原则的。这是因为，卫生间是水气和污浊物聚集的地方，如果高于卧室地面的话，则卫生间内的浊水就会向周围地势较低的房间渗透，虽然不会明显看到被水淹没的景象，但卧室的地面会在不知不觉中被水浸渍，会长期处于潮湿的状态中，易引发泌尿系统的疾病。同时，卧室内的床铺和衣物也会吸收水分，不仅容易使这些用品发霉，而且人长期接触潮湿的物品，易患风湿类病症。从家居风水角度来看，卫生间是属阴之地，而高于卧室地面的话，就会造成阴盛阳衰的格局，主小人当道，会压制宅主的发展，降低家运。

其五，浴厕不宜改睡房。有的家庭因为房间不够，把其中一个浴厕改为睡房，或婴儿房，这是不可行的。浴厕本属阴地，里面的给排水系统是无法拆除的，上下楼层的卫生间也会对这个地方施加阴气，再加上面积相对较小，那么湿重的阴气会加倍地伤害住在里面的人，影响其健康与运势。

其六，卫生间装修。因为卫生间水气大、阴气重的特点，应使用简洁而泛明亮的瓷砖为宜。瓷砖不易把水气吸收到墙体中去，只吸附于其表面，便于通气排气，又可以反射亮光以增加卫生间不足的光线。不要过多使用暗色调的装饰物为好，也不要使用红色为主调的装修，这也是不符合卫生间的用色规律的。

如果浴厕设在了文昌位（文昌一般为东南方，在玄空飞星中为14飞临位，流年飞星中是四绿飞临位），则不利于主人事业，财官运都不利，也不利子女读书。

浴厕排水不良与通风不佳都会影响家运，应尽快修复。

九、阳台布设风水运

现代都市中大多人居住在高楼住宅，住四合院与别墅的人只是少数。一个单元房，除了大门是重要的纳气口，其次便是阳台了。在某种意义来说，大门纳气还不如阳台重要，这是因为阳台是一个单元房最为重要的采光纳气场所，而大门往往是紧闭着的。阳台的重要性还不仅仅表现在一个方面，而是多方面的。

首先是阳台的朝向。一般来说，既然称之为阳台，当然要朝阳为好，由此可想而知，阳台应以向东、向南为上。这两个方向的气为朝气，空气新鲜，光照充足，自然是生机勃勃，能提升人的心气，带来好运。凡事都不能绝对，如果这两个方向有高大的建筑，挡住了生气的纳入，不但不能提升运势，反而是阻运的象征了。

其次是阳台不能和大门相对。有人喜欢选这样的住宅，大门进来穿过客厅就是阳台，大门与阳台在一条直线上，认为这种布局是通风良好。实际上，这种布局设计在风水学上是非常差的，是造成破财损丁的格局。所谓"前空后空，人财两空"。一所住宅若要旺，必须要容纳生气，方为吉宅，大门与阳台相对，形成一个气流强烈的通道，风水学上称之为"穿堂风"，也称为"穿心箭"，为大凶煞。这样以来，气不回旋，不能藏风聚气，阳台与大门相互冲撞，形成"贼风"，风大而冷，穿屋而过，自然对人的健康危害极大。同样的气不聚财不聚，故而说是损丁破财。如果遇到这种情况，那就要在大门口处设玄关屏风，阳台也最好用玻璃封上，留下窗子为好。

再次，阳台不宜与厨房相对。厨房五行为火，阳台采光纳气，如果阳光通过阳台照在厨房灶炉上，会严重影响家庭主妇的身心健康，尤其是眼睛。厨房有火气，同时，水气也重，当阴雨天时，外面的水气通过阳台跑到厨房中，加重了厨房的污浊之气，这都是有损健康的。遇到这种情况，可以通过在阳台上摆放合适的植物来化解。

其四，阳台不能封闭。有些人为了扩大室内面积，会把阳台封闭起来，当做客厅或一室来用，这种做法是不妥的。因为，阳台是采光纳气之所，是最为重要的与室外进行气流交换的气口，家中的电器与人排放的废气主要通过这个气口散发，封闭的结果，室内通风不畅，容易引起头晕、头痛、恶心的病症。同时，会影响家运的提升，并使事业阻滞。

其五，阳台绿化。阳台做为一个单元住宅对外的收纳气口，可以增加一些绿色植物来调节风水，这有什么道理呢？首先绿色植物有净化空气、吸收毒气、吸收噪声、调节室温的作用，绿色能让人赏心悦目，也能调节人的心情。从风水学的另一角度看，阳台上摆放了常绿植物，可以化解阳台外不好的煞气，同时，进入室内的生气经过风水植物的增运，也会使得家宅的好运气更为旺盛，家运步步高升。

其六，阳台不易堆杂物。阳台，乃一套居室的主要采光通气之所，是一居室的颜面。如果堆满杂物，必然影响采光通气。从美观角度来说，势必不洁不雅。从风水学上来说，阳台是一套居室的朝向之所，是进气口，主财源。"气口易畅不易阻"、"明堂气阻衰败之家"，说的就是这个道理。有些家庭喜欢把室内打扫干净，把一些杂物与用不着的东西摆在阳台上，长期如此，使阳台上的杂物越积越多。下雨的时候有雨飘进来，就会使下面的东西浸湿而产生霉变，滋生细菌与病毒，也会影响家人的健康。其实，堆在阳台上的东西大都是用不着的东西了，不如早作处理。以我的经验来看，有些破旧的东西堆在哪里，几年都不会用得着，或许就永远用不着了。

阳台，也算是一居室的明堂庭院。《朱子家训》中开篇即言：清晨即起，打扫庭除。庭院门前一定要干干净净，方使人神清气爽。阳台不能乱堆杂物，道理是显而易见的。

十、窗子的风水玄机

现代城市中楼房窗子的设计变得多样化起来，但相比装饰功能来说，窗子最基本的功能采光纳气还是要放在首位。那么，从风水学角度一所住宅或楼房单元对窗子的要求有哪些，我们应该以哪些原则来对窗子进行设计装修呢？

其一，窗子的大小。一所住宅必有窗子，现在城市楼房单元设计窗子都特别大，设计落地窗更成为一种时尚。窗子大可以通风采光是不错的设计，但凡事都有个度，相对来说，一个房间不能开过多的窗子，窗子太多反而成为散气的地方，使房间不聚气，不利于居住。一般来说，窗子的面积不要超过四个立壁面积的七分之一为佳，太小也不好，太小会影响通风采光，会变得阴气太重。

其二，窗子的朝向。如果条件允许，窗子以朝东与南为好，偏向这两个方向的窗子采光与通风是最好的，纳气多生气，东方是太阳升起的地方，清晨的阳光会令人感觉振奋，给人以动力。南方也是向阳的一面，对于北半球的住宅来说，冬天可以得到更多的阳光照射，增加阳气。不过在夏天光线会强烈，可以用厚一点窗帘挡一下。南方与东南方的来风也是湿润温暖的，给人的感觉是舒服的。而西风与北风却是寒冷干燥的，是极为不舒服的。所以，一般来说，东方与南方角度上开窗可以开大的、落地的，以接纳吉气，西方与北方则不利开这种大窗。

其三，窗子打开方式。现代楼房设计多以推拉方式来打开窗子，其实这种开窗方式并不是最好的方式。向外推开式最符合风水要求，这种窗户能够完全打开，使室内通风、换气和采光都能达到最佳效果，给人以明朗舒服的感觉，所以，旧式楼房窗子的设计多采用向外推开式。向外推开的窗户更有利于吸收屋外的生气，推动居住者的运程与事业上的发展。向外推开则喻示着居住者向外打开心胸，有更多的接纳，更多的包容。现代楼房采用推拉方式，不能完全打开窗子，则会影响个人能力的完全发挥。当然，由于现代楼房设计中加大了窗子的面积，相对减弱了风水不利的一面。

其四，窗子设计要求。同一个房间有两个窗子，要保持同样的高度。窗子的高度一定要比门的高度高些。卧房忌开圆形的窗子。住宅中所有的门窗，密闭性要好，不可破裂。如果有这种情况应尽快修好，否则诉讼、疾病会接踵而来。现代楼房层高风大，密闭性能极差的窗子即使关上了，也会受到冷风侵袭，长期如此，对女性尤其不好，很容易造成女性月经不调，严重的可能引发妇科病。

其五，窗外环境。窗子是房间的眼睛，人们从窗子向外看到的风景会直接影响居住者的情绪，好与坏的环境就会对居住者产生不同的影响，从而带来好运与坏运。那些环境产生好的影响呢？一、窗外见水。比如流淌的河流，清澈的水池，美丽的湖泊都会给宅主带来吉运，不贵则富。二、窗外见绿。推开窗子满眼的绿色会给人活力，比如绿色的公园、草坪、郁郁葱葱的小山等，这些能给室内带来新鲜的空气，有益于健康与开运。三、宽敞开阔地。窗外开阔的视野，比如一些球场、广场等公共活动区域，这样的环境有利于心胸的开阔，事业的发展。

其六，飘窗多利。现代楼房，为了解决室内狭小，增加一些视觉上的效果，让屋子看起来更为宽敞明朗些，往往采用飘窗设计。室内面积小，本来就有拥挤压抑之感，肯定也是不利于开运的，如果把窗子开得过大，比例失调更不好。而采用飘窗的设计，拓展一点空间，可以更好地接收窗外的气流，以增加运势。当然，飘窗设计不仅仅出现在小面积的单位内，同样也可以出现在大单位的设计中，不过，如果在大单位设计中，应避免设计落地飘窗，如果已经出现了这种窗子，可以将窗子下面小部分贴上磨砂窗纱，或者用布料厚实、颜色较深的窗帘，避免强光对宅运的影响。

其七，窗户明净。窗户明亮洁净与否和风水也有关系吗？回答是肯定的。一所住宅的风水好坏与其舒适度是有着直接关系的。那么窗子好比住宅的眼睛，也是住宅与外界环境进行气场交换的重要气口，满是灰尘或是污秽不堪的窗子自然不会吸纳好的气流，更不利于室内气场形成良好的旺气，自然是不利于健康与提升吉运的。而窗明几净的室内环境仅能给居住者带来舒适的感受，更重要的是能无形中形成一种智慧气场，促进人们在各种场合中作出正确选择，从而提升事业运。

其八，防盗网不利。现代城市中很多住宅为了防盗，在窗户外阳台外加上防盗网，大部分是用圆钢或镀锌方钢制作，形成了一个个铁笼。当然，这在管理较好的住宅小区是难以见到的，但较老的一些小区却常见到。防盗对于低楼层的住户来说是要考虑的，安全方能安心。但从风水学角度来看，则是不利的，久居容易造成精神紧张，精神压抑。如果必须做防盗网，建议还是不要太密，太密如同囚笼一般，很明显会阻碍运势的发展。

十一、屋顶天花有乾坤

屋顶天花象征着天，天乃乾卦，这里的乾坤自然也是指代风水问题。屋顶自然以平整简洁为宜，不可过于复杂。复杂的设计往往是吃力不讨好，往往也是违背风水原则的。

首先，屋顶要避免漏水，漏水是阳宅风水的大凶之相，水渍斑斑，再加霉菌点点出现在屋顶或墙体上方，实际上已经破坏了整个房子中的气场。漏水问题加重了房内的阴湿之气，漏水也使墙体内长期存着湿气，这种湿气不断扩散在房子内，时间一长，必然影响家人的健康。同时也会阻碍家人的事业发展，运程受阻。因此，新房装修一定要防漏，一旦发现漏水要尽快解决。

如果房子漏过水，或因装修的问题，屋顶掉灰，这同样都是不好的征兆。从风水角度来看，掉灰会影响家运，可能会不小心被人暗算或欺诈，防不胜防。同时，屋顶掉灰也会弄脏屋子，给人不安全的感觉。如果发现屋顶掉灰，最好是重新装修屋顶。发现房内的墙起皮便是掉灰的前兆，要及时解决。入住的若是二手房，最好还是自己装修一下屋顶，既可除去前屋主留下的秽气，也可以除旧布新，有好的气场。

屋顶的天花该如何装修呢？要以简洁、明亮为宜，不要过多复杂的装饰。天花板的颜色以浅淡为主，这是因为天花象征天，天以清轻，地要浊重，这是符合自然之道的原则，若违反了，则乾坤倒置，那么，家庭中长幼失序，夫妻反目，杂事纷扰，则诸事不顺了。同时，从采光的角度来看，屋顶天花也不能用深重的颜色。

还有一些人喜欢把天花设计得很复杂，装上假天花，然后又设计出灯槽，还有在天花上设计出图案人物山水，这都是非常错误的。有些人可能受到了一些公共施设天花的设计，实际上，大会堂、影剧院的天花是从声音效果出发来设计的，不可模仿。至于教堂寺庙的天花更不可模仿装饰。

天花板设计要注意以下几点：第一，如果房内出现横梁，尽量用天花设计遮住，与横梁的高度一致来设计。但如果天花板过低，则压迫宅气，使人心胸不畅，运途不顺多是非，应忌之。第二，如果天花过高，则会有空虚之感，尤其是住宅人员少宜避之。第三，天花不可凸凹差异太多，会给人窒息感，不利。第四，天花板忌用方形直线条的图案。第五，天花板的颜色要浅于四壁的颜色为宜。

十二、鞋柜高低有法依

不要小看了我们平常穿的鞋子，这小小鞋子也有风水的问题，在某种程度上也影响着家运。为什么呢？因为我们穿的鞋子在不同的地方踏过，故带有不同的磁场力，附着杂乱的或者污秽的东西，如果把这些东西带进家来，自然会影响到家运了。

一般来说，鞋子只适合摆放在大门外，但因为安全的原因，我们不能把鞋子摆放在门外，而是在门内安放一个鞋柜专门用于摆放鞋子。这样一来，鞋子上所带的不好的东西也就无法随便释放出来。如果由于空间的原因，大门内无法安放鞋柜，最好在门道与客厅结合部设置鞋柜。鞋柜不宜高大，鞋子是踏地踏土之物，将鞋子放置太高，则容易伤根基，喻示着根基虚浮，事业不顺，家道中落。也可能会直接引起走路容易跌倒，扭伤脚踝等伤灾。

鞋柜最好设五层为佳，符合五行相生流通的原则。不够五层没什么问题，若多于五层则犯忌，属于过高不实的情况。我们在摆放鞋子时，要注意鞋头朝向，特别是尖头鞋，最好鞋头冲里，一是在取放穿鞋时方便，二是鞋头冲外，每次我们开柜取放鞋子时，尖鞋头冲向我们，会形成冲煞，久而久之对健康有百害而无一利。

鞋柜以多高为限呢？一般来说，其高度只能占屋内高度的三分之一，如果高了，则是一种病态，主家人呼吸系统容易产生毛病，如咳嗽、嗓子不舒服，鼻子出问题等。如果已经买了或做了很高的鞋柜，在使用时就要注意，把常穿的鞋子放在下面，而没有穿的新鞋子可以摆在上面。

十三、楼梯设计稳中求

这里所说的楼梯是针对室内楼梯的。一般来说，别墅、复式单元房肯定会设计楼梯，楼梯的设计以方便安全为要，不要为了追求新奇而设计成奇形怪状。那么在设计楼梯时，哪些问题是必须要考虑的呢？

室内楼梯不可直上直下，宜中途转弯，一次就可以了，曲折式比直线型楼梯安全。直上直下的楼梯因没有圆弯度，会形成冲射的枪煞，影响整个房子室内的风水。

楼梯的位置：不能把楼梯设计在房子中央，主先盛后衰，如果旋转梯更糟，因为旋转梯更像旋锥，钉在房子的中央，对风水的和谐的破坏更大。中央的楼梯会把室内格局分开，失去了整体感，在视觉上也不舒服。

楼梯不可太窄太陡，转角不可多。陡直的楼梯容易发生事故。理论上楼梯的安全坡度应该在30°~35°之间，这是最适宜的。因受空间的限制，其倾斜度也最好控制在45°之内。这是人体在上下楼梯时所能接受的最大数值，倾斜度再加大，就会严重影响上下的方便。

楼梯的材质最好是木质的，铁艺的也无妨，踏步必须防滑。最好不要用光滑面的石材。这是出于安全考虑，同时，从风水学角度而言，石材的楼梯只适用于室外，而不适用于室内。

一般别墅、复式单元房绝不可将楼梯设计在房外，为"雷公打脑煞"，主克妻损子，是风水学上大凶的设计。

十四、围墙齐整不可缺

高层住宅楼，是不设围墙的，但对整个住宅小区来说，围墙则是不可少的。第一为了安全，第二也是为了便于管理。独栋别墅或农村宅院一般都有围墙，这围墙设计也是有讲究的。围墙的作用是保持居家生活的私密性，是庭院建筑不可缺少的一部分，因为有了围墙，才会有"庭院深深深几许"的幽静诗意。那么设计围墙有哪些要求呢？

第一，围墙要呈长方形或正方形，不能因地势而筑成三角形或多角形。若前阔后尖，谓"火星拖尾"，犯之有吊缢、痨病之灾。若前尖后阔，谓"退田业"，主财运大退。若墙角呈尖射，谓"泥尖煞"，不仅于尖角射的对方不利，也于自己不利，射左不利男，射右不利女，破财是非。

第二，围墙不能过高，过高则压抑，是"坐围愁城"。围墙要完整，不能缺失。若残破缺失的话，是破财退财之象，家业冷退，事业倾覆，横遭小人等。也不能一边高一边低，高低不等，则喻示运势起伏不定，同时也对家人有刑克之嫌，左高克女，右高克男，家宅不睦，夫妇不和。

第三，围墙上最好不要开窗，有人喜欢在围墙上开各种图案的小窗，在小窗上设计花草鸟兽图案，自认为很艺术，岂不知这是完全不符合风水要求的。一些园林的内墙有类似的装饰，是要达到移步换形的园林风景要求，但却不适合用于家宅的围墙上。若开则少了私密性，犯了"朱雀开口"，主口舌是非。

第四，围墙不可逼压住宅，庭院太小则不利。

十五、排水通畅要隐秘

住宅中的排水系统要保持通畅，若被堵塞，则会污染房间的空气，严重的会出现露水渗水现象，则不吉。一般来说，独栋住宅外面的排水系统，宜由前向屋后排出，论吉。排水沟宜暗藏不宜显露，宜顺地屈曲而出。如果设计排水沟直泻前去，则以败财论之，凶。

十六、水井位置有密诀

水井在过去人们的生活必不可少，水是故乡甜。小时候，我们村子就一口水井，全村人都吃那井的水，甘甜滋润。现在农村也开始用上了自来水，但对于大多数农村来说，还是需要水井的，故在这里还是提示一下。第一，井不能挖在宅前正中正前方。第二，挖井的最佳之季应选在冬至后夏至前，此时，阳气处在上升阶段，地气上升快速，土气离开地表。若夏至后挖井，此时是阴气的上升阶段，阳气减退，天地交流代谢不旺，会产生恶性之土气，挖井会对人产生不利影响。定水口诀："寅甲得财卯辰富，艮乙失火多疾病，子癸坤宫家贫困，丑伤六畜盈难存，巳丙益财庚大吉，如逢午位晤儿孙，辛丁酉方多病痛，甲巽及戌不为殃。"

十七、庭院布置乾坤大

早晨即起，洒扫庭除，一家院落的洁净也喻示着这家的生旺之气，利人利财。那么庭院的设施同样也是有吉凶的，要注意哪些事项呢？第一，庭院中不宜大树密布遮住庭院，这样会挡住阳光阳气的进入，久之会主阴主湿。所以，庭院中不宜栽种高大浓密的植物，比如榕树，也不宜栽种有气味的树种，比如臭椿。在中国文化中，在屋后种榆，屋前种槐，则喻示吉利，因"榆"谐"余"，年年有余。种"槐"通"怀"，喻示后继有人。第二，不可引河水到庭院中，或河水流贯庭院，皆主大凶，不安全。第三，庭院不宜铺满小石块或石板，会使阴寒之气转旺，不吉。若用装饰石，忌用动物或人形或不雅的奇形怪状的石头。更不可砌成"品"字形，古歌云"品岩嵯峨似净瓶，家出素衣僧伽人"。不管室外室内堆积石头，皆生阴象，不利健康。故现代装修也不应用太多大理石，会增加阴寒之气，不利于健康。

十八、植草种树切风水

植被丰富的地方空气质量就会好，因为富含负离子，人体氧化衰老就是因为人体中的正离子增多，所以负离子是有益于健康的。绿化面积越多空气质量就会越好了，因此，绿化面积的多少也成了楼盘的一个卖点了。那么从风水学角度来看，绿化植物的设施也是非常有讲究的。古人有云：宁可食无肉，不可居无竹。看来竹林一片属吉宅，竹是常绿植物，对净化空气有特别的功效。另外在中国文化中，竹为四君子之一，是有气节的代表，表示人格的高尚。住宅小区与庭院对树种的选择也很重要，在上面的章节中已经讲过。这里要讲一下住宅内部不宜使用杜鹃或针状叶之盆景；入门两边不可安置高大的盆景植物，这种布置令人有压抑不舒服感。大门前不可有树挡门，病灾心胸痛难免。

除此之外，下面几种情况都为凶相：一、枯朽老树在门前，主损老翁及贫贱，家运衰败。二、前有大树露出根者，不问神煞，主疯癞气病残疾。三、树根不可伸入屋内，盗气，引蛇而至，树心空主心病，树枝烂主手足疮。

古人更重视树木对住宅之吉凶影响，特摘录以供参考：

凡树木弯抱清闲享福，门前桃杏贪花恋酒，门对垂杨披发悬梁，独树当门寡妇孤孙，排株向门荫庇后昆（昆，指后来者，即儿孙），门前突株掏摸穿窬（出盗贼），门对林中灾病多凶（阴气重之故也），门对双树畜伤人病，大树当门六畜不存，斜枝向门哭泣丧魂，高树般齐早步青云，高树戌方火烧目盲，树下肿根聋盲病昏，竹木回环家足衣禄，左树右无吉少凶多，右树红花娇媚倾家，左树重抱财禄长保，树屈驼背丁财具退，枯树当前火灾伤人，树枝藤缠悬梁翻船，绿树宽隈（山水弯曲之地为隈）长房发财，树损下面足病连绵，屋顶枯树必出寡妇，大树压门无女少男，果树披左杂病痰火，园植大椿家业不振，树头向外必遭徒罪，树头垂水必招人溺，两树夹屋定丧骨肉，树似伏牛孀居病多，左树三五夫妇相克，蕉树当前寡妇堪怜，门前有槐荣贵发财，旁树转弯财禄清闲，后树重叠发财发秀，四围树齐田偏东西，左树弯转富贵功名，左树重障财禄兴旺，前有死树失财倒路，右树白花子孙落差。

第三节　阳宅住宅吉凶尺寸

阳宅内六事一切物品皆有尺寸，古时家具用品都有固定尺寸，不会大亦不会小，家具不会因房子大小而变化，现代家具则全然没有了过去家具固有的尺寸，可因房间之大小随心变化；过去的门窗尺寸也基本是固定的，现代设计则随心所欲的多，不问尺寸大小，全然不知尺寸之吉凶了。那么在风水学中，一些尺寸吉凶还是要参看的：门窗的大小长宽尺寸，神案高低长宽尺寸，走道宽度尺寸，楼梯宽度，床位高低长宽尺寸，桌之高低长宽尺寸，灶炉高低长宽尺寸等，凡阳宅中重要之处及物品都应该考虑尺寸之吉凶。

论到尺寸之吉凶，则是木工尺寸法则，所凭依据便是"鲁班尺"。鲁班尺尺寸共分八格，每格一字，共八字，分别为"财、病、离、义、官、劫、害、本"。每字为一寸八分，八字共一尺四寸四分（约 43.36 厘米）。每字又分为四小格，每小格四分五（约 1.63 厘米）。

财				病			离			义			
财德	宝库	六合	迎福	退财	公事	牢执	孤寡	长库	却财	官鬼	失脱	添丁	益利	贵子	大吉
官				劫			害			本			
顺科	横财	进益	富贵	死别	退口	离乡	财失	灾至	死绝	病临	口舌	财至	登科	进宝	兴旺

在以上的表格文字中，我们就可以得出鲁班尺中以"财、义、官、本"四字为吉，在卷尺中会以红字标识。以"病、离、劫、害"四字为凶，在卷尺中以黑字标识。

鲁班尺标识的吉凶是作为阳宅重要六事的尺寸的参考，是风水中的一种参考，配合风水中外象与理气参看，不以之为标准。单凭鲁班尺上的吉凶标准来断言人家的住宅、店铺及工厂风水的吉凶是可笑的。我曾见过一些人拿着鲁班尺到处量来量去，来断言人家风水吉凶。

应用鲁班尺是指导人家来设计门窗尺寸达到吉祥数字的一种要求，鲁班尺上八字的吉凶，有不同的应用之处，并非所有的门窗都不能见凶。

1. **财字**：门之尺寸合此字，主得财。
2. **病字**：可用于浴厕门，一般门忌用。
3. **离字**：不可用此字之尺寸。
4. **义字**：可用于厨房门。
5. **官字**：可用于住宅内的门，不适合大门。
6. **劫字**：不可用此字之尺寸。
7. **害字**：避用此字之尺寸。
8. **本字**：任何门皆合用之尺寸。"本"古作"吉"字。

下面有一篇"鲁班尺八首"解释八字吉凶古歌列出如下：

一、财字临门仔细详，外门招得外财良，若在中门常自有，积财须用大门当，中门若合安于上，银帛千箱与万箱，木匠若能明此理，家中福禄自荣昌。

二、病字临门招疾病，外门神鬼入中庭，若在中门逢此字，灾须轻可免危声，更被外门相照对，一年两度送尸灵，于中若要无凶祸，厕上无疑是好亲。

三、离字临门事不祥，小心安排在甚方，若在外门并中户，子南父北自分张，房门必主生离别，夫妇恩情两处忙，朝夕家中常作闹，凄惶无地祸谁当。

四、义字临门孝顺生，一字中字最为真，若在都门招三妇，高门孝妇敬翁姑，于中合字为大吉，万事兴隆出贤人，保证万事无灾害，只有厨门实可亲。

五、官字临门大吉祥，莫教安在大门场，须防公事亲州府，富贵中庭房自昌，应在房门生贵子，其实必定出官郎，人家富贵出富翁，有人用此福满堂。

六、劫字临门不用夸，家中日日事如麻，更有害门相照看，凶来叠叠害无差，儿孙行劫身遭苦，作事因循却害家，四恶四凶星不吉，偷人物件害其他。

七、害字安门用不可，外门多被外人临，用在内门多灾祸，家财必被贼来侵，儿孙行门于害字，作事须因破其家，匠人若能明此理，管教宅主永兴隆。

八、本字临门最吉祥，中宫内外一齐强，子孙夫妇皆荣贵，年通月利能得财，此字吉门相照着，家道兴隆大吉昌，四时无灾用本字，八节有余振家声。

第五章　店铺风水巧布局

这一章我们着重讲店铺风水与办公室的风水问题。怎样选择一个好的店铺，又如何布局才能旺财？办公室风水有哪些要求？理顺各级各类人之间的关系在风水上有讲究吗？怎么才能让员工与主管发挥财智为公司谋利呢？又如何兼顾员工健康又不易跳槽呢？是这一章要解决的内容。

一、店面选址细心求

大学生创业，是当下解决大学毕业生就业的一条途径，当然也是许多年轻人的梦想。而拥有一间自己的店面也便成了很多立志创业者的梦想。如何在竞争激烈的商场中把握良机发财，除了人为和运气因素，招财布局也是最重要的一环。

好的店面往往聚集在人潮往来密集的地方，如谓人流如水流，人流如织是旺地，自然就是聚财之地。这样的地段购买力强，往往会旺上千年而不衰，这样的情况在一些古老的城市并不鲜见，如广州的北京路就是这样的。当然，这个道理谁都明白，这样的地段租金也会高得吓人。如果你有实力当然不会介意，而对大部分刚创业者，则就难以接受了。

那么，避开这样的繁华地段，如何找一间相对来说的旺铺呢？这就需要避开一些常见的冲煞，再加上风水布局，一样可以拥有良好的店面。门前的不祥物概括起来有这些：对面有尖形建筑或设施，或马路直冲门来，正对着树或电杆，或有变压器类的配电设施。还有就是对面反光进门的物体，都属于不祥物。如果开商铺遇到了这种情况会影响生意，居家则会影响身体健康。当然这里还有个远近的问题，不要一看到这些情况，就说不妙，距离越近影响越大,越远影响就越小。

针对于店面的风水而言,马路状况是最重要的指标。现在随着汽车发展,城市人口增加,马路变宽,店铺相对马路也有一定的距离,这一变化与风水学和现代理论相吻合。现在街道人流与车流的增加与加快,势必导致气流速度也大大加快,与马路有一段距离,好处就是减缓气的流速,让人感到舒适,人们才会自觉地走进商铺。在这种情况下,如果某商铺离马路较近,那么进出的人就会大大减少。马路以环抱为吉,反弓为凶。

如果你所选的店面都没有出现上面所说的问题,是不是就一定是旺财的店面呢?其实,也不一定,如果店面太小,被左右遮挡,或过于狭窄,都是不利的。所以,还需要醒目的招牌与清楚的服务项目,让顾客远远就能看到,一目了然。心理测试发现,如红黄比较明快的色彩,会激起人们的购买欲望。从风水学的角度而言,店面装修色彩,店名招牌还要与店主命理相配合方更佳。

二、门为气口吸纳财

做门店选择马路两边的临街商铺,因为人流量决定着地段的旺衰,同时要注意店铺与马路之间的关系。既是做门店,开门至关重要,因为门为一店之气口,如人的咽喉之地,是顾客与商品出入流通的必经之地,是被看做吐纳财气的重要出入口。所以,在某种程度过决定着门店的兴衰。

上而谈到,门前要避免冲射阻挡之煞,因为这些冲射阻挡是不利于财气的纳入的,或者说纳入的是破坏之气,所以应尽量避免。门店的大门本身也有一定的要求,做为顾客出入通道,门宜大不宜小,小在招财布局上等于缩小了门店的气口,不利于纳气,会降低店内的生气,没了生气就没了财气。所以,一般单间的铺面临街一面开整间的门,把门开到最大,实际上,虽说门店的大门宜大不宜小,但如果只是单间最好在门边挡起一小部分,因为门也不能与内部空间完全一样大,不能形成气咽,同样也留不住财。

如果是两间大小的临街门店,做一间大小的门是比较合适的。如果是大型超市,除了正大门做得气派外,往往还要有副门,多增加气口,这是因为超市内部空间大，气口的增加更利于聚气与流通，增大顾客的流量，也更利于财气的吸纳。

三、交叉路口旺与衰

在城市中有不少十字交叉路口，这些交叉路口是两条马路交汇之地，也形成了人流汇集之地，也就是所谓的旺地。那么在十字路口设店应该是最旺的了。其实，也不尽然，有的旺，也有的衰，一些路口的店经常换主人，不仅仅是经营的原因，更重要的是风水的原因。

那么，从外观上，我们如何判断这些交叉路口的店铺呢？第一，在交叉口的建筑不能离马路太近。为什么呢？这是因为现代马路大都跑机动车，机动车来回穿梭，气流当然会很强，如果离路太近，不但不能汇聚生气，反而因来回冲撞的气流而形成煞气，生气不能聚，从而影响了风水。离马路太近，整个建筑又不能后移，和两边建筑不协调，所以，一般情况下，对着交叉路口的一面，会设计成半圆形，与交叉路口拉开一定的距离，圆形自然会柔和气流的冲撞，从而变煞气为生气，在视觉上也让人觉得舒服，也会产生一种吸引力，把顾客引入店中。第二，看斜对面的建筑形式，如果对面的建筑形式有锐角直冲过来，必须要做相应的风水化解。若对面也是半圆形建筑则无害。

还有就是处在"Y"形路的夹角上。一般来说，在夹角上由于两边都有强烈的气流吹过，是生气最不聚之地，也是最容易产生问题的地方。若是选在这样的地方为门店，该如何布局减小煞力而增加财气呢？建在这个地带的房子，一定不能顶在夹角内把夹角占满，这是极为不利的。如果夹角的最前方有古树，那么古树身后的房子反而会多了旺气。在此开门店是有利的。同样，如果夹角内建有城市雕塑，或有广告牌，都在一同程度上降低了直冲的煞气，对处在夹角中的建筑的风水都起到了良好的调节作用，在这种情况下，是有机会把门店做旺的。

四、店前空地能聚财

在阳宅风水中，讲究宅前有空地，可旺宅运。家宅前的空地叫"明堂"，明堂是聚集生气之所，明堂宽阔，象征着心胸广大，发展有足够的余地，这样的家宅住久了，事业财运都会旺起来的。

道理是一样的，如果店的门前有足够下的空地，同样是旺财的风水格局，是汇聚生气之所。现代人多有代步工具，前面有空地，是可以让人停下代步工具从而汇聚人气的一个重要的布局。所以，一般较大的超市是不紧靠马路，同样，较豪华的酒店也不会靠马路，其前方必然留有足够大的空地来做明堂布局，以接纳八方生气，广邀四方来客。

所以在选择店面时，前面是否有空地也是要考虑的一个条件。店面前有了明堂，使店面有了更为开阔的视野，同时也有利于顾客，给顾客以方便与心理暗示，使他们被吸引到店中来，更可以保证气流畅通，带来财气。

路是水，水主财，前方的空地能把这种财气蓄住，正像河流在此处结塘结湖一般，而湖池之处，生气最旺，是最利于旺财的地方。俗语有云："门前千年不涸湖，家有万年不散财。"同时，这样的地方，由于有了足够的余地，才不至于当马路拓宽时，被迫拆迁，用起来也才安稳踏实。

五、迎宾柜台如何设

迎宾柜台都会设在大门内，较大的单位都是正对大门，玄关影壁的下面设迎宾台，经过良好培训的服务迎宾小姐，营造出热忱温馨的气氛，引导财运与好的气流进入。

一般的店面没有条件也不可能设置上面的豪华迎宾台，但为了招揽生意，这种迎宾台的功能是不可或缺的。很多的小店面是把收银与迎宾合二为一的。收银台象征一个店面的财库，自然要设在财位上，并在柜台上放置招财吉祥物、宣传单或热卖的商品，这都是可以产生招财效果的。柜台的环境应保持整洁美观，不能堆放杂物，否则是无法纳入财气的。

除此之外，还应注意的有几点：其一，柜台应以长方形或略带弧形的形制为宜，不要做奇怪带尖角的台形。其二，在收银台的旁边设水槽是不利的。有些柜台里面设水槽以为使用方便，岂不知水为财，让水白白流走是破财之象。其三，柜台用色要柔和不能刺目，最好不要与方位相克。比如，柜台在整个店铺的南方，不能用白色，因为南方为火，白色为金，是为火克金，克你的财位，当然不好，可用黄色，黄色为土，火生土，方位生财位。东方为木为绿色，柜台不用黄色，可用红色；西方为金为白色，柜台不用绿色，可用蓝色或黑色；北方为水为蓝黑色，不用红色，可用绿色。灯光的颜色更不能刺目，其颜色搭配也可参照上面的条件。

六、巧布招财风水物

风水物品有多种，店里一般都布置什么样的风水物呢？其实，开店的目的无非是赢利，因此招财风水物是不二之选。适合店中布置风水局的吉祥物以下面几种为好。

其一，招财鱼缸。我们说山管人丁水主财，水以动水为妙，动水才能财源不断。什么是动水呢？单放一缸水，里面不放任何生物便是静水、死水，而放养了鱼在里面，因为鱼的游动，就会带动水的动态，这便是动水了。所以，招财鱼缸要放水养鱼才能达到旺财的目的。有关鱼放养多少，还是有一定的讲究的，一般情况下，以一条黑色金鱼搭配六条彩色金鱼为好。现代人养的鱼多种多样，锦鲤也是不错的选择，好养不金贵。也有养非常金贵的金龙鱼或银龙鱼的，也有一些热带彩斑鱼的，这些都没有问题。最好配合理气风水找好财位来摆放鱼缸，如果胡乱摆放往往不能达到旺财的目的，弄不好还会适得其反。

其二，风水球、风水轮。其实这也是一种动水装置，通过现代抽水电机，使水循环流动，带动里面的球或转轮转动。这也是一种不错的旺财风水装置，适合在店里摆放。

其三，招财植物。将繁茂的植物盆景摆放在财位上，也是可以加强财运的。一般拿花叶圆润、丰厚的植物来充当招财物，如风水开运竹、招财树。而针刺、葛藤、有气味的植物是不能摆放的。

其四，招财宝石。比如翡翠白菜、一帆风顺的玉石雕刻、寿山石等，玉石具有良好的天然磁场，可以吸引顾客，是具有开运旺财功能的。

其五，水晶。水晶是历千万年在地下形成的结晶体，现代科学亦证实水晶具有释放能量的特殊功能。用水晶制的水晶球、水晶聚宝盆、水晶原石都可以通过合理的摆放来帮助加强财运、事业运、爱情运等。所以，在财位布局水晶是可以帮助旺财的。

第六章　办公室风水有奥妙

这一章，我们来分析办公室风水应注意哪些问题。怎样的办公室布局才是合理的，才能聚人气、聚人力、聚财智、聚财富呢？这是每个开办公司的老总都要考虑的问题，同时也关系到办公室员工的切身利益，不能不慎重考虑。

一、办公选址有讲究

写字楼多设繁华地段，其建筑风格必有特色，外观讲究，气势不凡。这样的建筑群，被各大公司看好，入驻其间，成为其公司形象与身份的象征。

写字楼必备的几个条件：其一，交通的便捷为首要因素，这是影响一座写字楼是否旺销旺租的最大因素。从以往风水学的观点来看，闹市区是以街衢为水道的，所谓"一层街衢一层水"，而水是主财源的。实际上是指人流量，人流量大其财必旺。地铁这一交通工具以它快捷、准点与乘客量大成为都市人出行的道选，故而地铁出入口附近的地段应是写字楼首选旺地。其二，建筑的焦点性。或成为一个城市的焦点，或成为一个分区的焦点，或成为一个地段的焦点，得其一者必旺。所谓"水村山郭酒旗风"，无形之广告效应也。

在地理位置优越的写字楼租用写字间，选在哪里也有一定学问。一般来说要站在写字间内观察楼外的周围环境，如果对面有楼角冲过来，这在传统风水学中叫"尖角煞"，会导致人精神不安，重则致病。现代科学试验证明，这种说法也有一定道理。因为每个尖角都无形中聚集一种场能效应，如果长时间指向人，会使人产生极度不安的感受。如果能看到不远处的强光反射也是不好的，这叫"反光煞"，坐在写字间的人难以集中精神做事。还有就是写字间内要明暗适度，光线过强过暗都不好。当然写字间内部房间以矩形方形为好，忌尖角，立柱与顶梁在房间内少见为宜，如果有这种情况在装修设计时要作处理。还有比较重要的一点，就是写字间的大门，大门口对面有墙角冲过来也是不好的，道理与"尖角煞"相同。如果以上几点问题都不存在，那么就算是一个不错的写字间。

二、办公室内巧布局

办公室是一个公司对外的整体形象展示，怎样设计布局十分重要。主次分明、雅观整洁是其基本要求。然而，有的办公室在设计上为了有效地利用空间，却忽略了和谐的气场作用，即人们常说的"风水"问题。

哪些"风水"问题在设计办公室时是必须考虑的呢？其一，办公室的高度要与空间成正比。一般来说，一个三四十平米的办公室，其高度有二米五六即可，若超过三米则不宜，在装修时可放低天花来调整；若超过一百平米的办公室，其高度不能低于二米八，否则就会有压迫感，会在无形中影响员工的工作效率，从而影响公司效益。

其二，较大的办公室应设有玄关。玄关犹如公司的颜面，一般上面有公司的标志，要注意其色彩搭配。材料一般不使用玻璃，要使用不反光的毛玻璃，切忌用银镜，因为镜面会把对面的景像映进来，造成视觉上的混乱，破坏形成的气场。玄关下方不可堆放杂物，有些人喜欢在下面摆放许多花盆，其实这是不对的。但要在两侧放置两盆植物，形成双龙抱珠之势，以引吉气。千万不能仅在中间放一盆植物，形成门内一木"闲"。较小的办公室不能设玄关，在门口两侧置两盆植物，可形成同样的气场作用。

风水学理论中，古人对于风水气场有上千年的实践总结。"屋小而高则瘦"，就是说室内面积小而建得又高，则财不聚。"屋大而低则沉"，室内面积大但建得低矮就没有活力。这两种情况都是贫屋，财气不至。玄关的作用是使气不直入，形成回旋而气聚，符合"曲则有情"这一理论。气聚则神聚，神聚则心齐，员工心往一处想，劲往一处使，何愁公司不兴旺？

办公室的设计布局不能只考虑实用,还有个适宜原则,这个原则是根据整个办公室的气场和谐来决定的,是办公室格局安排的重要组成部分。

办公室内一般有主次之分,也就是说决策者与一般员工之分。总经理或董事长办公室一般选离整个办公室大门较远的房间。在这个独立的房间里,办公桌的安排是讲究的。最主要的一点是不能背靠窗户。背靠窗子除了不符合采光原理外,客户也因光线原因看不清主人的面目,从而影响沟通。从古代风水学理论上讲,这叫"坐空向满","坐空向满,穷途末路",这种格局不利于发展。从现代科学来说,窗外流动的风与晃动的光影从背后而来,也不利于人思考学习,极可能会因此导致决策失误。还有的办公室设计成两排办公桌,中间是过道,尽头正对过道处设一个较大的办公桌,一般是主管的位置,这种设计也是错误的。笔直狭窄的过道迎面而来,在心理上似乎有把人直逼后墙的感觉,从而容易让人产生压抑、烦躁的情绪。也就是古代风水学上俗称的"过堂风"、"穿心箭",这些都易对人产生不良的影响。

再有就是财务室的安排。一般来说,财务室与总经理室同等重要。若因条件限制不设计财务室,只有财务桌,那么保险箱安放一定要隐蔽,若保险箱的放置一入室便能看到,这叫"露白",在风水学上是忌讳的。

除了以上两点外,现代办公室内电脑增多,会产生无形的辐射,如果办公桌与坐椅也使用铁制品或镀锌制品,这种不利的影响就会加剧。辐射的相互作用以及静电的影响,会把整个办公室和谐的气场破坏掉,使人在不觉中产生恐慌情绪,因此,办公室内应尽量少用铁制品,而以木制品或塑胶类制品为佳。

三、公司大门纳生气

大门不但是一个公司的门面,也是人流、物流必由之通道,为纳气之口,所以大门的策划尤为重要。

从风水学角度而言,大门做为一室之喉咽,起到至关重要的作用,大门纳气的吉凶,直接关系到整个风水之成败,是影响公司、企业兴衰成败的关键因素。所以,大门所处位置必须是在生气的旺位,门开旺位,事业发达兴旺，贵人相助，财利丰盈，利于公司的做大做强。如果门开于死绝的衰位，也会导致公司员工百病缠身，做事不顺，该签的单签不到，能做的事做不好，事业陷入困境，导致失败。所以，大门的位置要配合公司老总的命格进行谨慎选择。

大门是一个公司的出入口，门内门外都不能被克冲射。门不对洗手间、不对墙角，不对向下走的楼梯。现代写字楼设计很少出现写字间门对楼梯的情况，但也有可能门对电梯间门口，也是不利的。有的写字楼设计是中间走廊，两边分布写字间的格局，这种情况下，两边的写字间不要门与门相对。门与门相对，便有争气的风水矛盾，如果对面办公间的面积大，那么你就争不过对方，而使自己受大损失。所谓两虎相争，必有一伤，但两者都不可能全身，只是受伤的情况有轻重而已。

如果是大公司独占一座办公楼，那么，整座大楼的大门更要认真对待与设计。做好旺财布局，吸纳吉气，在风水上巧布旺局，更利于整个公司的发展。

四、老板权位在何方

老板是一个公司的灵魂，是为一个公司掌舵并决定公司发展方向的人物，所以，他的位置十分重要，如果公司的灵魂没有放在应该的位置上，同样也会出现各种问题，甚至会令老板失位，带来难以预料的灾难。如果办公室选址没有问题，大门设计纳气也有利，接下来便是老板的位置了。

一般来说，老板的办公室要向后靠，而不能设计在离大门近的地方。大门的位置虽然是吉利的位置，生气汇聚，但这个地方只能是口咽，而不是心脏。那么是不是可以把老板的位置设在正中央呢，因为这里是办公室的心脏。相信没有一个建筑师与设计师这样设计，这更不是合理的风水设计。整个办公室最重要的位置应该在后面，这里为权位，是镇位，是控制全局的位置，能够调度整个办公室气场，能让员工更服从、敬业，有凝聚力，财源也会自然滚滚而来。如果老板位靠前，则会出现老板事必躬亲，事无巨细地过问。出现君劳臣逸的现象，也必然使公司没有了明确的目标，甚至出现丧失掌控权，大权旁落。员工会很被动，不知听谁的，对公司缺乏认同感。

依八卦方位来看，如果办公室开门向南，北部为后部的话，老板办公室的位置应设在西北方，因为这是乾位，乾为天为大，为老总，是象征主事之人，自然是老板的位置。

五、主位风水面面观

一家有一家之主，一办公室当然也要有一办公室之主位，这个主位理所当然是老总的。如果办公室不是很小的情况下，自然要为老总设单间，有条件的还要设套间为好。老板办公室又有哪些讲究与注意的呢？

其一，隐密性。有些人喜欢用玻璃墙来装修自己的办公室，觉得这样随时可以看到员工工作的情况。实际上，这是把自己暴露给员工，你的一举一动也会在员工眼前一览无余。从风水学上来说，这种设计叫露私，意味着公司业务机密易外泄，给公司遭成不必要的损失。如果有这种设计的老总办公室，不妨加装帘子或百叶帘进行遮挡，方能藏住财气。

其二，不易空大。有些公司办公面积足够大，所以，设计的老总办公室也非常之大，一个办公室足有一百平米以上，孤零零的一个办公桌，这是不合宜的。空荡荡的办公室同样是不聚气的，不聚气自然也难以聚财。如果办公室有足够大的面积，不妨进行分间，套间设计就是不错的布局，分出三分之一的地方给文秘，外间既是文秘办公处理文件的地方，同时也是一个接待间，方便客人等候。内部主体，也要分出办公区域与会客区域，办公区域以写字台为主，座位略高。会客区域以沙发与茶几为主，座位略低。这样一个办公室内便有了主次之分，当然办公桌也要设在办公室的主位上，以我为主，形成主次分明的格局，有利于公司正常运作。当然，书柜与文件柜也要设置合宜，再在室内摆放一两盆旺财植物，适当点缀，使房内充满生气，但千万不要把植物摆得到处都是，让人怀疑这不是办公室而是买花店。

其三，采光与通风。一个办公室没有窗子当然不好，但如果三面都有窗子也不好。过与不及都是病态的。光线太弱，则会前途暗淡，光线太强，太通透，精神处于太兴奋状态，容易使人疲劳而导致神经衰弱。办公室最好不要开北窗，阴寒气重，阳气不易升发。如果真的开了北窗，而其他地方又没有窗子，室内应以暖色调来进行装饰调理，以补阳气。

其四，办公台与装饰。老板办公台的摆放最好是在办公室内旺位，当旺乘旺，财气才会聚，也能展示自我优势。当然，要注意的是办公台不能冲门，同样，更不能使办公椅冲门。办公台的摆放背后要有实墙，这叫坐满不坐空，背后有靠，安稳顺利。桌前要空，如果对面摆放沙发要朝向办公桌，这样能形成以我为中心的向心力与凝聚力。办公室的装饰与点缀要注意，背后的装饰画，要以山水为主，不能出现猛兽猛禽。玉石之类的摆件，如果是龙马狮虎类，头也不能冲着自己，这是要注意的。

其五，办公台的向背。一般来说，老板办公台的向背最好能面对前面的员工，与员工的坐向保持一致，与房屋的坐向一致为好。反之，如果老板的坐向与员工的坐向相反，不但老板不易统御指挥，员工也容易阳奉阴违，甚至另起炉灶。这一点也是要注意的。

六、主管座位宜与忌

公司的业务主管包括了总经理助理、部门经理、行政总监等，主管的决策往往关系着公司事务的成败。身处上有老板下有部属的位置，一个优秀的业务主管必须是一个战略者加协调者。如何营造好的风水布局，并掌管公司的政策，绝佳的决策力和精准的判断力是抢得先机的关键。

主管办公室的座位不宜空荡，必须后有靠山。现代办公室多为格子间，或开放的格子间为多，后面不会有实墙来靠，那么主管的位置要选好，第一，如果能有独立的办公室最好，可以拥有一个相对完整的空间，后有靠山的问题也容易解决。如果没有独立的办公室，也要设一个主位，可以控制全局，这个主位一般是靠后，靠实墙的位置。后有靠则稳健多得帮助，后继力足。后空，则势力虚弱，导致人事不稳，下属向心力不足，且无贵人相助，甚至导致在公司无立足之地，进而影响财运及事业运。

其二，主管位应设在青龙方，也就是左边的位置。左高右低为顺，右高左低为逆。在左边青龙方易于驾驭下属，贯彻政令。

其三，办公桌上不可凌乱，办公桌的左边放较高的办公用品，比如电脑显示屏、台灯之类。右边尽量干净清爽为宜。办公桌前方不能抵墙，这种格局，代表前途受阻不通。

其四，办公桌前不能有镜子类的装饰反照自己，容易心神不宁，同样，也不能用镜子照门，这是口舌是非的风水格局。

其五，主管办公室的门不与老板办公室的门相对，这是与老板在争气，最终的结果可想而知，老板肯定大于主管，是争不过的。这种风水布局是不利于公司发展的。

七、财务位置喜与忧

财务同样是一个公司非常重要的位置，是财运流通与聚集的地方，故也主公司财运能否兴旺，其位置也是很讲究的。

财务室要安排在财位为好，可以起到旺财的作用。财务室一般不能安排在公司前部与大门附近，要相对隐密些，最好在老板位置附近为好。同样财务室的风水布局也十分重要。第一，财务桌的后面不能是窗，更不能是门或通道。这是不聚财的财务安排。如果财务桌后面背靠窗子，为泄气也叫泄财之地，会导致不明原因的破财之事。其次，财务桌不能设在横梁之下，财务受压，便会出现经济问题，被资金问题困扰。

财务室除办公台外，还有就是金柜的安放也很重要。金柜同样不能放置在梁下，会造成进财压力，影响财运进入。金柜口也不能向门口，否则意味着财来财去，无法聚财。金柜不能放置在明显之处，这叫"露白"，意味着公司财漏于外，会无缘无故招致财运损失，严重的会招致盗匪，是风水招财布局的大忌。

八、企划风水有讲究

企划营销是一个公司的核心部门，除了要有创意，执行力更攸关成败，必须有一个开放的工作空间，让每个员工都成为公司的可用人才。

一般来说，这个部门的办公室应通畅无阻，采光亮明，宜在整个公司的前部不应安排在后部，从大门到房间应通顺，有阻隔，有杂物，隐秘、阴暗，都是不利的设计，如果是这样的话，业务必然会推展不顺，困难重重，财气如何进得来。

这个部门的办公场所应该布置动水，也就是流动之水，比如鱼缸等，这是旺财的装置，更是活力的表现，能给这个部门的人以灵感，能够出新招奇招制胜。其次，绿色的植物，比如开运竹、兰花等类，这也是不可少的，绿色同样代表活力与生命力，都是给人生气灵感的，同时还有净化空气的作用。企划部办公场所是开放的，但每个人的专属区又相对独立，可以使每个人在做事时专心致志，提高工作效率。

在企划营销部门的办公室可以开两个门，有相对开放的状态，同时，营造出一种总还会有另外的路可行的心理暗示，造成设计多种方案来优选的格局，使这个部门创造更多的业绩。

九、员工座位讲忌讳

员工座位配置得好，在一定程度上可以带动财运与合作力量。在排员工的办公桌时，最好不要两两相对，这是易产生口角争执的安排。排排座的方式最理想，象征着同心协力及和谐的人际关系，不论是老板、主管、员工位置，最好都要背后有靠，现在格栏式办公区的安排大都能满足这一要求。

除了适当的座位配置，办公桌的位置也非常讲究，最好的位置是对着办公室大门斜角，这个位置可以带来工作上的好运。背后有实墙，桌侧面有窗，前面有空间的座位是最好的位置。向着办公室门口或便道的座位要尽量避免。同时，想要得到上司的信任，最好要有文件柜或墙等做靠山。若是座位前后左右有带尖角的物件，则要提防小人在背后兴风作浪。背窗而坐的位置，没有紧实的屏障可依托，应尽量避免。吊灯与横梁之下的座位也是不吉的位置，会增加多种压力，精神也不会好。

十、提运风水装饰物

在办公室内如何通过风水物的摆放来提升自己的运气呢？其实，以上的讲解中也多次提到了开运风水物，这里讲个累积财富与好运的小方法。

先准备一些国外与香港的硬币，4枚中国的古币铜钱，一个直径约20公分的水晶圆盂。先把4枚古钱放进圆盂，再放入国外的钱币，然后在钱币上铺一层碎黄水晶，再在上面摆放一颗水晶球，四周则放上六颗小一点的水晶球，颜色可以不同，这样就制成了招财水晶盆的布局。然后再把它放在自己的财位上，就可以提升运势来旺财了。

此外，还有一个比较简易的招财布局，准备好五枚古钱，染上五种颜色，红黄白绿黑象征五路财神，再把这五路财神贴在办公桌下，五颜色朝下，能招来正财神气，让财运增加，可以为你带来财源。

第七章　植物景观与风水

人们选择居住地，对植被的选择是重点考虑的。为什么呢？这是因为植被的茂盛情况决定着一地生气的旺衰，生气旺植被也会旺。同时，植被具有调节气温，净化空气，增加负离子含量的作用，植被又是生命力的象征，给人以无限的活力与勇气，有益于人们的身心健康。植物景观同时又直接关乎风水好坏。

一、植物景观与风水

古语有云："宁可食无肉，不可居无竹。"一语道出了居住环境中最为重要的一环，那就是植物景观，现在的名词叫"绿化率"。现代科学分析，绿化率的高低直接影响空气的质量，空气的好坏又与负离子相关，负离子的高低则是直接影响到我们的健康。

在风水学中有关植物景观的利用是非常讲究的，并非是随意安排："梧荫匝地，槐荫当庭，插柳沿堤，栽梅绕屋，结茅竹里……"河堤多用垂柳，梧桐院内外，槐树庭院中，修竹绕屋栽等等，既有风水学中的内容，也有民俗的吉祥喻义。比如梧桐树喻示凤凰来栖，槐树在前面庭院则谐义"怀（槐）子"，喻示人丁兴旺，屋后多种榆树，喻示家有"富余（榆）"。修竹则有一种君子气节，更多的是一种人文情怀。

既然树木绿化有着诸多好处，是不是树栽得越多越好呢？是不是任何地方都适宜植树呢？其实并非如此。从风水角度来看，植物景观的利用是非常讲究的，我们在这里一一来揭示其中的宜忌，明白其中的奥秘。

1. 古树镇风水

现代开发的住宅小区，开发商往往要花大价钱买回一两株古树移栽到小区内，这种现象在广州深圳等地的楼盘中并不鲜见。为什么要这样做呢？其实，这样做的目的便是古树镇风水。古树真的能镇风水吗？答案是肯定的。

我们若去一些村镇，往往首先映入眼帘的便是村口的一株大树，这种历经几十年甚至几百年的大树似乎成了某村镇的形象之一。这种大树一般会在村子的路口、水边，形成一种特殊的景观。这样的古树往往就是这个村镇的风水树，镇守在路口水边，正好符合风水学上讲究的"禽星塞水口"格局，这种布局在一些城市的格局中会建风水塔，以达到镇住水口的作用。一般来说，水口与路口是整个小环境与外面大环境相通的重要之所，有了自然的山石或建成的塔等关拦，便有效地保护了小环境的安全，正像一所大四合院中大门内设影壁玄关是一个道理。所谓"禽星塞水口，富贵长悠久"也是这个道理。也正因为如此，一些地方的风水树会被神化，形成了当地所谓的"树神"。

一般来说，从绿化的角度来看，树木能起到防风挡沙，巩固地基，保持水土，抵御雷击等作用，大树古树的作用往往更大，自然所形成的自然灵力也大，所以，对于风水树不能随心转栽或砍伐，这种破坏往往把原来所固有的风水场能给破坏或打乱了，从而带来一系列的问题。

2. 树林作靠山

一般来说，我们的先人建村立宅都会考虑风水环境的诸多因素，依山面水是一条大规律大原则，背后的靠山往往给我们以稳定踏实的感觉，同样也是为了挡风以聚气。气聚则生机盎然，这是大自然所特定的规律，这样的场所才是适宜人们生活繁衍之地。

而对生活在大河冲积平原上的人们来说，一般是没有山可靠的，村落的聚集便会在一些小河溪流的旁边，我们也能看到，许多村庄掩映在树木林中，村庄的周围或密或疏地分布着树林或竹林。古诗中的"绿树村边合"、"柳暗花明"都写出了村镇这一特点。村落周围栽树不仅仅有绿化美化的作用，更多的是有其实用的功能，相对山区来说，平原上的土地更多用来种植农作物而非植树，村庄四周植树更多的是为了使用木材：架屋、农具、家具都是要使用这些木材的。还有一个重要的作用那便是风水的作用了——以树林作靠山。若没有这些树林，一个村庄孤零零地立在原野上，便失去了藏风聚气的规律，也就失去了生机。而村后村旁的树林自然形成掩护村落的"靠山"，能自然使强劲的气流减弱，形成一个藏风聚气之所，在一定程度上保护了村落。当然，大片的树林还有一个无形的作用，那就是调节气温，形成天然的空调机、大氧吧。

3. 树木要多样性

随着时代的发展，现代化进程的加快，一切都在不知不觉中发生变化，人们的功利心越来越强，这同样也反映到植树方面。我看到农村树木的多样性正在减弱，很多树种已不复存在。进入眼帘的都是笔直的白杨，偶尔还有泡桐等，都是些生长快、生长期短的树种。果树已不再生长在院落里，更多的是在村外形成经济林。我并非排斥现代经济模式，只是觉得不能为经济而经济，让大多数树种在农村周围与院落中消失，这恐怕并不是明智之举。

在中国传统文化中，世界是由金木水火土五行构成的多样性的世界，任何一环的缺失都会引起不平衡，从而带来负面的影响。味苦的树为火，味甜为土，味辛辣为金，味咸为水，味酸为木，每种味都是不可缺少的，相生相克才能循环往复，方能持久不衰。保持树木的多样性，同样也是保持树木世界中的五行平衡，只有这样，才能使我们生活的环境更符合科学，才更安全。我们需要生长周期短的白杨等，也需要千年不枯的松柏，我们需要艳丽多姿的牡丹，也需要开碎花的桂花荼蘼架，需要莲藕，也需要水草。这才是一个完整的世界，一个合乎自然规律的世界。

我希望能看到"前槐后榆"的院落，希望品读"人面桃花相映红"的诗意，希望欣赏到"梨花如雪"的春天，希望"竹林深处听琴声"，希望陶醉在"浓荫匝地百鸟鸣"世界里……

二、庭院植物风水面面观

植树培竹，养花种草，美化环境，怡养身心，陶冶性情。也只有在中国文化中才赋予了花草那么多的性情与品格：岁寒三友的松竹梅，花草四君子之称的梅兰竹菊，富贵的牡丹，高洁的莲，等等。庭院内外植物的安排实际上并非随心所欲的栽种，而是很讲究的，要符合风水要求才能达成人们养身心、怡性情的愿望。

1. 树不对门

其实，一个庭院无论大门内外，都不会对着大门单栽一棵树，因为大门内外必然是连接庭院内外的道路，不可能栽树挡住自己的去路。在居住方便的原则上，也不会犯这样的错误。风水学上有一句话叫："大树当门，主招天瘟。"一个建筑院落，如果有大树正对着大门的话，是会影响主人的运势的，重要的指健康会受到严重影响。《柳氏家藏宅元卷》中亦云："树指门口舌官方"，说明树对门会产生口舌官司之类的事。其实，单从视觉上来分析，早上开门，迎着你的就是一棵大树，不免就会有出门被树撞的感觉。门乃一宅院的主要纳气口，口被堵塞，气流自然不畅，久之就会产生问题。由此，我们来看，不光是树当门不吉，任何东西当门都不会吉利。

过去庭院，往往会在大门内设玄关，这种风水设置则是有利的，不属于大门被堵的问题，而是避免形成气流的直冲。若是几道门都在一条直线上，而没有遮挡的话，就形成了气流的直冲，这种情况是风水中很强的煞气，为了规避这种情况，则需要在大门内设玄关。

2. 庭院树不宜过密

现在一些城市住宅小区，没有余留足够的绿化面积，为了追求高绿化率，但凡空余处都栽满了树，不但行道树过密，一些楼宇的周围也栽种了不适宜的树种。的确，绿色是好的，可以改善空气质量，凡事有利也要弊，过密的树和高大的树会对低楼层的住户带来一定的影响，因为过密的树会影响到空气的正常流通，也影响到阳光的进入，这样一来，低楼层住户因为过多的遮挡显得阳气不足而阴气有余，不利于环境健康，也会给宅主的运程带来不利的影响。

一般来说，住宅的绿化用地是不能少的，最少不能低于建筑用地，建筑用地与绿化用地形成 1∶2 的比例是最好不过。但这种情况可谓少之又少了。在绿化方面还要讲究高低的配置，草地、花木、树木，在高中低各个层次上都有绿色，草地用满，花木成片，树木点缀，做到合理绿化。

针对住宅小区而言，大的空间区域内可以植大树或古树，有镇宅的作用。如果你有独立的院落或别墅，因为相对较小，是不适宜种植大树的。如果小小院落中有一棵大树。其枝叶伸展了半个多院落，甚至整个院落，那么，这样的树同样会影响到你的风水。可能有人觉得，夏天在树下纳凉很舒服，岂不知这样的大树是严重侵占了院落的空间，形成空气不易流通，阳光不易进入的状况，这种环境同样会对宅主健康不利，也会压制主人的运程，事业不利，处处受制。

3. 庭院的树种

在《柳氏家藏宅元卷》中，提出了庭院树的要求："前槐枣后杏榆竹林吉庆，东杏凶西桃淫宅忌栽桑。"也就是说，在屋宅前面栽槐树、枣树，后面栽杏树、榆树和大片的竹林，是主此宅主人富贵吉祥。如果东面种了杏子树则凶，西面种了桃树则易出淫乱之事。前面更不可栽桑树了，那是大凶了。还有个说法叫"前不栽桑，后不植柳"，看来宅后也是不能植柳的。这些说法，大都与民俗相关。在中国民俗中有一个重要的原则，那就是谐音取义。前面栽"枣槐"，喻示着"早怀子"，暗示儿孙满堂。后栽"榆杏"，则喻示着"后有余庆"。当然前院不能栽桑，因为"桑"谐"丧"。至于东杏西桃则有点牵强附会，杏在后面为吉，在东面为凶，好像有点说不过去。因为民俗中把男女私情说成"桃花"，所以不能在院子里栽桃树，更不能在宅子西边栽种。这里我想起唐朝诗人崔护有首《桃花诗》："去年今日此门中，人面桃花相映红；人面不知何处去，桃花依旧笑春风"。虽然男女主公没有结下什么私情，但崔护心中暗生的情愫却是有些男女私情的，这大概就是院子里那棵桃树惹的祸。

当然，民俗的一些禁忌，我们要批判地吸收，不能一味地相信，但院前院后不宜栽种大树是有道理的，因为会影响气流与阳光。而在宅后有竹林或有一些高一点的树作为宅屋的靠山都是符合风水的布局，前面的庭院应以花草为宜。

4. 窗外的树木

清晨早起，晨光初上，推开窗子，或在窗前学习工作有些疲倦时，推窗望外，迎面而来的是一阵植物绿叶的清香，自然是无比惬意的事。窗外的植物不仅能给人带来好心情，而且用眼疲劳后看看窗外的绿色，能有效地缓解眼部疲劳，预防近视。但如果窗外的植被不美观，则会产生不利的影响。一般来说，窗外的树木植被不能贴窗而栽，不然会影响到室内外空气的对流，还有窗外植物的枝叶不能伸向窗子，不然会形成指向窗内的尖煞，不利于窗内人健康与正常思维。窗外也不能有缠滕植物缠爬在窗子上，也不能栽种叶子过于密的植物，把整个窗子或大部分窗子遮挡住。同样这样的植物也不太适合栽在院落中。除此之外，也不能栽种气味不雅的植物在窗外或院子里。当然，更不能把带有一定毒性的植物栽到院子里。

庭院中对树木的要求，有风水的因素，同样也有民俗的因素，在有多种选择的情况下，应该全面考虑。当然，各地风土民情不同，就会有不同的要求，这是因为民俗的产生往往与当地的自然环境息息相关。

三、植物各寄象征义

"流水落花本无意，只是行人眼带愁"，也就是说，世间万物只有人才会有丰富的思想感情，才会有无尽的喜怒哀乐，至于万物有的感情都是人为赋予它的，并非是它本身具有的。那么换一个角度来看，动植物被赋予的含义往往与其所具有的自然特性是分不开的，青松翠柏首先具有了长绿不凋的本性，才会被赋予"长寿、坚贞、永恒"等喻义。在某种程度上物性才决定了其象征义，才会有心理暗示，才会具有丰富的文化内涵，也才会对人产生反作用。在这里我对一些植物的象征义及风水作用略作解说。

桂树：八月开花，香气芬芳。桂树无疑是屋宅附近上好的树种之一，其香气为人喜爱，是天然的空气清新剂。"何须浅碧深红色，自是花中第一流"，虽没有艳丽的花色，却有着独特的香气，是崇尚内在美的喻义。再次，它的名字为人们所喜爱，桂谐音"贵"，门前种桂自是对富贵的呼唤。

槐树：风水学上认为是镇宅树，一般圣人殿前会种槐，古朝廷中会种上三株槐树，喻示三公，可以说是"树中贵人"。同时，槐与"怀"音谐，也喻示后继有人，庭前种槐的风俗由此而来。

石榴、枣、葡萄：这几种植物都喻示多子。石榴花红而热烈，生机无限，一个果实内结百子。枣不仅结果多，且音有"早"之谐，喻示早生贵子。葡萄成串，子实累累，也是象征多子的植物。又因其果实成串相聚，也象征团结与和睦。

椿树、万年青：象征长寿。椿树为长寿之义，缘于《庄子·逍遥游》："上古有大椿者，以八千岁为春，八千岁为秋。"足见其长寿了。后世又把它当作父亲的代称，人们常以"椿年"、"椿令"祝长寿，在风水上有庇佑后人和祈福祈寿的功能。万年青，多年生草本植物，草本植物多是一年生，而万年青为多年生，足见非同一般长寿。在风水上是一切喜事常用的祥瑞象征，主诸事顺遂，家业兴旺，健康长寿。

发财树、棕榈、雪铁芋：这几种树都是招财物。发财树学名叫马拉巴栗，又名瓜栗，是一种从国外引进的树种。发财树因为叶片很大，颜色明亮又阔气，形状类似元宝，中国人于是称为发财树，以象征发财之意，是颇受欢迎的一种庭院观赏植物。棕榈又叫棕树，属常绿乔木，喜温暖湿润气候，喜光。耐寒性高，因其四季常青，树势挺拔，具有很高的观赏价值，又赋予了生财护财的喻意。雪铁芋，又名艳姿，也是从国外引进的树种，因其叶色翠绿极具生命力，叶片圆满厚实，被认为能招纳财气，是富贵荣华的象征，一般人都称其为金钱树。

合欢、桃树、莲花：这几种植物都是爱情与恩爱的象征。合欢无疑是所有树木中恋爱指数最高的树木，顾名思义，就是指夫妻合宜，欢欣快乐。古人也称之为"合婚"，寓意着婚姻吉祥。新婚夫妻所用的很多事物都被冠以合欢之名。桃树，在中国文化中，桃花一直是美貌女子的象征，而桃花结子也是妇人生贵子的象征。《诗经》有诗云："桃之夭夭，灼灼其华，之子于归，宜其家室。"也就表明了桃树是夫妇合宜，家庭合睦吉祥树。由于桃花招情的缘故，一般来说，单身人士宜用之招姻缘。但不利于婚后夫妻和美。莲花，也是用来传递爱情的花。莲花结子——谐音"怜子"，在古汉语中就有"爱你、思念你"之义。莲之别名荷，谐音是"合"，也喻示好合之义。

桃树、柏树、葫芦：这是几种有避邪作用的植物。桃树不仅是爱情招情树，还被称为五行之精，能驱邪，故有驱邪用的桃木剑、过年悬挂的桃符，在风水学中桃树同样有驱邪避凶的作用。柏树虽有驱邪作用，树龄长，但阴气过重，不用于家宅，而用于墓陵。葫芦历来就被认为是祛邪的植物，葫芦的特殊形状具有抵挡辐射的作用，传说中的鬼怪妖魔大都被收在葫芦里而无法逃脱。

四、室内植物增宅运

室内植物利用得好比室外植物在增加宅运方面效果要明显得多，好的住宅离不开室内植物的点缀和增运。现代房屋装修往往会造成室内的环境污染，短时间内难以完全消除，而室内植物却能吸收这些有害物质，净化室内空气。室内植物摆放得当，可以挡住外面的冲煞，又能带来无限的生气，调节室内单调的气氛，增强好的气场，植物美丽的外形和幽雅的香气都能引起好的磁场，补充居室内的能量。许多植物本身具有着象征意义，可以给人带来好运。

室内植物可以增运，是不是所有的植物都可以摆放在室内呢？并非如此，对植物的选择非常重要。植物本身都有特有的生物特性，有毒的有不良气味的肯定是不能入室的。选择有益于人身心健康的植物是重要的。一般来说，客厅的植物最好选择四季常绿的植物，这样植物对室内环境的改善就不会受季节的影响。同时，最好选择名称和象征喻义都吉祥的植物，在助运上会有更好的效果。对植物形态的选择上，叶子的形状最好宽大，圆润有光泽，选择长势好，生机盎然的植物，能起到催运的作用，不宜选择奄奄一息的植物，不但不能旺运，反而会阻碍运程的发展。同样，如果摆放的植物呈现出枯萎或已经枯死的植物应该马上换掉。

了解物性也是非常重要的，有些植物对阳光的要求强些，应该选择靠窗和能接收到阳光的地方，有些植物不宜有太多的阳光，则可以离窗口远一点。做到这些，也是为了让植物更好的生长，长得旺一些，对宅运的催发也就会更好。

要增加住宅的旺气最重要的是找到旺位，然后在旺位上摆上相应的"旺运"植物。位置摆对了，这就叫"得位"，才能起到"生旺"的效果。风水学上许多植物都能增加宅运，而最能旺运的室内植物则是叶片宽大，四季常绿的植物。常见的有以下几种，这里略作介绍：

铁树：铁树因其叶子长而坚硬而得名，铁能补气血，因此，铁树也被认为能补住宅的气，是使用范围最广的"旺运"植物。

橡皮树：又称印度橡胶，叶片厚实，叶色光鲜，具有很强的观赏性。橡皮树能有效地吸收甲醛和粉尘等有害物质，是居宅中常见的盆栽植物。

虎尾兰：绿色的叶子上面有白色斑点，能释放大量的氧气，被认为是高级的室内植物。其叶子宽大翠绿，是阔气的象征。另外还有一种金边虎尾兰，叶子带有金色边缘，也被认为是贵气的象征。

另外，宽叶榕、喜树蕉、万年青、富贵竹等都是常见的室内"旺运"植物。

五、室内不宜的植物

植物虽可以旺宅运，而摆放入室的植物并不太多，有些植物虽漂亮却并不能入室，有些植物花虽香也不可入室，这是为什么呢？一些是因为风水上的原因，也有一些是为植物本身的物性所制约。

一般来说，具有针刺的植物是不能入室的，风水学理论认为凡带针刺的东西都带有一定的煞气，会产生一种不和谐的场能效应，不利于旺宅。再有是从安全的角度考虑，针刺的植物也容易伤人。实际上，带刺的植物本身带有煞气，可以摆放在室中有煞气的地方，或室外有冲煞冲射过来的地方，这叫"以煞制煞，以毒攻毒"，反而能起到化煞求吉的风水效应。有煞性的东西利用得好，同样能带来吉运，但前提是必须会利用才行。

仙人掌：仙人掌是刺叶植物，浑身长满了刺，是煞性很大的植物，所以不宜摆放在室内，一般可以摆放在阳台角落里，以低挡室外的冲煞。又因为仙人掌有很好的吸收辐射的能力，故可以在电脑台边摆放一小盆仙人球，可以有效化解电脑所产生的辐射。

龙骨：龙骨的叶子又长又窄，本身就像刺刀，向上长生，叶边又布满了密密的小刺，外形也不美观，多在室外点缀种植，一般是不能入室的。但如果室外有冲煞，可以摆放以化煞，室内有凶煞的地方也可摆放，但要注意安全。如果家中有小孩子最好用别的风水用品替代，而不要摆放龙骨。

玫瑰：玫瑰花虽漂亮，可枝叶带刺，所以，尽量不要摆放在室内，一般来说，爱人互赠的玫瑰在花店经过了处理，大都剪去了刺，可以插在瓶中用以观赏。

除了针刺植物不能随便入室，有香味的植物有的也不能入室，这是为什么呢？气味太浓烈，或香味中含有毒物质，是不宜放在居室中的。

郁金香：这种花虽具有一种高雅富贵的气质，在众花中具有独特的魅力，但由于郁金香气味太浓，又含有一种毒碱，长时间接触对人的健康有百害而无一益处，故而，花虽艳而贵，却不是入室的选择。

兰花：兰花幽香沁人心脾，能给人带来好情绪。兰花又有各种名贵的品种，都是人们的珍爱，人们也赋予了兰花许多高贵的品质。但兰花不能入卧室，因为，兰的香气会使人兴奋，导致失眠。故而兰花更适合庭院中，或在阳台客厅摆放两盆，幽香的气息远远传来更令人陶醉。

百合：百合的香也很浓烈，极易让人兴奋，因此也不能摆放在卧室中，只可在客厅花瓶中插上一两枝，以增加客厅的气味。

夜来香：夜来香是不易入室的，这种花在夜晚散发出来的香气极浓烈，会影响到睡眠质量，长期闻着此花香还会使人心烦胸闷，头晕不适。故庭院中一两株尚可，不可多植，更不要摆放在室内。

除此之外，如含羞草、一品红、洋绣球、五色梅、玉丁香等香味浓郁的植物也不适合放在室内，室内植物因为与人的接触时间长，按触距离也很近，因此，最好是清新淡雅的植物。

第八章 形煞及化解方法

论化煞，必论屋外峦头形煞，现列举常见之形煞及其化解方法，详述于后。

1. 反光煞

反光是与阳光有关，如果房屋在水边附近，河水或湖水便是反光煞，因为阳光投射到水面被折射，水面的起伏显得金光闪闪，照射到住宅内，会令人头脑迟钝，精神不集中。另一种反光煞是在市中房或商业中心附近，邻近大厦的外墙有很多面镜子，这些玻璃幕墙（镜子）受阳光照射后反射到自己住所的大厦，这大厦便是犯了反光煞。反光煞会使人容易发生血光之灾或碰伤撞伤。

化解方法：可在玻璃窗上贴上半透明的磨砂胶片，再把明咒葫芦两串放在窗边左右角，加一个木葫芦便能化解一个普通的反光煞。反光较弱者则不必加木葫芦，反光强者要多安放两串五帝钱配白玉明咒便可。

2. 割脚煞

割脚煞在市中心很少见，多数在郊外山区或海边，《在山龙语类论》：割脚水，水贴穴前，扣脚行也。割脚水是大厦接近水边，水贴穴前指水有迫近穴（大厦或房屋）之感，当运者要利用这段时间进取，能发财，但不能长久。割脚煞的化解没有固定的方法，因为它的特点是运气反复，当运时大富大贵，失运时一落千丈，化解法之一是在旺气位安放八白玉，但旺气位每年有变，所以要留意。

3. 镰刀煞

一般人认为这是由天桥形成的,因为它的形状如同镰刀一样。但镰刀煞不一定来自天桥,还有另一种是平地的镰刀煞,它的形成是由小山丘和马路结合而成的,即有带弯形路的平地所造成,杀伤力都是一样,可招致血光之灾。配合玄空飞星的吉凶,便能化解镰刀煞的凶性。

化解方法:在吉方安放一对铜马及五帝白玉可以化解此煞。

4. 孤峰煞

所谓"一楼独高人孤傲",是指一座楼宅的前方朱雀、后面玄武、左方青龙及右方白虎都没有靠山或大厦,如果只有矮小的山也是孤峰独耸。经云:"风吹头,子孙愁。"在商业地带可找到,凡犯孤峰煞都得不到朋友扶助,子女不孝顺或远走他乡、移居外地等。

化解方法:只要在吉位或旺气位安放明咒葫芦和铜葫芦便可化解,令家人上下一心,一团和气。

5. 枪煞

这是一种无形的气,所谓"一条直路一条枪",在家中大门正对有一条直长的路或走廊,便是枪煞。另外窗外的晾衣竹也属于无形枪煞的一种。

以本身住所作为中心点,见有直路或河流等向着自己冲来(不论开门见或是窗外见均受影响)也是枪煞。影响:主血光之灾,疾病等。

化解方法:其一是挂珠帘或放置屏风,其二是在窗口安放金元宝或麒麟风铃一对,因金元宝能助事业顺利。

6. 白虎煞

何谓白虎煞?大家常听到一些风水师说:"左青龙,右白虎",而这只白虎与白虎煞是否有关系呢?答案是有关系的。因为白虎煞是指右方有动土,或是在一座大厦的右方有楼宇兴建或拆卸。凡居所犯白虎煞的,重者会有人伤亡,轻则家人会多病或因病而破财。

化解方法：在受冲煞位置的墙边放置两串五帝白玉。如果此方同时犯上流年凶星煞，则要两只麒麟和明咒葫芦。

7. 天斩煞

如从本身居所向外望，见前方有两座大厦靠得很近，致令两座大厦中间形成一道相当狭窄的空隙，骤眼望去就仿佛大厦被从天而降的利斧所破，一分为二似的。影响：主有血光之灾、动手术及危险性高的疾病等。

化解方法：简单的方法是安放铜马，而治本的办法是摆放大铜钱和五帝古钱。若情况严重，其化解方法是以麒麟一对正对着煞气冲来的一方以挡煞。

8. 穿心煞

一些建筑在地铁上的楼宇，因地铁行车会由楼下面穿过，主犯了"穿心煞"。影响：此煞对较低矮的单位影响大，致使宅运不稳，财运差，身体健康较差，易生血光之灾。

化解方法：在旺气或吉方安放铜葫芦和五帝明咒，能避免地底心煞所造成的运气反复。而地面穿心煞的化解则是在大门安放八白玉、五帝钱及一对文昌塔。

9. 天桥煞

一条自高而下的天桥常有弯斜的去势。天桥为虚水，斜去而水走，是泄财之象。天桥环抱为吉，反弓为凶，但是一条天桥横放在大厦的面前，你知道是吉还是凶？

天桥也有环抱同反弓，哪一种是天桥煞？以上两种都不是天桥煞。天桥煞是在高的地方一直向下斜落没有弯段。犯天桥煞多数是财运差，因为有泄财之意，天桥煞同箭煞一样。

化解方法：在见天桥下斜的方位，靠较高的一端，摆放已开光的铜大象以收外泄之气。

10. 炮台煞

炮台煞的形成是来自一座炮，它有真有假，凡是它所指向的大厦便犯了煞。会使住客脾气大或因财失义。

化解方法：此煞的杀伤力甚大，所需的化煞用品也较多，在窗口两边挂一对麒麟风铃，在中间放一对财运童子或五帝钱及五串明咒葫芦。

11. 开口煞

开口煞是指电梯的影响，当你打开自己住宅的大门时，见到电梯门的开阖，好像老虎开口想噬人般。如果你的住所有这只老虎来冲射，你便犯了开口煞，古语云，冲起乐宫无价宝。意思是当运就有喜庆之事，但失运就不利家人的健康及财运。

化解方法：在门楣上挂上已开光的明咒观音，另加上一套五帝古钱，若藏在木门槛内效果更佳。

12. 刀煞

刀从何方来，煞是否有形呢？住所附近有刀状物体，随物体大小影响不一，犯此煞者容易受伤或家人有血光之灾。

化解方法：在家中安放已开光的龙神座能化解刀煞带来的血光之灾。

13. 冲煞

现今的楼房每每建数十层高，从风水学的观点来论，居住的层数在五楼以下，比较容易犯上此煞，因为居所多会遇着被灯柱或树木所挡，犯此煞者，家人容易染病。

化解方法：用已开光的文昌塔和五帝钱去化解。如果受方位恰逢流年凶星临，则要按此星之特性配合其他化煞用品，如珠帘、屏风等使用。

14. 孤阳煞

孤阳煞的产生来自住所附近的电力房或油站等，犯孤阳煞的后果是脾气暴躁，或因财失义，使家中吵吵闹闹。住所毗邻电力房、油站等才算是孤阳煞，单是见到不算孤阳煞。

化解方法：将已开光的木葫芦和八卦盘钟挂于受煞方的墙上。若宅主体弱多病，则于同一位置加放两串明咒葫芦。

15. 独阴煞

孤阳不长，独阴不生，大厦的前面有公厕或垃圾站便是犯了独阴煞。五楼以下住户较易犯此煞。垃圾站若贴近自己的住所，凶性重，远者力量减轻，如果犯上独阴煞，要小心家人的身体健康及因病破财。

化解方法：若是来自外界的独阴煞，在家中安放木葫芦和五帝古钱可以化其凶气，若是室内的独阴煞，则于房内贴近厕所的墙上挂上四串明咒葫芦。

16. 声煞

噪声或震耳欲聋之声音皆为声煞。邻近机场、巴士站、地铁站，或居所附近有楼宇正在打地基工程等的建筑物等多犯声煞。影响：声煞对人所造成的影响主要是在情绪方面，会令人心绪不宁及烦躁不安、精神不集中等。长时间下来，更会影响健康。

化解方法：声煞是一种不易化解的煞，若是在坤方出现，凶性尤强。可以在坤方安放铜葫芦或两串麒麟风铃，以吸收气及镇煞，但亦不能消除其煞之声音全部。尽量关闭所有的窗户，或选用较厚的隔音效能较佳的玻璃。情况严重时，可用双层玻璃。

17. 尖射煞

大致上同枪煞一样，其分别在于尖射煞的尖角通常不只一个，且不是集中指向某一方。例如：尖石山，家中的假山，仙人球或仙人掌等，如果你在家中向外望，视野内看到尖石山等，便是犯了尖射煞。

化解方法：在家中见煞方安放莲花和五帝钱可以减轻该煞之凶性。

18. 反弓煞

在地面的反弓煞可以令整座大厦的人容易受血光之灾或破财。出现在东西面的反弓煞，其杀伤力尤大，如果在一条村旁出现，整条村都会犯上血光之灾，以及金钱上大量耗破或失意、失败等。真水的反弓力量比地面的大，买楼时应小心观察四周环境，免招损失。

化解方法：利用已开光的运财童子化解此煞造成的血光之灾。遇有破财泄运之势时，可在反弓位安放明咒葫芦和五帝古钱，也可以用麒麟一对放于犯煞方以挡煞。

19. 火形煞

即屋外有尖锐的物体冲射过来，如别的大厦的墙角、檐篷、亭角，公园内一些呈尖锐状的艺术雕塑或类似的物体，三支或以上的烟囱，向着的道路分岔或三角、锐角等。影响：火形煞的影响迅速而猛烈。身体方面，主易生急性疾病如盲肠炎，或身体容易受伤。宅运方面则主易生火灾。

化解方法：可用铜貔貅挡煞，或在门下吊铜钱以加强力量，把煞气向四周扩散以作瓦解。

20. 廉贞煞

很多朋友都知道楼宇若能依山而建成后方有靠者方合乎风水原理，取其有靠山之吉象，所谓后靠明山当掌权。但假如所靠之山并非明山，而是山石嶙峋、寸草不生的穷山，风水学上则称之为廉贞煞，这是煞气颇大的一种风水恶煞。影响：靠山在风水学上所代表的人物为上司及长辈，后靠恶山的影响为上司或长辈为难自己，令自己的才能未能发挥。倘若自己为行政人员时，则主没有实权，部属多阳奉阴违。

化解方法：经常把窗帘落下，于犯煞方挂葫芦或五帝明咒两串。严重的可用貔貅四对挡煞。

21. 刺面砂

门前或窗前见岩岩耸耸的小山坡者为刺面砂。影响：住客易遭打劫或被窃，否则，住所内的人容易做出犯法的事。

化解方法：在门前或窗前犯煞之方位挂上两串明葫芦或铜大象。

22. 蜈蚣煞

所谓"蜈蚣"即安装于外墙上的水管和污水渠等，一条主干的许多分支，恍似一条蜈蚣。倘若推开窗户而望见这些物体便是犯蜈蚣煞。影响：是非口舌、工作不顺利。

化解方法：以铜鸡一对摆于犯煞方以作化解，取其形以制蜈蚣。

23. 镬形煞

即镬形卫星天线，由于其体积较诸蜈蚣煞庞大，故影响亦较大，其中尤以近距离见煞为甚。影响：健康差，易疲倦，压力重，工作易生波折。

化解方法：以石狮子一对面向着煞方以挡煞。

24. 顶心煞

门前或窗前被灯柱和牌等直柱形物体（垂直）射过来。影响：不利健康，脾气暴躁，血光之灾等。

化解方法：以五帝钱明咒两串制煞。

25. 味煞

味道（当指臭味而言）能入鼻者为味煞。例如：臭河、公厕、污水渠、垃圾站及焚化炉等所发出的臭味，中人欲呕，即为味煞。影响：健康疾病、工作不顺利等。

化解方法：经常将门关闭及使用空气清新剂。

第九章　家居风水用品简介

在上一章节中，主要讨论了各种形煞及化解的方法，而对其中的风水用品没有作具体讲解。家居风水中常用到的风水用品以及它的功用，本章将作一个介绍。实际上，在中国传统文化中，各种功用的吉祥物都在一定程度上起到了风水用品的功能。这种用品又可根据不同地域与民族来分，有不下上千种之多，在这儿不可能一一介绍，这里介绍的只是较为常见的风水用品。

1. 水晶

天然水晶凝聚亿万年天地灵气，由地壳中的各种大自然元素（矿物质）沉淀，再经过难以数计的岁月粹炼，形成各式各样的水晶，每种水晶都代表着不同的的能量频率，并且产生不同的磁场与功能。水晶的能量频率是天然水晶所独有的，人造水晶是无法达到的。所以，风水用品所用水晶一定要天然的，人造水晶只能是一般艺术的摆设而已。

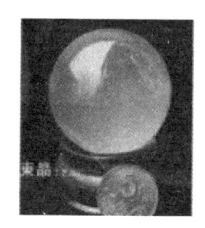

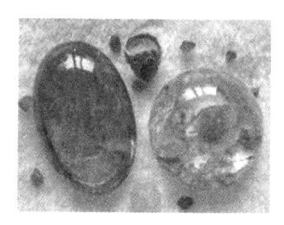

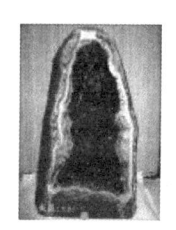

水晶品种一般有水晶球、水晶洞、水晶石，还可以把水晶进行组合，来加强它的风水功能，比如，水晶七星阵、水晶聚宝盆等等。

水晶五行品相可以按颜色来分，水晶因其属石，故有土的性质，而其摩氏硬度达到7，可以和钢相类，故有金的属性。故总的来说，水晶为土金类。那么按颜色属性可将水晶分为土类：黄水晶；金类：白水晶；木类：绿水晶；火类：紫水晶、红水晶；水类：蓝水晶。

水晶的作用有两个：第一是催旺气场，第二就是化煞。

居家平安财运畅通：在屋内四个角落吊水晶球或放白晶簇（黑曜岩、较大白晶柱），可对居家形成保护气场，不但辟邪保平安，更有助于气流和财运畅通。

改善风水化煞又聚财气：家中放紫水晶洞不但可化冲射煞，更可聚福气、聚财气。

镇宅辟邪又旺又发：公司行号或居家的财位放一个白水晶簇，既可镇宅辟邪挡煞，更可又旺又发。

学生增加智能平稳情绪：在学生的书桌或床头放紫水晶，可开发智能，提高直觉力；也可舒缓因看书造成的眼睛压力。

防电视、计算机、微波炉辐射：在电视、计算机、微波炉旁放白水晶簇可降低辐射。

厕所门对房门：在厕所门上吊水晶球以化解秽气之冲。

门口路冲、对屋角、对树干、电线杆：门口路冲、对屋角、对树干、电线杆可在门口吊水晶球或放较大的水晶簇、水晶柱，化解冲煞。

横梁压床：屋内横梁下可用白晶簇或较大的晶柱，化解横梁压床之冲。

生意兴隆高朋满座：在生意场所四个角落放孔雀石有助于招揽客人进门，在柜台、橱窗放粉晶或紫水晶可增加人缘及生意缘。

强力求财法：生意场所、办公室或住家放黄水晶七晶阵或绿幽灵七晶阵，是求财的好方法；黄水晶招意外财，绿幽晶创造事业财富。

融合情感促进姻缘：在床头放粉晶可促进情感的融合，粉晶对于亲情、友情、爱情皆有调适作用。可招来爱情，促进姻缘。

玄空组合煞的化解方法

在玄空风水学中，九星组合煞比较多，可以根据其基本的五行属性来进行化解。

27、72、79、97、69、96、379、369 等煞因带有强烈的火性，因火而起，故以土性来通关化解，故可用黄水晶或白水晶来化解，黄色水晶球白色水晶宝盒效果都不错。

35、53、45、54、24、42、38、83、48、84、345、824 等组合煞是因木土交战而形成的，故以火来通关化解，故可用紫色水晶来化解，水晶球与水晶洞的效果都很强。

36、63、46、64、37、73、47、74 等组合煞是因金木交战而形成的，故以水来通关化解，故可用蓝色水晶来化解。水晶球与蓝色水晶盒的作用都很好。

因水晶也是人们喜爱的佩带饰品，这里我把各种水晶的功用列举如下：

白水晶：有聚焦、集中、扩大记忆的功能，是所有能量的综合体，称晶王。可镇宅、辟邪、挡煞，净化全身，去除病气，趋吉开运。

紫水晶：开发智能，平稳情绪，提高直觉力、帮助思考、集中念力、增加记忆能力，增进人际关系，给人勇气与力量。代表高洁坚贞的爱情，常做为情侣的定情石。紫水晶在西方国家也代表着"爱的守护石"，能赋予情侣、夫妻间深厚之爱、贞节、诚实及勇气。

紫黄晶：象征着智能与财富，换句话说就是具备紫水晶及黄水晶的双重功效；更可加强第六感。有化解小人的作用。具有调合两种极端能量的功能，是最适合合伙事业、亲子沟通、长官部属、情侣、夫妻间的沟通宝石。

黄水晶：属理智体，增强个人自信，聚财、主偏财运，常带给人意外之财,属财富水晶。有助于心境情绪平缓，教人按部就班的实际做法。强化肝肠胃及消化器官，尤治胃寒。

幽灵水晶：别称"鬼佬财神"，原因是它的色彩跟美金很相似，而且更名副其实拥有吸引财富的能力，所以它成为生意人的宠物，有助提高思维，开放心灵，具有招财和高度凝聚财富的力量，属正财，是代表因辛勤努力而累积的财富。强化心脏功能，平稳情绪（紧张、失眠、愤怒、妄想）。对心、肺、免疫系统、胸腺、淋巴腺，心脏病、高血压、呼吸困难有辅助治疗功效。

钛晶：钛晶也是发晶族群里能量最为强大的，常象征大吉祥、富贵、如神佛加持。一般钛晶皆具有六大主能量，主财、偏财、人缘、避邪、健康、防小人。（注：身体较虚弱或本身气场虚者，建议不要佩戴）

发晶：具有强大能量，可加强气势，带给人积极旺盛的企图心、冲劲、胆识，加强一个人的信心及果断力，能带给人勇气，可助人投射出权威的能量，有助于领导人命令的贯彻与执行。招主财、偏财；可去病气，对筋骨、神经系统有帮助。

红发晶：招主财、偏财；可加强活力，自信心，主健康。调整女性荷尔蒙，帮助治疗妇女病，治疗虚弱、低血压、皮肤没有光泽、脆弱敏感等。止经痛，气血调和，对荷尔蒙失调也较有疗效。

绿发晶：（加力发晶）主正财运，增加事业运，令工作事业顺境，更可促进身体健康，提高人的运势。

金发晶：拥有最强能量，乃开运水晶，可促进健康，消灾解厄，加强财运，有挡煞之力，给人积极旺盛的企图心、冲劲、胆识。

黑发晶：加强自信，可避邪、治病、改运。

粉晶：是可开发心轮促进情感发达的宝石，是可帮助追求爱情，把握爱情，享受爱情的宝石。协助改善人际关系，增进人缘，并招生意缘，是开门做生意的服务业最佳的利器。可以协助深入内心，发现自我提高悟性。

茶水晶：促进再生能力的发达，使伤口愈合更快，增进免疫力，活化细胞，恢复青春，有返老还童的功效。能助事务分析及掌握能力，助品位的提升。尤其是吸收浊气，避邪效果最佳。强化海底轮，所以对男性的性功能有显著的增强效果；对女性来说，也可调解血气，对妇科病有强化疗效的功能。

2. 风水轮、风水球

风水轮与风水球的原理是以风水中以水为财的基本理论进行旺财布局的

设计。风水中讲究活水为财,水动起来财运才能生旺,故风水轮的摆放是安放在财位的。

风水轮是一组动水装置,通过机械把水抽到高外,然后利用水性设计杠杆,使水不停地循环往复运动,形成生生不息的水循环装置。风水球则是利用水流冲击力,使上方的风水球进行不停转动的风水装置。

风水轮是旺财的,多用于向首,而不用于坐山,山宜静而不宜动,山也不宜见水。

根据玄空理论,风水轮与风水球放在向星的当旺、生气星之位,如七运的7、8向星位,八运的8、9向星位。但如遇该方位的山星为旺、生时,则不宜用,山星不宜见水,如七运的77、87、97、78方位,八运的88、98、18、89方位。

3. 鱼缸

其原理与摆放原则都与风水轮、风水球相同。鱼缸是通过鱼的活动使水流动，从而形成有生气的活水。如果使用鱼缸来旺财，要注意养鱼的方法，不能使鱼死掉，死掉的鱼要立即补换，否则不但难以旺财还会因此失财。

4. 五帝钱

五帝钱是指清朝的顺治、康熙、雍正、乾隆、嘉庆五位皇帝时期铸造的钱。因为清朝最强盛的时期便是这五个皇帝当政时期，故而这五个皇帝时期铸的钱最旺、最有力。五帝钱在使用时，一定要用六枚而非五枚，取"六白金"之意，来化土煞。如果用五帝钱，可以用两枚顺治，按顺序排列，最后再放一枚顺治，这样就可以让强力循环往复，化解力更强一些。

五帝钱主要是化解土煞、病符等。在玄空风水中，组合煞失运的25、52、95、59、58、85、28、82、258，在流年飞星5的位置都可以用五帝钱来化解。

5. 葫芦

葫芦是一种化煞效果很好的风水用品，葫芦用品的化煞功能与其形状有很大的关系，前小后大的两个椭圆形状的连接，是葫芦典型的形状。葫芦在中国神话中有着特别的功能，第一，太上老君盛仙丹的容器就是葫芦，第二，凡是能收鬼魂妖魄的容器大都也是葫芦，第三，葫芦也是人们常用的漂浮救生物。

由此，我们知道风水用品葫芦会有相似的功能：一就是能化病符，这是因它有盛仙丹的功能，这便是它化病符的功用。凡是宅星二黑和流年二黑飞临之方，可挂一葫芦，嘴朝外，可化病符煞。也可挂在病人的床边，作除病之功用。

其二，可化解一些邪气，以及室外的尖角煞气，起到收煞的功用。

其三，可以化解梁煞，凡宅内受梁压的床、桌椅等，如果避不开，可在梁的两头挂上葫芦，嘴朝下，可以化解梁煞。

其四，对于学习医卜星相的人，可在办公室墙上挂上开光葫芦，对记忆力与悟性的提高有一定的作用。

6. 貔貅

相传貔貅是一种凶猛瑞兽，这种猛兽分为雌性及雄性，雄性名"貔"，雌性名为"貅"。但现在都没有分为雌雄了。在古时这种瑞兽是分一角和两角的，一角的称为"天禄"，两角的称为"辟邪"。后来再没有分一角或两角，多以一角造型为主。在南方，一般人是喜欢称这种瑞兽为"貔貅"，而在北方则依然称为"辟邪"。至于天禄，则较少有人用以称这种瑞兽。

貔貅据说是龙的子孙，它有一个特性就是以金银财宝为食，只吃不拉，故而成为生意人的宠儿，为生意人吃进四方之财，并且还能守得住。摆放这种瑞兽时，一定要头冲外，不能冲室内。

貔貅在风水上的作用，可分以下几点说明：

一、有镇宅辟邪的作用。将已开光的貔貅安放在家中，可令家运转好，好运加强，赶走邪气，有镇宅之功效，成为家中的守护神，保合家平安。

二、有趋财旺财的作用。除助偏财之外，对正财也有帮助，所以做生意的商人也宜安放貔貅在公司或家中。

三、有化解五黄大煞的作用。用来化煞镇宅和旺财，尤其在财运方面，貔貅是有较明显作用的。

7. 金蟾

来源于民间传说《刘海戏金蟾》，因为金蟾口能吐钱，身披钱串，故在一定程度上也被视为财神，有旺财的作用，还有就是化解五黄土煞的功用，在玄空飞星的五黄位放一对开光后的金蟾并选择金旺之日、时及六白客星飞临该方位的时间放置，效果不错。注意金蟾的材料用铜铸的才有化煞的效果。

8. 金龙

金龙的材质也必须使用铜铸的才有效，经过开光的金龙可以化解官非口舌，玄空中的23、37、47、69等，也有补青龙位之不足，宅院的左前方为青龙方，如果右面高左面低，虎强龙弱，在左侧放一条高大些的金龙，可以起到一定的弥补作用。金龙还有招贵人、避小人的功效，在办公桌的左边放一条金龙即成。

9. 麒麟

麒麟为龙子，与龙、凤、龟合称为"四灵"，是瑞兽，代表吉祥、富贵。民间有"麒麟送子"的传说，故可做求子吉祥物。也可化室外的冲射，受冲射的方向摆入一对经开光的麒麟可以化解。

10. 石狮

狮为百兽之王，是引进之物，出现在中国文化中，其形象已经过改造，成为挡煞镇宅的吉祥物。其性刚猛，一般来说，多用于大建筑门口，可以起到镇守的作用。如室外有较大的冲射，如直路、刀形屋角及其他不祥之物，可在门口摆放石狮，其大小要以屋宇大小来定，摆放石狮要开光择日才会有效果。

11. 龙头龟

是一种龙头与龟身组合的吉祥物，其功效是催贵与招贵，在住宅或办公室的吉方，山星向星生旺方或文昌位摆放，在工作上会得到上司的赏识，贵人扶持以及提拔概率提高。

12. 八卦

中间是太极图，在周围画八卦，这种图案包括了从宏观到微观的全息气场，对室外的屋角、尖锐物、屋脊等冲射有化解于无形的功效，正对冲射方挂上即可。

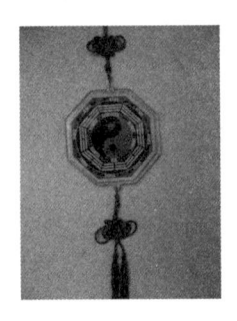

13. 泰山石敢当

"石敢当"的历史相当久远,相传在黄帝时代,蚩尤登泰山而渺天下,女娲娘娘要制其暴,于是投下炼石,上面镌刻"泰山石敢当"五个大字,蚩尤看了甚怒,要毁坏此石块,却不能损任何一角,只好怅然遁逃,黄帝见状才四处设置"石敢当"。

"石敢当"是避邪之物,但与气流无关,因此如果建地曾为秽地,如垃圾场、医院太平间、墓场等不洁之时,就可以用"石敢当"镇压,以抑秽避凶。

我们已经知道在环境中有一些冲、射等不利物质形成乱流干扰我们,且可以公式算出,由这些公式中知道波长有吉凶、距离愈远、影响愈小。而在景观格局中,每个凹凸点都是质点,每个质点形成磁场都能产生放射波,这类波对人类造成相当比例的影响。所以碰到有水、路、有形尖角物直冲,可在大门边的墙上放上"泰山石敢当"的石碑,即具有挡煞的功能,此石万不可放在向星生旺之方,否则就是挡了财路,破财连连。

"泰山石敢当"另一个功用还可以旺山,是指在山星的当令、生气之方为空,或有冲射,则可在山星的旺方的墙上放"泰山石敢当"的石碑,既旺山旺丁又挡煞。

14. 金铃、风铃

都是镇煞化煞之物,过去建筑镇塔,在塔上都要悬挂风铃,风吹动之下,发出清脆的铃声,十分悦耳。在风水学上,灾星与土相关,即五黄与二黑,有了这金属之声,便可化解这土煞,这叫"子唤母回"。

如果室内有 25、52、59、95 之方，挂上经开光的金铃和六只风铃即可化掉。

15. 安忍水

"安忍水"从《沈氏玄空学》中传出，做法是：用一个能盛 5 斤左右水的玻璃瓶（大些更好），先放入海盐半瓶，再放一个银币和六个乾隆钱（一六合化水之意），然后放入自来水将瓶盖拧紧即成。

安忍水的功效是化"金煞"和"金木相战"。如 67 交剑煞之方，"36、63、37、73、46、64、47、74 均金木相战"，如金失运，则需在此方放一瓶安忍水，以通金木相战之关，木当运，亦可用之，但如金当运，放安忍水有泄旺星不吉，不能用此法。

16. 文昌塔、毛笔

文昌塔又称文笔塔、文峰塔，一般高七层、九层、十一层，有些城市还建有文昌阁或魁星等高大建筑，以代替文昌塔。古人建造文昌塔的作用在于弥补当地文峰的不足，从而可以多出文人才子。正如《阳宅三要》所说："凡都省府厅州县，文人不利，不发科甲者，宜于甲、申、丙、丁四字上立一文笔塔，只要高过别山，即发科甲；或山上立文笔，或平地修高塔，皆为'文峰'。"于是，读书人为了应考顺利，尤其是古代和当今港台一带，供奉文昌帝君和在家里或办公室安放袖珍文昌塔就不足为奇了。

文昌塔为最常用旺文启智利学业之法器，利于读书、功名及事业。古人一直非常重视文昌，凡是有文昌塔的城市，都出过很多文人墨客。文昌利于文思敏捷、思维发达、效率高涨、提升业绩，尤利学者、文职人员出更多成绩和功名及事业的更大发展。安放文昌塔的简易方法：学子学童可将开了光的文昌塔安放在床头或书桌，成人可将文昌塔安放在书柜中或写字台上面；如果方便的话，最好让易学人员观测出文昌位或人丁当旺之星，将文昌塔安放则更利于生贵子、旺贵气。

还有一种旺文昌的方法便是安放开光的文昌笔，功效等同文昌塔，文昌笔一般是用四支毛笔来替代，开光后悬挂在笔架上，置于案头，安放于文昌位最佳。

17. 观音

现在家居中有不少人信佛，会请尊观音供奉在家中。观音菩萨是保平安的，大慈大悲。供奉观音可在山星的旺生之方设一尊经开光的观音，一般情况下，观音不能对着餐桌，因为餐桌上会有荤腥之气。观音也不能对着厕所。观音上香可以每天早晨三柱香，也可以初一、十五晨昏上香。可以保身体健康、平安、得偶、生子。

18. 财神

中国民俗吉祥文化中，财神有不少，有文财神也有武财神，还有正财神。民间经常供奉以正财神赵公元帅、武财神关公为主。一般来说，正财神多供奉于居家宅院中，而武财神多供奉于生意场所。这在港澳台以及南方一些城市最为常见。摆放财神的位置宜在向星的生旺之方，择吉开光安放，同样需要上香祈祷为有效。

19. 土地公

土地公也叫"地主财神"、"福德正神"，为土地守护神，统管固定辖区，主管居民的祸福。中国民俗中有"县官不如现管"，土地既为一方守护神，就会护一方平安，所以，人们会供奉土地。在南方城市中人们在入门旁便设土地公位，上香祈祷，据说可以得到冥界佑护。也有人把土地公与财神一同供奉，因为土地公也掌管一方之财，故也为财神，土地公的位置居下，他的香炉也不用金属，而多用陶瓷器。

20. 红色化煞物

红色为火，是化解木土交战的风水用品，代表吉祥如意的中国结、红色地毡、红色灯泡都有化解木土交战的功效。有 23、32、24、42、38、83、48、84 之方均可用上述三者化解，形成木生火、火生土的相生格局。中国结挂在室内本身喻示吉祥如意。地毡一般放在门口，一室之气口为关键部位，可化。红色灯泡照亮整个房间，也可自然化解。

21. 罗盘

罗盘中因有八卦、廿八星宿等，是一个宇宙的缩影，故是一件镇物，可化煞与挡煞。罗盘最主要是化解火土煞，主要是在飞星组合 25、52、275、95、59 之方位，安放一只经开光的罗盘，把磁针调到正南北的位置上，平放即可。

挡煞则是对室外的冲射而言，在对冲射之方挂一经开光罗盘，将罗盘正午方钻孔用红绳挂起来即可。

第三篇

玄空飞星基础及应用

玄空飞星风水学是理气派中最为理想及应验的一派。有俗语云：做风水不学玄空，到老一场空。由此可知其应用价值。

有关该派源流，上溯至东晋郭璞，成于唐朝丘延翰、杨筠松，应用于宋朝陈抟、吴克诚、吴景鸾，盛行于明清冷谦、目讲师、蒋大鸿、章仲山，公开于清末的沈竹礽。玄空学自晋至清一千多年间，其传承只赖师傅口传心授，其秘传之深可见一斑。至清末浙江杭州沈竹礽才得以成书公开于世。

沈竹礽一生醉心于风水学，初时曾习三合风水十余年，最终发觉三合风水不单止理据不稳，用之在实际环境上就更加祸福无据。其后，转习玄空之术，初以蒋大鸿之学为本，但经穷年累月研究后仍无所悟。在年二十六时，曾与友侪伯安走访无锡章仲山后人，本欲从中窥探玄空的秘密。可惜，到访数月后，其后人仍不肯透露一字，最后赠予重金并且立誓不可公开，才借得仲山宅断观看，他两人尽了一日夜之力将其偷偷抄录，但经穷年苦思后也无法理解。

沈氏偶然读易和玩洛书图五入中之理，终于豁然贯通，终能稍窥仲山宅断之理据，进而深入理解黄杨之学，并将宅断之案例逐一加以批注，更将地理辨正内诸经重新注译。沈氏死后，其儿子沈祖绵及众门人分头搜集其生前手稿，并将之辑录成《沈氏玄空学》一书。此书谈论的是风水学内最秘密的理气学说，书内详尽介绍各个理气法的基本理据和用法，是第一本最完备的玄空风水学专书，亦是学习风水学者必读的入门书籍。

第一章　廿四山向的认识

一、罗盘简介

指南针的发明是中国古人对世界文明的巨大贡献，特别是促进了世界航海的发展。最早使用指南针的传说是黄帝战蚩尤，即在原始部落时期就已经使用了。

有了指南针，便发展出了罗盘，现在的罗盘是极其复杂的，一般的罗盘也有十几层，多的可达三十六层。对于风水师来说，不是每一层都有用处，所以这里只作简单介绍。主要是说明廿四山向及其五行。

上图是最简单的罗盘，共分六层，古代一开始的罗盘大概就这几层，以

后越搞越复杂。四山、方位与八卦，可凭这个简单的罗盘来认识与记忆。

这简易罗盘分为六层，由内向外算起：

第一层：天池，里面有一条正南北的"子午线"和指南针；

第二层：先天八卦图；

第三层：方位图；

第四层：后天八卦；

第五层：廿四山；

第六层为周天360°（未全部标出，只标出廿四山的正线度数）。

1. 八卦廿四山，一卦管三山。每山15°，共360°

　　北方：坎卦，管壬子癸三山；

　　东北：艮卦，管丑艮寅三山；

　　东方：震卦，管甲卯乙三山；

　　东南：巽卦，管辰巽巳三山；

　　南方：离卦，管丙午丁三山；

　　西南：坤卦，管未坤申三山；

　　西方：兑卦，管庚酉辛三山；

　　西北：乾卦，管戌乾亥三山。

2. 廿四山均为坐向相对，如立子山，必然为午向，叫子山午向。山向的对应关系24对，即24山向：

　　壬山丙向，丙山壬向；子山午向，午山子向；

　　癸山丁向，丁山癸向；丑山未向，未山丑向；

　　艮山坤向，坤山艮向；寅山申向，申山寅向；

　　甲山庚向，庚山甲向；卯山酉向，酉山卯向；

　　乙山辛向，辛山乙向；辰山戌向，戌山辰向；

　　乾山巽向，巽山乾向；亥山巳向，巳山亥向。

二、廿四山五行与阴阳

1. 廿四山正五行

亥壬子癸四山属水；巳丙午丁四山属火；

寅甲卯乙巽五山属木；申庚酉辛乾五山属金；

辰戌丑未艮坤六山属土。

2. 双山五行

坤申、壬子、乙辰六山水；艮寅、丙午、辛戌六山火；

乾亥、甲卯、丁未六山木；巽巳、庚酉、癸丑六山金。

三、玄空风水的三元龙与阴阳

玄空风水以廿四山立向，每卦三山，按顺序是，第一个字为地元，中间字为天元，第三个字为人元。如坎卦壬子癸三山，壬山为地元，子山为天元，癸山为人元；艮卦丑山为地元，艮山为天元，寅山为人元，余类推。

廿四山地元龙或地元山：甲、庚、丙、壬、辰、戌、丑、未；

廿四山天元龙或天元山：子、午、卯、酉、乾、坤、艮、巽；

廿四山人元龙或人元山：寅、申、巳、亥、乙、辛、丁、癸。

四、玄空风水廿四山分阴阳

阴——子午卯酉、乙辛丁癸、辰戌丑未 12 山；

阳——乾坤艮巽、寅申巳亥、甲庚丙壬 12 山。

第二章 玄空飞星挨星法

一、三元九运

古语云：三十年河东、三十年河西，说明了时运的流转，也是在说风水轮流转，也就是说同样的青山绿水，同样的建筑环境，并不是永远都是好的，也有盛极必衰的变化。这种变化有规律吗？如果有规律，这种规律是什么，怎样去把握这种规律，并为我所用呢？答案是肯定的，这就是三元九运，掌握了三元九运的规律，你不仅掌握了玄空风水的规律，同时也掌握了人事社会的变化规律。

在上面的章节中，我曾在河图洛书中谈到三元九运，并简单介绍了刚刚过去的几十年世界格局发展情况与元运的对应，是惊人的相吻合，让我们不得不叹服古人的伟大。同时也证明了三元九运的划分是极其正确的。

那么三元九运是怎样划分的呢？据传说黄帝时代，从天象五星联珠确立为甲子元年，同时确立了三元九运的起始。一个大元共180年，一个大元又分为三元，每元60年，每元又分三个运，每运20年，故称三元九运。而每元60年为一个甲子，故每元60年均从甲子年起至癸亥年止。

现在所行的三元九运划分如下：

上元一运：1864~1883年，甲子甲戌20年，一白水运，贪狼星主气。

二运：1884~1903年，甲申甲午20年，二黑土运，巨门星主气。

三运：1904~1923年，甲辰甲寅20年，三碧木运，禄存星主气。

中元四运：1924~1943年，甲子甲戌20年，四绿木运，文曲星主气。

五运：1944~1963 年，甲申甲午 20 年，五黄土运，廉贞星主气。
六运：1964~1983 年，甲辰甲寅 20 年，六白金运，武曲星主气。
下元七运：1984~2003 年，甲子甲戌 20 年，七赤金运，破军星主气。
八运：2004~2023 年，甲申甲午 20 年，八白土运，左辅星主气。
九运：2024~2043 年，甲辰甲寅 20 年，九紫火运，右弼星主气。

二、九星与九宫步法

1. 九星

"九星"是玄空风水运算的重要内容。什么是九星？大家知道，宇宙中有一种北斗七星，在北斗七星的破军与武曲星旁还有两星，一是左辅二是右弼，不过此两星一般情况下不是隐藏起，就是只现一点微光，较难看见。故人们多数只知北斗七星，实际上应为北斗九星。

从下图可见，一、二、三、四为斗，五、六、七为杓即柄，八、九在柄的上方遥应。

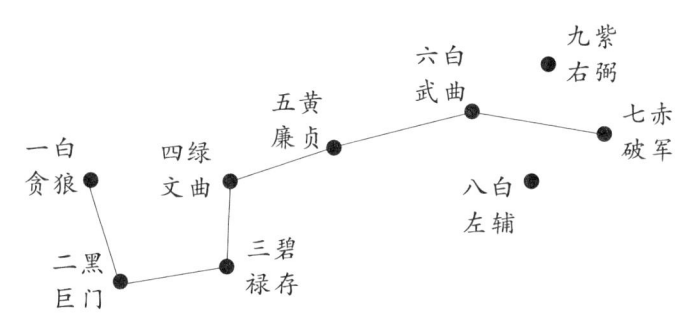

我国的易学、风水学、七政四余、紫微斗数、太乙、道学等都是从北斗九星的运转演变而来的。

玄空风水学的九运正是与北斗九星相对应。

2. 飞星运行规律

在河图洛书中，我们知道，洛书的排列方式为戴九履一，左三右七，二四为肩，六八为脚。即下图：

4	9	2
3	5	7
8	1	6

这个图的规律在以上的章节中讨论过了，那么我们现在要知道的是九宫图的数字排列路线，明白了它的排列路线，那么，在后面学习玄空飞星的排盘时就打下了基础，所以，这一关是非常重要的，必须要清楚明白。

我们来看，九宫的数字排列，从中宫算起，中为五，六在右下方的位置，七在右方的位置，八在左下方的位置，九在上方的位置，一在下方的位置，二在右上方，三在左方，四在左方上。看下图：

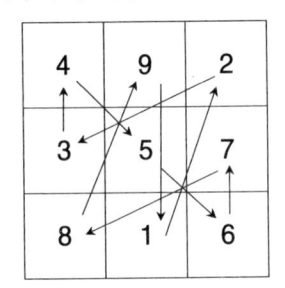

4	9	2
3	5	7
8	1	6

我们把这个运行的规律称洛书轨迹，或称洛书步法。

同样，如果我们把数字一放入中宫，那么，按洛书步法排列即可得出，二在右下方，三在右方，四在左下方，五在上方，六在下方，七在右上方，八在左方，九在左方上。即下图：

9	5	7
8	1	3
4	6	2

同理，如果八入中，我们又可得到下图：

7	3	5
6	8	1
2	4	9

三、玄空换星法

玄空风水的宅命盘，统称飞星盘。在九宫图的每一个格内，都排了三个星，即运星、山星、向星。运星一般用大写的一、二、三、四、五、六、七、八、九来代表，山星、向星用阿拉伯字代表即用1、2、3至9。

1. 排运盘

运盘即在三元九运中，看某一年在哪个运中，比如：1987年，这一年所建房子，它的运盘即是下元七运，由上节可知，下元七运是从1984~2003年。即在这二十年的运盘都是相同的。那么，我们就可以得出七运的元旦盘，也称地盘。即：

巽　　　离　　　坤

六	二	四
五	七	九
一	三	八

震（左）　兑（右）

艮　　　坎　　　乾

同理我们也可以得到2004~2023年八运的元旦盘：

巽	离	坤
七	三	五
六	八	一
二	四	九
艮	坎	乾

（震在左侧中行，兑在右侧中行）

2. 排山盘

排山盘以前，先要了解顺逆飞，方法是——阳顺阴逆。

顺飞——凡山、向之星属阳的，均在九宫图中顺飞。如甲庚丙壬、乾坤艮巽、寅申巳亥12山。均属阳，均顺飞。顺飞的方法与排运盘是一样的。

逆飞——凡山、向之星属阴的，均在九宫图中逆飞，如辰戌丑未、子午卯酉、乙辛丁癸12山，均属阴，均逆飞。逆飞的方法则是把数字逆着排入九宫中，如果八运中某宅是，山星4入中，4在山属阴，则按洛书步法：逆着将数字排到九宫各宫去。即如下图：

5 七	9 三	7 五
6 六	4 八	2 一
1 二	8 四	3 九

特别提示：

1. 不管顺逆飞，九宫图的顺序即洛书步法的顺序是不变的，均是从中宫——乾宫——兑宫——艮宫——离宫——坎宫——坤宫——震宫——巽宫——中宫。

2. 不同点是：阳山顺飞，只是按星的顺序顺飞，如8、9、1、2、3、4、5、6、7；阴山逆飞，只是按星的顺序逆飞，如8、7、6、5、4、3、2、1、

9。

3.五黄入中时,因五黄本身无山向,五黄是中宫戊己土,那么,五黄入中的顺飞还是逆飞则由五所在宫位的山向的阴阳性质决定,如一运子山午向,运星五到离,五入中为向星后,按五所在"午"的性质决定,故逆飞。明白了以上的道理,现在来谈如何排山盘。

求出了运盘各宫星数之后,再以运盘坐山方的飞星排入中宫,再按坐山方飞星的三元龙的阴阳属性决定顺飞还是逆飞,按阳顺阴逆排出山盘,山盘之星又叫"山星",也叫"丁星",还叫"地卦"。如下元八运壬山丙向下卦(下卦与替卦,下节论述):

	辰		丙向		未	
	5 七	9 三	7 五	
甲	6 六	4 八	2 一	庚
	1 二	8 四	3 九	
	丑		壬山		戌	

A. 运星八入中,顺飞八宫,排出运盘;

B. 立的是壬山丙向,坐山方属坎宫,坎宫运星为四,故以4(山、向星一般用阿拉伯字)入中,写在左上角,代表山盘丁星;

C. 4入中,4属巽宫,立的是壬山,为地元龙,对应巽宫的地元龙为"辰山",辰山属阴,故由4入中后逆飞八宫。

经过以上三个步骤,运星、山星已装好,见上图。

3. 排向盘

以运盘向方的飞星排入中宫,写在右上角,再按向方飞星的三元龙的阴阳属性决定顺飞还是逆飞,按阳顺阴逆排出向盘,向盘之星又叫"向星",也叫"财星",还叫"天卦"。如上例,下元八运壬山丙向下卦:

辰	丙向	未
2 七	7 三	9 五
1 六	3 八	5 一
6 二	8 四	4 九
丑	壬山	戌

（甲在左侧，庚在右侧）

A. 运星八入中，顺飞八宫，排出运盘；

B. 立的是壬山丙向，向首方属离宫，离宫运星为3，故以3入中，写在右上角，代表向盘财星；

C. 3入中，3属震宫，立的是丙向，丙为地元龙，对应震宫地元龙为"甲"。甲属阳、故由3入中后顺飞八宫。

经过以上三个步骤，运星、向星已装好，见上图。

4. 组合飞星盘

把运星、山星、向星统一写入九宫图中，即成一个山向的飞星盘，即宅命盘。如上例，下元八运壬山丙向下卦：

辰	丙向	未
5 2 七	9 7 三	7 9 五
6 1 六	4 3 八	2 5 一
1 6 二	8 8 四	3 4 九
丑	壬山	戌

上图已是一个完整的飞星盘。至此。下元八运，壬山丙向下卦的宅命盘已全部排好。上图每宫内均有三个星，即大写字为运星、左上角数为山星、右上角数为向星。这就是玄空飞星的挨星法。其他山向、元运的排星盘可依此类推。

第三章 下卦与替卦

一、下卦与替卦的划分

玄空风水把廿四山分为下卦与替卦，下卦又称"正线"，替卦又称"起星"。

两者如何划分呢？其主要方法是：一个圆的周天度共360°，分为八卦廿四山，一卦管三山，每卦均为45°，每山均为15°。从理论上说，每山中间9°范围内均为"正线"，左、右两边各3°范围内均为"起星"即替卦。如"子山"，正中为360°，也称0°，偏左4.5°，为"子山午向"兼癸丁4.5°，偏右4.5°，为"子山午向"兼壬丙4.5°，合起来左兼右兼共9°，该9°范围内，都属"下卦"即"正线"范围；两边各3°共6°范围均为"替卦"。但如兼线达到两山的分界线，则为空亡线，大凶。如亥山正中为330°，如立亥山兼乾7.5°，即立322.5°，为亥山与乾山的分界线上，为小空亡，为"无山"，并非某些人所说"坐双宫"，得两山之利，这是胡说八道！如亥山兼壬7.5°，即立337.5°，为亥山与壬山的分界线上，为大空亡，也为出卦，因为亥山属乾卦，壬山属坎卦，更凶。

上面的分法只是理论上的分法，实际操作中并非完全如此。因考虑到不同时间"打盘"，地磁强弱有别，罗盘亦有些微误差，地师技术也有高低，在实际操作中，是作如下划分，且经实践证明是应验的。

1. 凡正中兼左右兼至4°（含4°）共8°范围内者，为下卦；

2. 凡正中兼左或兼右大于4°（不含4°）、小于或等于6.5°者，为替卦；

3. 凡正中兼左或兼右大于6.5°（不含6.5°）至7.5°者，为空亡线。

凡空亡线均大凶

如：子山午向，正中为360°，即0°。

1. 子山午向兼癸丁或壬丙在4°，即立周天度356°至4°范围者，均为下卦；

2. 子山午向兼癸丁在大于4°至6.5°范围，即立周天度4°（不含4°）至6.5°（含6.5°）共2.5°范围者，为替卦；

3. 子山午向兼癸丁在大于6.5°（不含6.5°）至7.5°者，即立周天6.5°（不含6.5°）至7.5°这1度范围者，为空亡线。

总言之，每山左兼或右兼在4°（含4°）范围内均为下卦；

每山左兼或右兼在超过4°后的2.5°范围内均为替卦；

每山左兼或右兼在超6.5°后的1°范围内均为空亡。

结论——空亡线不能立，大凶；下卦与替卦可立，但两者的用法差别很大，学者务必分辨清楚，切记！

二、替卦的意义与起星之法

玄空学是以向首及动气之口为重，有别于三合诸家以坐山为重。替卦，是兴替之替而非代替之替。

玄空替卦的意义在于——当坐山特别是向首不吉时，为了趋吉避凶，使当令之山星排到坐山方、当令之向星排到向首方，使卦气纳吉的一种方法。所以，替卦是以挨得吉星到向首或到城门（城门既指向首两旁的宫位，如子山午向，则"巽"和"坤"均可作城门，但城门有可用或不可用之分；城门也指有水、有动气的缺口或路口所在的方位）为目的。

玄空下卦在排山向两星时，是直接将山、向宫位的运星入中顺飞或逆飞，即可成飞星盘。

玄空替卦的山、向飞星入中数，是要经过一次换算后才能将换算后的"数"入中顺飞与逆飞。其起星方法为：

替卦起星歌诀：

> 甲子癸申贪狼行，
> 坤壬乙卯未巨门，
> 乾巽六位皆武曲，
> 艮丙辛酉丑破军，
> 若问寅午庚丁上，
> 一律挨来是弼星，
> 如逢廉贞五黄土，
> 归附山向顺逆行。

此歌诀的意思是：

子、癸、甲、申四个山向，用一白入中；

坤、壬、乙、卯、未五个山向，用二黑入中；

戌、乾、亥、辰、巽、巳六个山向，用六白入中；

艮、丙、辛、酉、丑五个山向，用七赤入中；

寅、午、庚、丁四个山向，用九紫入中；

如入中之星为"5"，依五黄所在宫位之山向的阴阳属性，阳顺阴逆，无替。

从上可知，子、癸本来一白入中，与下卦无异，故子、癸两山无替；

坤、未本来二黑入中，与下卦无异，故坤、未两山无替；

戌、乾、亥本来六白入中，与下卦无异，故戌、乾、亥三山无替；

酉、辛本来七赤入中，与下卦无异，故酉、辛二山无替；

午、丁本来九紫入中，与下卦无异，故午、丁二山无替。

——能用替卦的共十三个山向：壬、丑、艮、寅、甲、卯、乙、辰、巽、巳、丙、申、庚；

——不能用替卦的共十一个山向：子、癸、午、丁、未、坤、酉、辛、戌、乾、亥。

不能用替卦的11个山向。在左兼或右兼至4°~6.5°时。同样用下卦的方法排飞星盘，也叫"无替"。

需注意的是，替卦和无替的山向，并非指立的"死"的山向，而是指"活"的星数。如子山午向，并非指凡是"子山"都无替，三运子山午向替卦，则八白星到坐山方，按下卦方法是 8 入中，但 8 对应的天元龙为艮，"艮丙辛酉丑破军"，故替卦的山星入中数不能用 8，而用 7 入中。余类推。

同理，壬山能用替卦，但并非所有壬山丙向在兼至 4°至 6.5°间都用替。如一运壬山丙向替卦，六到山、五到向，因六对应的地元龙为戌山，"乾巽六位皆武曲"，故替卦还是 6 入中为山星，巧下卦同；五到向，为离宫，离宫的地元龙为丙属阳，故五入中不用改变星数，仍按丙向的阳性顺飞，正所谓"如逢廉贞五黄土，归附山向顺逆行"。余类推。

现代城市阳宅中，以广州为例，因房地产开发商追求建筑面积的最大化，所立的坐向有相当一部分是"替卦"，故这里对替卦的用法作了较详细的论述，请各位留意。

三、玄空飞星四大局

按照玄空飞星下卦挨排飞星，每运廿四山即廿四局，九个元运共二百一十六局，加上替卦也是二百一十六局，故玄空风水共有 432 局。该 432 局中，除替卦中有部分杂局，即当令山星、向星既不到山也不到向外，主要的是四大局：

1. 旺山旺向局

当令山星到坐山方、当令向星到向首方。如七运下卦的酉山卯向、卯山酉向、辛山乙向、乙山辛向、辰山戌向、戌山辰向 6 局。

2. 双星会向局

当令的山星、向星均到向首，谓旺向、丁星下水。如七运下卦的壬山丙向、丑山未向、午山子向、丁山癸向、坤山艮向、申山寅向 6 局。

3. 双星会坐局

当令的山星、向星均到坐山方，谓旺山、财星上山。如七运下卦的子山午向、癸山丁向、艮山坤向、寅山申向、丙山壬向、未山丑向6局。

4. 上山下水局

当令的山星跑到向首、当令的向星跑到坐山，谓财星上山、丁星下水。如七运下卦的乾山巽向、巽山乾向、亥山巳向、巳山亥向、甲山庚向、庚山甲向6局。

七运下卦共24局，四大局各占6局。

第四章　双星组合及配卦决断

玄空排出一个完整的风水运盘后，每个方位都有三个数字，而以上面的阿拉伯数字组合进行吉凶判断，这些断语是经过数代风水师的实践经验的总结，这就是《紫白诀》与《飞星赋》与《玄机赋》。这里我把这些组合一一进行介绍。

一、一白水星与九星组合含义

一白水星为文昌，又为官星，有利于读书，利文职文官。

11 坎为水

坎为水，为中男，二水比和，钱财富厚，产业兴旺，初年顺利，但纯阳无阴，妇女寿短，久则丁稀，生水蛊肿胀，脱胎带白，疝气遗精，崩漏等症。

12 水地比

二为坤为地为土，又为病符，坎为中男，土克水，主克中男，水主精血、肾水，被克，易患肾病与精血方面的病。水主耳道，被克，疯狂聋哑。水反克土，腹水肿胀，黄疸肝肿。

13 水雷屯

一为水，三为木，《玄机赋》云："木入坎宫，凤池身贵。"皆因水木相生，水木清华，名气旺而贵也。初年主生三子，家庭和睦，福禄荣昌，但纯阳不利阴，故当下元失运，有手脚伤残，肝病。人丁不旺。

14 水风井

一为水，四为木，贪狼生气木得位，文曲星旺，科甲连登，必主文名，男聪女秀，子孝孙贤。《紫白决》："四一同宫，准发科名之显。"若失运时，也主桃花风流，《飞星赋》："当知四荡一淫，淫荡者扶之归正。"（峦头形势不佳而引起，化解可扶之归正）

15 无配卦

一为水，五黄为土，又称大煞、五黄毒素，土克水力量比二黑土星有过之而无不及，不得中男。一白为肾、血、耳、子宫，又称胎神，因受五黄土克，易患生殖疾病与性病。经云："山临五黄少人丁。"除当旺五运外，凡山星得五黄，多数人丁不旺。一五组合，甚者不孕、绝嗣之忧，损青年男子。

16 水天需

一为水，六为金，金水相生，当令（一六运）升职、科名、文名。失令，金水必淫滥，多外情。梦遗邪淫，内乱。也主出贫儒、不得志者。

17 水泽节

一为水，为酒，七为金，为少女，妓女。当令（一七运）金水相涵，桃花之运，易得财富。失令水泄金气，金水多情，贪花恋酒，因酒色致祸。亦主不利中男、中女、少男、少女。

18 水山蹇

一为水，为中男，八为土为山，为少男，水土相克，经云："坤艮动见坎，中男绝灭不还乡。"主伤中男，兄弟夫妇离异，人命缢死溺水，不利生育。肾虚耳鸣。

19 水火既济

阴阳正配，水火既济，富贵又全也。"南离北坎，位极中央"合十佳运，人丁大旺。失令，婚姻破裂，心脏、肾、眼睛有病。

二、二黑土与九星组合

二黑土若当令为天医星，主医药兴家出名医，世富。若失令为病符，为土星，主脾胃，故多犯脾胃方面的疾病。

21 地水师

土克水，主克中男，黄肿身死，亦主老母病亡，经滞肾虚，男女凋零，官司口舌，伤人损畜，三五年层层应凶。

22 坤为地

二土比和，当令，财帛丰盈，富贵有余，出名医巫师。家多兴女而男少，老母持家，多寡妇而乏嗣。

23 地雷复

木克土，二黑为坤，为牛，三碧为木为震、为动，为牛，在坤宫西南位，称斗牛煞，官非之事，夫妻失和，妇被夫凌，博弈好饮。田园荒废，出偷窃之徒。木克土，二为坤为老母，亦主伤老母，阴人。当令，则老母持家，可大发田园，长子不肖。三运震当令，主长子大发丁财也。

24 地风升

二为坤为老母，四为巽木为长女，媳妇，故是母女不和，婆媳争执。因木能克土，主母不利。又二黑为病符，四绿主风，二者应病为神经病、中风、胃病及呼吸系统问题。因两者为纯阴，不利男，无主，宅内淫乱。官灾，贼从东南而入，又主公门中破财招祸。

25 无卦

"天医"二黑除在二运期间作吉论，在五六七运杀气尤凶，与五黄煞同宫，主损丁。二五交加，唯死亡并横祸。故二星组合多重病肿瘤，难以治愈。

26 地天泰

二黑坤土生六白乾金，二者属老阳老阴正配，土生金，得令合局主富贵。《玄空秘旨》云："富并陶朱，断是坚金遇土。"《紫白诀》："二黑飞乾，逢八白而财源大进。"天医武曲得位，父母俱庆，福寿康宁，财旺子秀。加官进禄，添丁进财也。

27 地泽临

二黑坤土生七赤兑金，得令，巨门入宅，土金相生，财产进益，男女孝义。由于二为老母，七为少女，为母女同室，纯阴不生，妇人当家致富，却伤夫克子。失令者更荡妇破家。又二七化火，克煞，主吐血、火灾、难产、夭亡、横祸。

28 地山谦

坤土见艮土，母见幼子欢喜之象也。青龙入宅，积财聚宝，母慈子孝，多发田产之富，失令，少盛中衰，主破财损丁，家出僧道也。

29 地火明夷

生旺得令时，文笔生辉，财禄丰盈。失令时，是火炎土燥，纯阴伤男，缺子损丁，中女血病，眼疾心疾，产痨经滞。阴神入室，男荡女淫，挥霍无度，出寡妇，犯血光之灾。

三、三碧木星与九星的组合

三碧木为震，为雷，主迅速，为长男，车马。

31 雷水解

水木相生，家庭和顺，财产并茂，当令旺而贵，有声望，长男与中男的组合，纯阳不利阴，失令则子孙稀少，不利女子，参考13组合。

32 雷地豫

震木克土，先伤老母，次及长房，受病多，主面黄体瘦，子母不和，官灾口舌，伤人损畜，退败田产。参考23组合断。

33 震为木

二木并植，长男用事，得令旺星，名声远播，光宗耀祖，出名人，歌星勇士。多发长而败少，女人不利也。失运则亦出暴徒、逞勇斗狠，手脚残疾之人，并出痴聋愚顽，患肝胆之病。

34 雷风恒

东厨得位，二木成林，《玄空秘旨》云："贵比王谢，总缘乔木扶桑。"三四组合，二木一阴一阳，一刚一柔相配，当元得令，必是富贵之象，巽为长女，震为长男，故长男、长女大发也。子贵孙贤，得富贵，科甲连绵。失令时，为"碧绿风魔"主中风、骨痛、手足伤，肝胆之病。

35 无卦

五为廉贞煞、毒素，土木相战，三碧木克五黄土被反侮。主急病、刑伤。《玄空秘旨》云："我克彼而遭其辱，因财帛而丧身。"木克土，因木长于土，因毒土反被毒侵，因财而起灾祸，甚至出人命。

36 雷天大壮

金木相克，伤长子长孙，三木主手足，六白乾金为刀、铁器，主手脚伤残，肝胆胃病开刀，车祸头痛。若当令时，三木为东方、诸侯，六白为权贵，主出官贵，事业有成，声名远播。

37 雷泽归妹

金木刑战，伤长子长孙，三七在洛书中在卯酉位，为腰，伤及腰肋、肝胆。手脚麻木，人财不利。凶极，连伤四人。当旺，财源广进，有文臣而兼武将之权贵。

38 雷山小过

木克土，主少男，小口有损，兄弟不和。因争财而引官讼。面黄、腹肿、不思饮食之病。女人则闭经难产，暗昧不明。当令时，则出文人、孝子、忠臣。

39 雷火丰

青龙入宅，木火通明，聪明文采。出才子，人才清秀，连登科甲。田产进益，富贵双全。39 也主木火文昌之位。

四、四绿木星与九星组合含义

四绿为木，为文曲，为风，为长女。

41 风水涣

青龙入宅，子孙荣贵，财源发达，利文名，出名士，中科甲，利官职，荣华富贵，寿高期愿。参考 14。

42 风地观

木来克土，为利长女，伤老母，妇有难产，病灾疯狂。官司口舌，参考 24。

43 风雷益

二木成林，人财两旺，参考 34。

44 巽为风

二木比和，文曲齐到，儿女成绩优异，连登科甲，大利文职，著作大旺。因为纯阴，不利男也。失令时，风性飘荡，主人四处漂泊，处处留情，女人当家，男人离家出走，也出中风骨痛之人。

45 无卦

四绿木为风，五黄毒素，木被毒侵，疯症不断，博弈好饮，田园荒废，难生儿女，败落。当令之时，可以有横财骤富，家业兴旺，难以长持。

46 风天小畜

金木刑战，四木为长女，故不利长妇女，克妻，人财两败，瘫痪杂疾，筋骨疼痛，肝胆病症，自缢之人。当令时，因六白为君为尊，四巽为后为尊女，主艺术才华出众，名利双收，姻结权贵，考试榜首。

47 风泽中孚

金木战克，长女与少女不和，同室操戈，四绿文曲被克破，功名无望也。《玄空秘旨》云："雷风金伐，定被刀伤。"易出伤残之人，木为肝，肝胆之疾。当元得令，金反为官，主有权威、女人主政，出女强人，事业成功。

48 风山渐

土木相刑，因艮为少男，故不利末门，长妇凌小夫之喻，夫妻失和，妇夺夫权。《玄空秘旨》云："山风值而泉石膏肓。"易患下焦结石病。当令八土主男贵，有小疾，宜用火。

49 风火家人

巽木生离火，木火通明，当元得令，家业兴旺，出聪明俊秀之士，文章振发，得文名，登科甲，光显荣耀之象。失令时，二女居室，姑嫂争权，妇人不和，易患桃花劫，木被火焚，眼疾火灾，易患不孕症。

五、五黄土星与九星组合含义

51 无卦

水中有毒也，厨房占之更甚。败财、疾病、损丁。参考 15。

52 无卦

病加毒，病灾死亡，损丁败财，参考 25。

53 无卦

毒侵震木，克长男，败也。参考 35。

54 无卦

毒侵巽木，克长女及老母，病灾损财。参考 45。

55 无卦

五黄星为煞为毒，五运期间，当令为尊，因处中央，位居帝座，得山水配合，出大贵大富之人，四运时为近旺生气，亦不为凶。余者皆大凶。若遇流年五黄者，动土兴木，轻则灾病，重有损丁，连克五人，猛如虎也。

56 无卦

土金相生，当元旺气，富比陶朱，富豪也。失令时，则六白被毒侵，乾金为父，克老父家长。乾金为头，易患头部顽疾，也有服毒之征。

57 无卦

七为兑为口，为少女，临五黄毒，《飞星赋》云："紫黄毒药，临宫兑口休尝。"好比毒药入口，焉有吉事！毒入口多病灾死亡，亦主吸毒之象。

58 无卦

二土比和，艮为山，当元得令，有田庄地产之富，儿女孝顺，发少子。失令则克少男，家人多有眼疾，破财伤筋，并有肠胃疾病之苦，遇太岁临，有血光之灾至。

59 无卦

九紫离火生五黄毒素，合为毒药，紫黄毒药，临宫兑口休尝。此二者，有吸毒，服毒、性病、淫乱、火灾的含义。此方更不宜做厨灶。

六、六白金星与九星组合含义

六白乾金，为老父，为尊、为天，为圆。

61 天水讼

金水相生，但纯阳不化，当令吉，利文名，失令气财消散，参考 16。

62 天地否

土金相生，天地阴阳正配，家庭间尊卑上下，仁义和顺。产业兴隆，参考 26。

63 天雷无妄

金来克木，父子不和，伤长子长孙，凶，参考 36。

64 天风姤

金木刑战，不利长妇，家多疯症，投井自缢，凶。参考 46。

65 无卦，

当令富，失令毒，参考 56。

66 乾为天

二金比和，当令田产兴发，家室殷富，老父掌家。《飞星赋》云："须识乾爻门向，长子痴迷"，不仅是西北戌乾亥位，亦是双星方位，失运开门，则不利长子，痴呆有病。纯阳无阴，伤妻克子，孤家寡人。此方忌女儿、媳妇居住，失运有动象，主翁媳暧昧。

67 天泽履

二金比和，老父少女，当运钱财广进，妇女美丽，子孙聪慧，子多庶出。出武将刑官。失运为"交剑"煞，主官场争执，家庭失和，刀剑之伤、车祸、血光之灾，并患口疾、头痛。

68 天山遁

土金相生，六白主贵，八白主富，当元得令，富贵双全，功名显达。父慈子孝，皆因少男艮生乾金。失令时，老父少男同室，纯阳不生，不利后代，乏嗣之虞。

69 天火同人

火来克金,不利老男,惧内,妇夺夫权。《玄机赋》云:"火照天门,必当吐血。"因金主肺,被火克,肺病咳血。经云:"火烧天而张门相斗,家生骂父之儿",主奔波、疾病重重并出逆子。当元得令,丁财皆旺,主出贵尤出武将。

七、七赤金星与九星组合

七赤金主口、主泽、主少女。

71 泽水困

水泄金气,主伤少女中男,人口衰败。参考 17。

72 泽地萃

土金相生,老母当家,溺爱小儿少女。子孙稀少,家多好善,又主宠婿,参见 27。

73 泽雷随

金来克木,先伤长子、长孙。次及少女。人财不利,病疾自杀事,参见 37。

74 泽风大过

金木刑战,咳嗽疯狂,纯阴无阳,损男伤妇,凶,参见 47。

76 泽天夬

二金比和,家道悦和,人财两发。出文人秀士。参见 67。

77 兑为泽

二金比和,为少女,少妇专权,纯阴金气重带煞。《紫白诀》云:"破军赤名,肃杀剑锋之象。"形势忌粗恶喜秀平。得令主出美女、律师、演讲家、改革家、金融巨子。失令运,主嫖赌破家,桃花劫重,肢体残伤,劫贼入室。

78 泽山咸

土金相生,少男少女正配,夫妻和顺,富贵双全,人财两旺。失令时,财产易败,同时男女一见钟情,招手成婚,一夜情,淫荡。

79 泽火革

火克金,先伤少女、中女,因二女居室,兑又主娼淫。故有色酒淫乱之事。经云:"九七合辙,常招回禄之灾。"因七赤为先天火,九紫为后天火,二星组合有火灾之险。并有血光之灾应验。当令时,主婚姻喜庆,出美女以及律师、军事家、改革家、艺术成名之人。

八、八白土星与九星组合含义

八白为山为少男,为田园土地。

81 山水蒙

土来克水,鬼怪入宅,主伤中少男,小口不利。纯阳无阴,不利女人。参见 18。

82 山地剥

阳土见阴土,堆积成山,少男投老母之怀。礼佛好善。参见 28。

83 山雷颐

旺木克土,小口不利,脾虚胃寒等症。并主克妻伤子。参见 38。

84 山风蛊

土受木克,阴盛于阳,伤夫克子,出惊风、瘫痪黄肿等症。参见 48。

85 无卦。参见 58。

86 山天大畜

土金相生,家财大发,功名荣显。参见 68。

87 山泽损

土金相生,阴阳正配,家财大发,功名显达,妇女贤良,生四子。参见 78。

88 艮为山

二土重叠,纯阳无阴,多疾。失令时,家业破败,并有伤筋骨及这方面的病症。妇女寿短。当令元运,大利文才学业,大发田产之富,少男得志,双喜临门。事业大旺。

89 山火贲

火烈土燥，妇性刚暴，男人怯内，妇生愚子，眼疾耳聋。并发火灾之祸。当令元运，则火生土旺，八白主田园、土地，自然大发横财，富比陶朱，敌国之富。《紫白诀》云："八逢紫曜，婚喜重来。"八白为吉，九紫为喜曜，火生土，故主婚喜重来之象也。

九、九紫火星与九星组合含义

九紫火，为中女，文章，桃花。

91 火水未济

中男中女，夫妻正配，参见19。

92 火地晋

火炎土燥，母女同室，纯阴无阳。参见29。

93 火雷噬嗑

青龙入宅，木火通明，招财进宝，参见39。

94 火风鼎

木火相生，女主家，田产丰厚，参见49。

95 无卦

参见59。

96 火天大有

火克金，先伤老翁，凶，参见69。

97 火泽睽

烈火熔金，伤女子凶，参见97。

98 火山旅

火炎土燥，参见89。

99 离为炎

以火济火，列焰燎空，家道炽盛。《玄空秘旨》云："火曜连珠相值，青云路上自逍遥。"所以当元值运，立刻发福，文章显达，名传四海。失令衰弱，生女无男，男女皆好色，易出眼疾盲人。

第五章　玄空立向造宅实践

玄空飞星盘排出后，就能针对一所住宅做出吉凶判断，这是四大局的大体判断，然后，再根据每宫的飞星组合进行每个方位的吉凶判断，得出吉凶后，再进行合理的风水布局安排。这一节，我们主要讲解如何利用玄空飞星盘进行立向造宅。

要立向造宅，则必须明白以下几个原则

一、地运法则

什么叫地运呢？也就是说，每个宅院都有旺衰时间，根据三元九运情况来看，最长的地运不会超过160年，最短的只有20年，也就是说时间长短与每运管20年相关，如果在运末的最后一年兴建，那么此宅只有不到一年的地运，故玄空立向必须考虑所立之向的地运长短。地运是如何计算出来的呢？这要引入另一个概念：入囚。

什么是入囚呢？入囚是指中宫向星所代表的元运，该元运即入囚的元运。如下元八运子山午向下卦，中宫向星是3，即代表3运时该宅即入囚。又如七运造宅的卯山酉向下卦，中宫向星是9，即代表9运时该宅即入囚。

明白了入囚的概念，那么就可以计算地运长短了。计算的方法是九宫的入中向星数与立极元运数之差再乘以20年，便是该宅的地运了。为什么要乘以20呢？实际上是造宅时的元运一直推数到向星数所代表的那个运所得到的年数，每个运管20年，故要乘以20。如上面的八运的子山午向下卦，中宫向星为3，3运入囚，从八运算起，经过九运、一运、二运、三运，这个差是4，即经过四个元运，每个元运20年，所以，该宅地运就为80年了。如果该宅是八运中的 2009 年建宅，那要减去 5 年，还剩下 75 年了。为什么要减去 5 呢，因为八运是从 2004 年开始的，到 2009 年已经过去 5 年，故要减去 5 年。余类推。

地运长短在三元九运中是固定的，最长的是 160 年，最短的 20 年。我们把地运按时间长短的顺序排列如下：

乾宫：戌山辰向，乾山巽向，亥山巳向，地运 160 年。
兑宫：庚山甲向，酉山卯向，辛山乙向，地运 140 年。
艮宫：丑山未向，艮山坤向，寅山申向，地运 120 年。
离宫：丙山壬向，午山子向，丁山癸向，地运 100 年。
坎宫：壬向丙向，子山午向，癸山丁向，地运 80 年。
坤宫：未山丑向，坤向艮向，申山寅向，地运 60 年。
震宫：甲山庚向，卯山酉向，乙山辛向，地运 40 年。
巽宫：辰山戌向，巽山乾向，巳山亥向，地运 20 年。

一座宅院，如立得旺山旺向，形局又合法，其旺的时间最长也就在该局的地运范围内，过了这个时间，即为入囚，此宅也就没有生气了，没有了生气的屋子就不便居住了。这里要注意两种特殊情况：

一是地运未满，宅已败绝。此类情况也是屡见不鲜的。原因就是地运较长，经过较多元运，如到新元运所对应的方位的向星"上山"，则该宅进入低潮期，如连续二个以上元运的向星均"上山"或"丁星下水"，则可判此宅地运未满宅先败。如下元七运酉山卯向下卦：

巽	午	坤
1 6 六	5 1 二	3 8 四
2 7 五	9 5 七	7 3 九
6 2 一	4 9 三	8 4 八
艮	子	乾

（卯向 / 酉山 标注于左右两侧）

该局地运为140年，到5运入囚则败，但该局后面高楼，南面高楼，东面街道，西北面紧邻一条河，河对岸还是高楼。在北面也有楼较高，在七运时，旺山旺向，坐满朝空，正应了人财两旺，所以，一切顺风顺水。到了八运，西南方向星八白见高楼，山星八白位见流水，城市中的水又不干净，故八运就开始不顺了。到了下运九紫，九紫向星又见山，故仍不旺，到一运时，向星山星都失位，故这所住宅，因形势而只能旺七运，到八旺后则开始走向衰败。

第二种情况是地运虽已满，向星已入囚而宅院不败，长盛不衰。

这就是地理形势来弥补了一些不足，玄空飞星一定要结合外来形势，如果来龙生气久远，明堂开阔，案山朝山几重，左右龙虎护卫有情，向首或城门方有大江大河且上堂水曲屈有情，得如此生气之地理，虽以玄空飞星来看，令星入囚也囚不了，并可循环几个地运周期，短至一个小三元180年，长可至一个大三元540年。这种情况不可能出现在一家一户的宅院，大都是一个城市的选址，像长安、北京这样的城市旺运久远。

二、山上龙神不下水，水里龙神不上山

在玄空风水学中，为人造宅立向，必须明白山星与向星要各得其所，所谓"要山得山，要水得水"，方为吉宅。《青囊奥语》云："山上龙神不下水，水里龙神不上山"，这是做玄空造宅立向的关键，理解了这句话，便掌握了玄空立向之枢纽，之钥匙，称不二法门。

有关立向吉凶，这里要引入几个概念：旺山旺向，上山下水，收山出煞。

什么是旺山旺向呢？就是把当运的山星排到坐山之方，把当运的向星排到向首之方，谓之旺山旺向。这样立向的宅院称旺宅，主人财两旺。

什么是上山下水呢？就是把当运的山星排到了向首之方，把当运的向星排到了坐山之方，谓之上山下水。这样立向的宅院称败宅，主人财两空。

什么是收山出煞呢？这是根据玄空的山星向星飞布，进行地理形势的考虑。这里有四个小概念：即收山、出煞、收水、出煞。

收山：即旺、生之山星方宜见山、不宜见水。

出煞：即退、死煞之山星方宜水、不宜见山。

收水：即旺、生之向星方宜见水，不宜见山。

出煞：即退死煞之向星方宜见山，不宜见水。

下面我举例来具体说明这几个概念，包括一些具体的条件。

例一：下元七运戌山辰向下卦

```
辰向        丙         未
    ┌─────┬─────┬─────┐
    │ 9 7 │ 4 2 │ 2 9 │
    │  六 │  二 │  四 │
    ├─────┼─────┼─────┤
甲  │ 1 8 │ 8 6 │ 6 4 │ 庚
    │  五 │  七 │  九 │
    ├─────┼─────┼─────┤
    │ 5 3 │ 3 1 │ 7 5 │
    │  一 │  三 │  八 │
    └─────┴─────┴─────┘
    丑        壬        戌山
```

此局为旺山旺向，符合要山得山，要水得水的原则，是为旺宅。我们来看一下此局满足了哪些条件。

其一，当令的山星7排到了坐山的戌方，即到了山星位，数字以左方为山星分布位。这就是旺山，山星管人丁，故人丁兴旺。当令的向星7排到了向首的辰方，即到了向星位，数字以右方为向星分布位。这就是旺向，向星管财运，故财运旺盛。再结合形法，即戌方坐山向有山、高楼作靠，得收山合法，向首即辰方有水或开阔明堂或街道，收水合法，此旺山旺向局定然人财两旺。

其二，近旺生气星8排到了甲方即震宫，此方山星为1，为煞气、退、死之山星宜见水，旺生之向星宜见水，故甲方如有水，则1白山星可出煞、8白向星可收水，八运仍旺。

其三，远旺生气向星9紫到未，山星为2，与甲方相同，宜见水，九运仍旺也。

其四，余四宫，离宫丙位为42，兑宫庚位为64，艮宫丑位为53，坎宫为 31，均为退死煞之星。本来，退死之山星宜见水，但同宫的向星也是退死煞，不宜见水，宜见山，这就发生了矛盾，怎么办呢？最好是不见山也不见水，以平地为宜。但现实中很难做到这一点的，若是见了山，对向星有利，对山星为凶；若是见了水，则对山星有利，对向星为凶了。所谓金无足赤，人无完人，宅亦如此。没有宅院是完美无缺的。

我们再看第二个例子，同样是下元七运，只是角度有了些偏差，成了乾山巽向下卦。

巽向	午	坤
7 5 六	3 1 二	5 3 四
6 4 五 （卯）	8 6 七	1 8 九 （酉）
2 9 一	4 2 三	9 7 八
艮	子	乾山

此局成了上山下水局，即向星旺星 7 到山排到了乾宫，为上山，山星旺星 7 到向排到了巽宫，为下水。此宅成了败宅，若坐满朝空，必损丁破财。若是颠山倒水，即坐空朝满，即坐山位有水，向首见平地后即见高山，也同样是旺星得位，也就是收山出煞得位，也为旺局，只不过和旺山旺向的宅院比要差些。

酉、艮两方为向星生气星 8 白、9 紫飞临，宜见水不宜见山，外部形势若如此，则八、九运尚可。

丁星 8 白入中，八运时即丁星入囚，如坤宫无救应则人丁不旺，坤宫救应指坤宫见高山、高楼。

上山下水的败宅与旺山旺向的旺宅只是数度之差，所谓差之毫厘，谬以千里，风水立向不可不慎也。

三、城门

何谓城门？借象取义也。一座城池正门是人流的出入口，而风水学上则是山环水抱的风水佳地中水口，因水口也是这个风水宝地的气口，是水来去的通道，也称城门。

在玄空理气风水学中，城门则是计算出来的，凡是向首左右两宫皆为城门，向首与左宫或右宫的元旦盘星能合成一六共宗、二七同道、三八为朋、四九为友者为正城门，另一宫为副城门。

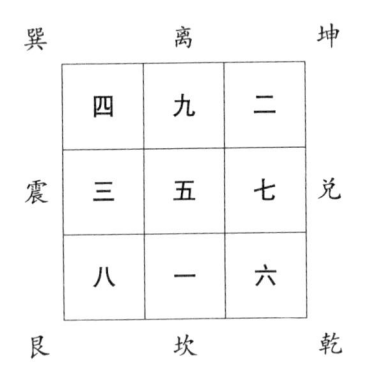

巽	离	坤
四	九	二
三	五	七
八	一	六
艮	坎	乾

（震在左侧，兑在右侧）

从元旦盘得知：

立离宫向，以巽宫为正城门，因九四为友，坤宫为副城门。
立坤宫向，以兑宫为正城门，因二七同道，离宫为副城门。
立兑宫向，以坤宫为正城门，因七二同道，乾宫为副城门。
立乾宫向，以坎宫为正城门，成一六共宗，兑宫为副城门。
立坎宫向，以乾宫为正城门，因一六共宗，艮宫为副城门。
立艮宫向，以震宫为正城门，因三八为朋，坎宫为副城门。
立震宫向，以艮宫为正城门，因三八为朋，巽宫为副城门。
立巽宫向，以离宫为正城门，因四九为友，震宫为副城门。

以上是分正副城门的基本法则。那么在玄空立向时又是如何取城门的呢？取城门的意义又何在呢？

1. 如何取城门

取城门必须遵循的法则：一是必须同元龙，一卦清纯；二是必须旺星能排到城门。我们先看第一个条件：在玄空飞星中，每卦管三山，如离卦象，包括壬山丙向、子山午向、癸山丁向，正城门在巽卦，巽卦也有三山，即辰、巽、巳，故取城门时必须同元龙选取，如立壬山丙向，正城门在辰，副城门在未；因为壬山与辰未同属地元龙。如果是子山午向，正城门在巽，副城门在坤；因为子山与巽坤同属天元龙。如立癸山丁向，正城门在巳，副城门在申；因癸山与巳申同属人元龙。其余取城门法则类推。

再看第二个条件，旺星如何排到城门呢？这要根据当时元运的变化来决定，元运变化了，那么客观上就会出现三种情况：

其一，向首两旁同时存在着可用的正副城门；

其二，向首两旁没有可用的城门；

其三，向首只有一边有可用的城门。

为什么会出现这种情况呢？这是由可用城门的计算方法决定的，只有城门所在宫位的运星入中后逆飞，逆飞后旺星又排到城门位置才可用。

随着元运变化，以及所立山向阴阳性质不同，根据阳顺阴逆的原则，只有属阴的元龙才逆飞，故如果两边宫位所处元龙为阳，则顺飞，就没有可用城门可言。那么属阴逆飞后，如果旺星没有排到原宫位，仍然是不可用的城门。因为这些条件的限制，故会出现上面三种情况。下面我们举例说明：

例一：七运壬山丙向下卦

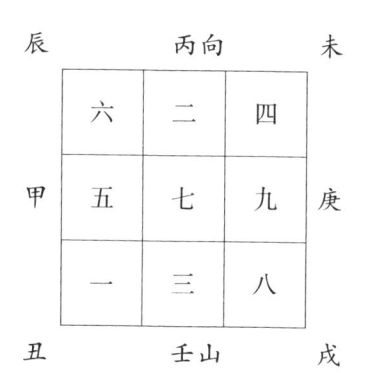

辰	丙向	未
六	二	四
五 (甲)	七	九 (庚)
一	三	八
丑	壬山	戌

城门在辰和未，六、四的地元龙所在宫均为阴，故辰六、未四入中后均逆飞，旺星七赤均能排到辰未两宫，故此局为正副城门均可用。

例二：六运壬山丙向下卦

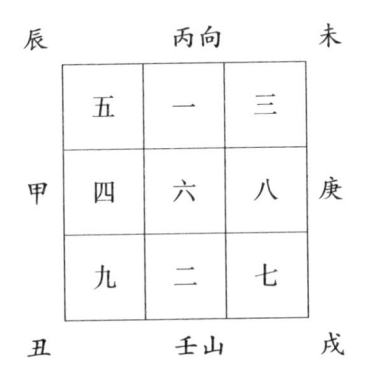

辰	丙向	未
五	一	三
四	六	八
九	二	七
丑	壬山	戌

（甲在左侧四的位置，庚在右侧八的位置）

城门在辰和未，辰五入中，因五宫为中宫无山向，用巽卦的辰山阴阳决定，辰属阴，故逆飞，五入中逆飞后六到辰方，为旺星，故辰方城门可用；未三入中，与壬山地元龙对应，三为甲，甲属阳，故三入中后顺飞，不可用。

故此局辰方城门可用，未方城门不可用。

例三：八运壬山丙向下卦

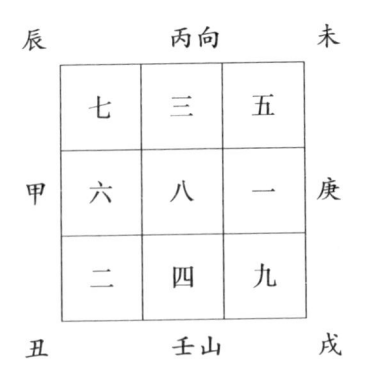

辰	丙向	未
七	三	五
六	八	一
二	四	九
丑	壬山	戌

（甲在左侧六的位置，庚在右侧一的位置）

城门在辰和未，辰七入中，七为庚顺飞，不可用。未五入中，五为未属阴，逆飞，八到未，为旺星，可用。此局未方城门可用，辰方不可用。

提示：凡"五"入中，看"五"所在宫位的元龙阴阳决定顺逆飞，而非由坐山元龙阴阳决定。

以上讲了找城门的方法，依这种方法找到了可用的城门，实际上并非是所有找到的城门都真的可用，这还需要据实际情况来分析。在这里我再把能用的城门条件加以规范：

（1）该城门的向星必须是当令的旺星，近旺生气星。不能是退死煞气星。

（2）该城门的山星必须是退死煞之星飞临，不能是生旺之星。若山星为旺生星，即使"向星"为旺也不能用，因城门方为水口，如开门，就算旺财也损丁。

（3）该城门的向星如为五黄，除四、五运及可通中宫向星的旺生之气外，均不可用。

符合以上条件的城门才是真正可用城门，才能在实际运用中为可开的门。

如，七运壬山丙向下卦

辰	丙向	未
2 3 六	3 7 二	9 5 四
甲 1 4 五	3 2 七	5 9 九 庚
6 8 一	8 6 三	4 1 八
丑	壬山	戌

根据上面找可用城门法则已经知道，辰、未两个城门都可用，如果再对照规范三法则，则两个城门都不可用。我们来看，辰方城门的宅命星盘的向星为3，煞气之星，如在此方开门，三碧煞气凶性入宅，哪里还谈得上吉。

也就是说原星命盘是基础，不能违背这个基础去谈城门。未方城门向星为5，五黄方开门大凶，又引向中宫2黑之气，凶上加凶，何来城门旺气。

再如，七运艮山坤向下卦

	巽	午	坤向
	2 3 六	6 8 二	4 1 四
卯	3 2 五	1 4 七	8 6 九
	7 7 一	5 9 三	9 5 八
	艮山	子	乾

根据找城门法则得出可用城门为"酉"，不可用为"午"。我们现在来看宅命星盘，酉方向星为6，是退气星，不吉，且山星为8，是七运的近旺生气星，如在此开门，动水，必损阳丁，这个城门实际上绝不可用。倒不如在"午"方开门动水，因午方向星为8，近旺生气财星，且该方山星6白为退气，也宜开门、见水。

取城门是在向首无生旺之星时，才考虑用城门，如向首有生旺星，宁开正门为好。城门当运有效，运过即败。

四、合十、三般卦、七星打劫

一、合十

1. 阴阳合十的类型

其一，以"形"论合十，这是形势派按山水形局论"天心十道"，指穴后的来龙与穴前的有情水相对成一直线，且龙虎砂的距离又相当，穴之左右距离相当，不偏左、偏右，此谓"天心十道"。如能配合玄空学立得旺山旺向，定是大吉之局，福运绵长。

其二，以"卦"论合十，指坐山运星与向首运星合十，且坐宫山星与向宫向星合十，坐宫向星与向宫山星合十。如五运艮山坤向、寅山申向、向首及中宫有水，二八合十主速发。

其三，以"数"论合十，指飞星盘中，每个宫位均与山星与向星合十，或山星与运星合十，或向星与运星合十。

例：下元八运丑山未向下卦

```
        辰        丙        未向
      ┌─────┬─────┬─────┐
      │ 3 6 │ 7 1 │ 5 8 │
      │  七 │  三 │  五 │
      ├─────┼─────┼─────┤
    甲│ 4 7 │ 2 5 │ 9 3 │庚
      │  六 │  八 │  一 │
      ├─────┼─────┼─────┤
      │ 8 2 │ 6 9 │ 1 4 │
      │  二 │  四 │  九 │
      └─────┴─────┴─────┘
        丑山      壬        戌
```

此局九宫内，均山星与运星合十，且旺山旺向，是八运的一个很好的宅局。

三元九运合十局共有24局：

一运：乾山巽、亥山巳，为向星与运星合十；
　　　　巽山乾、巳山亥，为山星与运星合十；

二运：丑山未，向星与运星合十；
　　　　未山丑，山星与运星合十；

三运：子山午、癸山丁，向星与运星合十；
　　　　午山子、丁山癸，山星与运星合十；

四运：甲山庚，向星与运星合十；
　　　　庚山甲，山星与运星合十；

六运：庚山甲，向星与运星合十；
　　　　甲山庚，山星与运星合十；

七运：午山子、丁山癸，向星与运星合十；
　　　　子山午、癸山丁，山星与运星合十；

八运：未山丑，向星与运星合十；

　　　　丑山未，山星与运星合十；

九运：巽山乾、巳山亥，向星与运星合十；

　　　　乾山巽、亥山巳，山星与运星合十。

一、九两运无旺山旺向局，故合十较多也是一种弥补。五运无合十局。

2. 合十的作用

合十的作用在于通气，不仅一个宫内山、向星与运星通气，且九宫亦通气，通气即旺。所以，在形局限制，难以立到旺山旺向时，立个合十局，亦为不差。

二、父母三般卦

一四七、二五八、三六九。这种三般卦是一至九运中，入中之星与坎、离两宫必然形成生成之数后，使中宫与山向卦气一贯、前后相通，且上中下三元之气都可通而用之。如一四七，一为上元，可劫夺中元四运、下元七运之气；四七一，四为中元可劫夺下元七运上元一运之气；七四一，七为下元，可劫夺上元一运中元四运之气。故称打劫，即劫夺之意。二五八、三六九可类推。

父母三般卦可分为三组：其一，离宫组：离震乾三宫的山向星形成父母三般卦，且入中之运星与山或向的运星合生成；其二，坎宫组：坎巽兑三宫的山向星形成父母三般卦，且入中之运星与山或向的运星合生成；其三，艮宫组：艮中坤三宫的山向星形成父母三般卦，且入中之运星与山向的运星也合成二五八父母三般卦。

三、七星打劫局

七星打劫局首先是父母三般卦，符合的了父母三般卦的条件，再有双星会向局的三般卦才能形成打劫局，如离宫真打劫、坎宫假打劫（真打劫功用强于假打劫）；象艮宫组在上山下水时却形成艮、中、坤的258父母三般卦，此种三般卦不叫打劫局，称"三般巧卦"。

我们把打劫局与三般巧卦分述于下：

其一：离宫打劫局（24局）

　　子山午向，癸山丁向：一、三、六、八运；

　　酉山卯向，辛山乙向：二、九运；

　　巽山乾向，巳山亥向：六、九运；（六运犯反伏吟，勿用）

　　辰山戌向：一、四运；

　　庚山甲向：一、八运；

　　壬山丙向：二、四、七、九运（九运犯反伏吟，勿用）。

其二：坎宫打劫局（24局）

　　午山子向，丁山癸向：二、四、七、九运；

　　卯山酉向，乙山辛向：一、八运；

　　乾山巽向，亥山巳向：一、四运（四运犯反伏吟，勿用）

　　戌山辰向：六、九运；

　　甲山庚向：二、九运；

　　丙山壬向：一、三、六、八运（一运犯反伏吟，勿用）

其三：三般巧卦（16局）

　　艮山坤向、寅山申向、坤山艮向、申山寅向：二、五、八运全盘三般巧卦；

　　丑山未向、未山丑向：四、六运合成全盘三般巧卦。

以上共64局，除6局犯反伏吟不用外，尚有58局，艮宫组的16局虽然全盘合成三般巧卦，但该16局除丑未山外全犯反伏吟且上山下水，丑未山向虽不犯反伏吟，但却上山下水，所以地形不是颠山倒水，还是不用的为好。这样看来，只有离宫和坎打劫42局可用。

总结：打劫局虽然有劫夺其他元运之气的功用，使宅局变旺，但它毕竟不如旺山旺向，而与合十局相似。所以，只有在形势受限不能立旺山旺向时，才能考虑打劫局。

立打劫局因打劫须三方通气配合，如离宫打劫局，必须在离、震、乾三方，坎宫打劫局，必须在坎、巽、兑三方有门、窗、楼梯，而且室外形势也能配合才行。如三方无气口，或有一方无气口，则打劫局不成功。不成功的打劫局只能以"下水局"断，为损丁，凶。

五、反吟伏吟

山向两星五入中宫，顺飞为伏吟，逆飞为反吟。伏吟与反吟都是与初始元旦盘来说的。初始元旦盘就是五入中的盘。

伏吟，如下元七运庚山甲向下卦

辰	丙	未
4 六	9 二	2 四
3 五 （甲向）	9 5 七	7 九 （庚山）
8 一	1 三	6 八
丑	壬	戌

向星5入中，5随本宫阴阳决定顺逆飞，甲属阳，故顺飞。如此，6到乾宫六，7到兑宫七……4到巽宫四。这样，全盘向星就与初始元旦盘星相同，此为向星伏吟。

如，下元七运甲山庚向下卦

辰	丙	未
4 六	9 二	2 四
3 五 （甲山）	5 9 七	7 九 （庚向）
8 一	1 三	6 八
丑	壬	戌

山星5入中，同样顺飞，这样全盘山星均与初始元旦盘相同，此为山星

伏吟。

凡向星伏吟，均为财星上山局，主破财；凡山星伏吟，均为丁星下水局，主损丁。

因伏吟为"伏"，重复加强了退死煞星的作用，故为凶。

反吟，如下元七运酉山卯向下卦

巽	午	坤
6 六	1 二	8 四
卯向 7 五	9 5 七	3 九 酉山
2 一	9 三	4 八
艮	子	乾

向星5入中，随本宫阴阳决定顺逆飞，卯属阴，故逆飞，得4到乾六、3到兑宫七，……7到震宫三、6到巽宫四，除向宫为旺向外，其余各宫位向星皆犯反吟。

山星5入中，同论。

凡向星反吟，均为旺向局，主旺财；凡山星反吟，均为旺山局，主旺丁。

旺山旺向局的反吟，不以反吟论，属旺局。

第六章　宅屋风水与调理

通过以上各节的学习，我们明白了玄空的基本理论。如何把这些基本理论与实践结合起来，来判断一所房屋的吉凶成败，是这一节要讨论的问题。玄空风水是以时间来进行元运划分的，时间不同，元运不同，其判断的结果也不尽相同。我们现在所处的时期正下元八运，而1984~2003年这个二十年为七运，2004~2023年为八运，我们现在所看的屋宇大都是在这个两个元运中建造的，故我们的讨论也以这两个元运为主。

在这里还须清楚几个概念，以便在下面讲解中能清楚明白地运用。

1. 满

高的地方为满，外形势如高楼、山、高地等，内形势为实墙、高立柜等。凡当运、生气丁星飞临之处都应以满为主。

2. 空

低的地方为空，外形势如河、湖、低洼处、马路等，内形势为门、大窗等。凡当运、生气向星飞临之处都应以空为主。

3. 风水化解物五行属性

金性风水物：金属物，现实生活中主要是指铜制的风水物，如金龙、金蟾、金铃、风铃、五帝钱、六铜钱、白色水晶球等；土性风水物：主要指黄色或土质的风水物，如黄水晶、黄玉、瓷器、陶器类；火性风水物：主要指红色风水物，如红水晶、紫水晶、红色中国结、红色灯泡、红色地毯等；木性风水物：主要指绿色植物或绿色木质类，如花卉、绿水晶等；水性风水物：与水相关的装置布局，如风水轮、鱼缸、风水球、水池等。

第一节 旺山旺向的风水布局调整

一、七运中的旺山旺向

在七运中共有六个山向为旺山旺向，分别是：酉山卯向，辛山乙向，卯山酉向，乙山辛向，戌山辰向，辰山戌向。

1. 酉山卯向、辛山乙向下卦

	巽	午	坤
	1 6 六	5 1 二	3 8 四
卯向	2 7 五	9 5 七	7 3 九	酉山
	6 2 一	4 9 三	8 4 八
	艮	子	乾

从宅命星盘来看，当令向星到向，山星到山，为旺山旺向，如后有靠山，前有水，定主旺财旺丁了。

然而，我们分析各宫情况，则有不少问题：中宫95组合大凶，《飞星赋》云：紫黄毒药，临宫兑口休尝。正是95紫黄临宫七兑，是一个最凶的组合，主性病、吸毒、癌症、牢狱、血光之灾等。如果中宫有动象，则必须化解。

坐、向的宫星盘虽是旺山旺向，但组合也有问题，坐山方为73九，7是先天火，九为后天火，3木又生火，一片火海来克7赤旺金，旺金受克无生，丁星受克，自然不利人丁，健康易出问题，也不发男丁。同时，73为穿心煞，主是非官司，易遭火灾。"九七合辙，常招回禄之灾"。须用"土、金"性风水物来做化解。向首方为27五，27合火，七赤金亦变，旺星难旺了，二五又是土旺金埋，须用"金"性风水物来化解。

三是午方51二，火土旺而克一白水，中男遭灾，坤方38四，木金旺克八白土，少男不利，乾宫84八，四绿木克土，但土旺遭反克，长女长媳有凶。艮宫62一，二黑病符凶星光临，失运的62组合不吉，对老父老母不利。

总之，七运的酉山卯向、辛山乙向、卯山酉向、乙山辛向，虽是旺局，仍要化解，不然这种局还是凶的。

我们再看到了八运后，七赤旺星已成退气，当然，由于七赤星在立极造宅时为值令之星，是旺星，到八运虽退气，但其旺星功能仍存在。那么，七运屋到了八运，除七赤旺星仍起作用外，另一个八运的当令之星八白要让其发挥作用了。因此，还要看八白星。八白星又分丁星与财星。那么，我们来看：八白丁星临乾方，如乾方高出有山，不能见水，则会旺丁，甚至比七运还要旺。若是见水低下，则进入八运则损丁。八白财星飞临坤方，该方见水或开门，此方由于木旺克八白，布火局化之，那么，八运则大旺财禄。如坤方见高处有山，则八运会破财了。

现在八运之时，七运中这个局如何做布局呢，现介绍如下：

坤方38四，8白财星飞临，此方可开门纳气，开大窗通气纳财，设动水装置来催旺财星，如风水轮、风水球、鱼缸等。又因38相战相克，故需用火性风水物化解，如红地板、家具、红、紫水晶等。

坐、向、中宫三方需化煞，坐山方摆一白色水晶球，化解73，79之火灾。向首需用金铃、铜钱剑、或金蟾来化解25交加的灾煞。中宫摆放金蟾、铜鼎等来化解957合局煞。

离宫51二，也有25交加之灾，用一串六铜钱或金铃化解，或摆放金蟾为上。

艮宫62一，2为病符，故用葫芦或六层风铃作解。

乾方84八，丁星8白飞临，宜设卧房与厨房。最宜新婚洞房，旺子。

巽方16六，可做文昌位，布局文昌塔或文昌笔来旺文旺官。

2. 卯山酉向、乙山辛向下卦

	巽	午	坤
	6 1 六	1 5 二	8 3 四
卯山	7 2 五	5 9 七	3 7 九	酉向
	2 6 一	9 4 三	4 8 八
	艮	子	乾

此两局与酉山卯向、辛山乙向两局大同小异，旺山旺向，八白丁星到坤，九紫到坎，八白丁星到乾，九紫入中。

乾宫 48 八，8 白财星飞临，此方宜开门纳气，见水则旺财，故应布水局来催旺现当运的财星，如布风水轮、风水球、鱼缸等。此外，由于 48 相克，故也要用红色来化解，如红地板、紫、红水晶等。

坐、向、中宫化煞方法与酉山卯向同，只不过是把坐向的化煞法进行对换即可。

坎宫 94 三，九紫丁星飞临，不宜开门、开大窗，宜高宜满。

离、艮宫解煞法与酉山卯向同。

坤方用火性风水物化煞，可用做旺丁房。

巽方的文昌位使用与酉山卯向同。

3. 戌山辰向

辰向	丙	未
9 7 六	4 2 二	2 9 四
甲　1 8 五	8 6 七	6 4 九　庚
5 3 一	3 1 三	7 5 八
丑	壬	戌山

此局在七运为旺山旺向，若得合理布局，则可以旺财旺丁。此局仍有不少问题存在，下面一一论述。

甲方 18 五，八白财星临之，此方室外若能配合，可将门移至此处，开门纳财最吉。就是不能开门，也要在此布旺财局。如鱼缸、风水轮或风水球，以动起八白星气。此外，用金气催旺水，更主要的是化解八白土克一白水，不利男丁的信息。如用金蟾、六铜钱等。

坐山方戌位 75 八，有土多金埋之嫌，此局不利人丁，所以要在此方布"金"局，如白色饰物、金铃等化五黄助丁星七赤。

向首辰方 97 六，"九七合辙，常遭加禄之灾"，七星财星受损，不加化解是难以旺财的。故可以在此方放一大白水晶球，通关化解旺财。

中宫 86 七，星盘组合吉，不用化解，但阳丁星八白在八运即入囚，男丁不旺。

未方坤宫 29 四，元旦盘又为二，火炎土燥，虽 9 为生气财星亦难言吉利，在此宫挂葫芦以化二黑病符，并置一鱼缸，既助财星 9 紫又调整此宫气场。辰山戌向局同此理也。

二、八运中的旺山旺向

在八运中的旺山旺向共有十四局，其中下卦六局，替卦八局。分别是：丑山未向下卦与替卦，未山丑向下卦与替卦，乾山巽向下卦与替卦，巽山乾向下卦与替卦，巳山亥向下卦与替卦，亥山巳向下卦与替卦，戌山辰向替卦，辰山戌向替卦。下面我们就来分别讨论一下每局情况：

1. 丑山未向下卦、替卦（此局下卦与替卦同）

辰	丙	未向
3 6 七	7 1 三	5 8 五
4 7 六	2 5 八	9 3 一
8 2 二	6 9 四	1 4 九
丑山	壬	戌

甲 左、庚 右

此局旺山旺向，丁财两宜，坐满朝空，定然人财两旺，心想事成。生气丁星九紫到庚、一白到戌，生气财星九紫到壬、一白到丙。坐、向、中宫一条线上合成258父母三般卦，且向星五黄入中，如山水形势龙真穴正，水路合法，可三元不败。

坐向、中宫均258父母三般卦，为全局财气贯通。坐后宜有高山，忌见水，向首宜见大水、江河湖泊，可速富也。忌见山，否则大败。

离、震、乾三宫合147父母三般卦，为全局文昌气贯通，离宫见小水以吉断，如见山或大水无情，"金水多情种，贪花恋酒徒"。震宫金木交战，山水皆忌，室内需用水通关。乾宫14同宫，见秀山、奇峰，"定主科名之显"。

坎、巽、兑三宫合369父母三般卦，虽非旺气，但亦能通气，坎宫69四，火金交战，伤老父，室外宜小水为佳，用黄玉等"土"性风水物化解。巽宫36七，金木交战，山水皆忌，宜用"水"化解，兑宫93一，见秀山出聪明之子，见水主男盗女娼。

大门宜开正门，纳向首旺气，财源茂盛。

未方为财星到向，58组合，有田庄地产之富，发少子，设计门、布动水加旺财运。

丙方离宫，向星1飞到，为远旺财星，可用水，设窗旺财，但窗外不宜见大水，到一运时不忌。

壬方为近旺财星9到，亦可用水来布，设计大窗来旺财运，同时69组合，伤老人，要解决这个问题，需泄水生金，故可用黄水晶化解。

丑方、庚方、戌方为丁星位，宜"满"，即设计卧室、桌位、橱柜、神位等。这些较高与固定位称为"满"。

厨房宜设：艮宫、乾宫、兑宫，最忌坎宫。

书房宜设：乾宫、兑宫。

卫生间宜设：震宫、巽宫。

宜造宅之年分：2011、2015、2020；

忌造年份：2007、2016。

2. 未山丑向下卦、替卦（此局下卦与替卦同）

	辰	丙	未山
甲	6 3 七	1 7 三	8 5 五
	7 4 六	5 2 八	3 9 一	庚
	2 8 二	9 6 四	4 1 九
	丑向	壬	戌

旺山旺向局，生气丁星九紫到壬，一白到丙，生气财星九紫到庚，一白到戌，向、运星全盘合十。坐满朝空，主丁财两旺。经云："巨入艮坤，田连阡陌。"此局地运60年，坐向、中宫又合258父母三般卦，是八运主富理想的宅局。

坐山85五，元旦盘又为二，一片旺土，山星八白反吟，当令不忌，如坐后有"土"、"金"形山，主大旺人丁。如山形不吉，亦主旺丁，但不出秀士出愚顽，若坐后见水不见山，损丁无疑。

向首28二，向星八白伏吟，当令不忌，也是一片旺土，如向方见水，特别是聚水、三叉水更佳，定主当运即发。但如见山不见水，主破财无疑。兑乾宫见秀水不见山，主旺财。乾宫还为很好的文昌位，41九，水木火连续相生，木火通明主文俊，出文贵也。

坎、离两宫宜山忌水，主旺丁。但坎宫96四，组合为凶，如见凶山或见水不见山，出不肖子孙。离宫如山水易位，损丁并出浪子。

震、巽、中宫，山水皆忌，金木相战，二五交加、凶星并聚，宜做化解。

大门宜正开，在"丑"方开门大吉，壬、甲城门实为不可用，不能开。

坤宫、坎宫、离宫宜见山，旺丁星，宜做卧房、儿童房。

艮宫、兑宫、乾宫宜见水，宜办公书房、厨房，卧室宜可。

卫生间宜设巽宫、震宫。若是其他房间设在了此处，宜用白色水晶、五帝钱化解。

忌 2010、2019 年建造此坐向宅。

3. 巽山乾向、巳山亥向下卦、替卦（此四局星盘同）

巽山	午	坤
8 1 七	3 5 三	1 3 五
9 2 六	7 9 八	5 7 一
4 6 二	2 4 四	6 8 九
艮	子	乾向

（卯在中行左侧，酉在中行右侧）

此四局都是旺山旺向，生气丁星九紫到震、一白到坤，生气财星九紫入中，一白到山。地运仅 20 年，如不能解囚，到九运则败矣。解囚：一是向上有大水放光，二是离宫见秀水，因离宫向星五黄可通中宫之气，三是中宫设大天井，见天白。

本局的最好的方位为向首，68 九，火土金连续相生，如向首见大水，则 8 白财星收水，6 白衰丁星出煞，不仅主大富，还可主贵。

坐山 81 七，有矛盾，旺丁星 8 到山，应该见山为妙，但远望财星 1 白则受损，到一运则败；见水可旺财，一运更旺，但八运就损丁。故权衡利弊，宁要山而不要水。

震宫、坤宫均宜山忌水，室内用"金"解交战，可添丁、出文秀，无山有水，则出愚顽劣子、浪子、破财。

离宫 35 三，此宫有奥妙，向星五黄本忌水，但因生气财星九紫入囚，如此方有秀水，则可通中宫向星九紫之气，解九运入囚。因五黄本为中宫，飞出后走到离宫，九紫本在离宫，地运流转而入中宫，故 5、9 易位，名异而实同。如离宫见山，特别是恶山，则此宅九运即败，且出盗贼、生恶疾。

坎、兑两方为城门，酉方城门原可用，但向星七赤为退气财星，从而也不能用。此两宫坎山水皆忌，艮宫64金木交战，是不利位置。

大门开正门向首方，大利，九运时可在午（丁）南方开便门出入，一运时可封再开后门为上。

巽宫、震宫、坤宫亦"满"，乾宫、中宫亦"空"。

书房宜设在巽、坤宫。厨房宜在巽、坤、震宫。卫生间宜在兑、坎宫。

忌建此四局的流年是2004、2012、2013、2021、2022，五黄入中及到山的流年。

4. 乾山巽向、亥山巳向下卦、替卦（此四局星盘同）

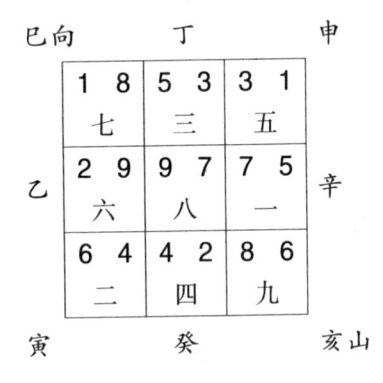

	巳向	丁	申
	1 8 七	5 3 三	3 1 五
乙	2 9 六	9 7 八	7 5 一	辛
	6 4 二	4 2 四	8 6 九
	寅	癸	亥山

此四局旺山旺向，生气丁星九紫入中、一白到向，生气财星九紫到震、一白到坤。地运160年，如坐满朝空，当运丁财大旺，但九运后丁星入囚，一运丁星下水，故此局实际上九运后人丁不旺，不得不察。

坐山方86九，旺丁星到山，最宜坐后有高山、高楼，定主大旺丁口，出文武官贵，坐后见水不见山，主破财、绝嗣。

向首18七，当旺财星到向，但生气丁星一白下水，最宜向方有秀水、水外有山，若朝山关拦环抱，主财丁两旺，如见水不见山，旺财不旺丁，一运尤甚。损男丁，中房不利。

震、坤两宫宜秀水、小水，主旺财，此局最宜水从震、巽、离到坤环绕，大旺财禄。

坎、离、艮、兑四方为凶，山水皆忌。需作一定化解。

大门开向首本位，九运时可考虑开卯（乙）东方门，既可通九紫旺气，又救向首一白丁星，需东方有明堂，水外形势配合才成。

乾宫、中宫宜"满"，巽、震、坤宫宜"空"。

书房宜设坤方、坎方化解可用。厨房宜设乾、巽、坤宫。卫生间宜设艮、离、坎宫。

宜建造的流年：2011、2020。

忌建造流年：2005、2014、2023。

5. 辰山戌向替卦

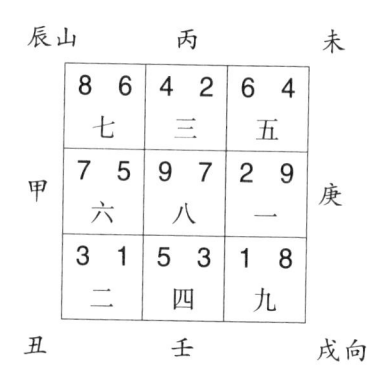

辰山	丙	未
8 6 七	4 2 三	6 4 五
7 5 六	9 7 八	2 9 一
3 1 二	5 3 四	1 8 九
丑	壬	戌向

甲　　　　　　　　　　　　庚

此局与本坐向的下卦相比，真是天壤之别，下卦是上山下水的败局，替卦却是旺山旺向的旺局，所谓差之毫厘，谬以千里。

旺山旺向，全局又是连珠三般卦，如坐满朝空，为既旺又吉之局也。注意此局宜兼巽，不宜兼乙，若有差池则出卦，出卦则败矣。地运160年。生气丁星九紫入中，一白到戌；生气向星九紫到庚，一白到丑。此星盘坐山星盘组合大吉，向首与艮宫有吉有凶外，其余各宫组合皆凶，因旺山旺向，三般卦，故此局依旺局论。

坐山方86七，坐后宜高山，土形金形为最佳，这样既可大旺丁星，亦可旺财出贵，因煞气财星6白为官星，吉星，见山出煞得利焉。

向首方18九，当令财星8白到向，向首宜小水或平地，不宜见大水，因生气丁星一白同宫，见大水恐有损丁之嫌。

艮宫生气财星 1 白飞临，有水亦能助财，亦可做文昌。庚方生气财星九紫飞到，如室外有水、路，可旺财。

其余各宫组合不吉，旺局逢三般，不怕。室内可做适当化解，坎、离、震宫用"金"，坤宫用"水"化解。

大门开正向首，纳 8 白财气为佳。

巽、中宫宜"满"。乾宫、兑宫、艮宫宜"空"。

书房宜艮宫。厨房宜艮、巽两宫。卫生间宜坎、坤宫。

忌建造流年：2004、2012、2013、2021、2022。

6. 戌山辰向替卦

辰向	丙	未
6 8 七	2 4 三	4 6 五
甲 5 7 六	7 9 八	9 2 一 庚
1 3 二	3 5 四	8 1 九
丑	壬	戌山

与辰山戌向替卦有近似之处，旺山旺向，生气丁星九紫到庚，一白到丑，生气财星九此入囚，一白到山，地运 20 年，太短，慎立。此局坐满朝空，当运必大发。此局若是中宫设天井，向上有大水放光、壬方有水并开便，九运时也不会入囚，只是条件较苛刻，难以满足。

坐山 81 九，旺丁星到山，生气财星 1 白也到山，宜坐后有矮山，山后有水缠绕，则既旺丁也无破财之灾，如只见高山，当大旺丁口，但一运时，破家难免。

向首最宜见大水环绕，不仅旺财且出高官、文武全才之人，如见山则损丁破财。

庚、丑两方亦见山，主旺丁。

大门开正门，纳财气，主富。

乾宫、兑宫、艮宫宜"满"，巽宫、中宫宜"空"。

书房宜艮宫，厨房宜艮、乾宫，卫生间宜震、离、坤宫。

忌建造流年：2005、2014、2023。

第二节　双星会向的风水调整布局

一、七运的双星会向局

七运的双星会向局也就是下水局共有6局：壬山丙向、丑山未向、午山子向、丁山癸向、坤山艮向、申山寅向。下水局一般来说是旺财不旺丁的格局，这种格局，如果追求经济效益还是不错的，比较适合商铺。下面我们对七运的双星会向局作一分析。

1. 壬山丙向下卦

	辰	丙向	未
	2 3 六	7 7 二	9 5 四
甲	1 4 五	3 2 七	5 9 九	庚
	6 8 一	8 6 三	4 1 八
	丑	壬山	戌

此局为双星会向，也是七星打劫局，在离、震、乾三方有气口，为打劫成功，缺一不可。不然以下水局看。

双星会向，生气的丁星到山，所以坐上见山，旺丁。只要向首不见大水，见小水后又见山，那么实为旺局，人财两旺。

向首丙方 77 二，元旦盘为九，火太旺克七赤金，因 27 合火，97 合化火，故此方应放"土金"类风水物做化解，比如白色水晶球。

坐山壬方 86 三，此方最好设卧室，不宜开大窗，宜满不宜空。有山则旺丁，荫生贵子，也旺财，因生气丁星 8 到山，煞星财星 6 见山为收煞，旺财。

坤宫与兑宫见 95 为紫黄毒药为最差，需用"金"来解煞，要以放五帝钱、七层铜铃、大号金蟾等。两方可设卫生间。

巽宫与中宫见 23 为斗牛煞，也不吉，故要选用"火"来化解，比如中国结、红地毡。也可用开光的金龙做化解。

艮宫方见 68 一，此方生气财星飞临，为财位，做旺财布局。168 三吉星云集，是最吉之财位也。条件许可此方可开门纳财气，不然设动水以旺财，若此方见水都为理想的形势，可大旺丁财。见水是旺财的生气财星 8 临，为收水。退气丁星 6 临，见水为出煞，旺人。可设书房、厨房。

2. 丑山未向下卦

辰	丙	未向
9 5 六	5 9 二	7 7 四
8 6 五 (甲)	1 4 七	3 2 九 (庚)
4 1 一	6 8 三	2 3 八
丑山	壬	戌

双星会向的下水局，旺财不旺丁，宜商铺，家居要做调整。

向首坤宫未方 77 四，最宜向上有小水，水外有山为最理想的外部形势，为人财两旺。若只见水，旺财损丁，只见山可以旺丁，但破财。

坐山艮宫丑方 41 一，一四同宫，旺文昌，最宜设书房。可摆放文昌塔旺文星，利于功名。

壬方 68 三，8 白财星飞临可开门纳吉气旺财，置风水轮旺财，见水能旺财也可旺丁，退气丁星 6 见水为收煞，旺丁。

乾宫与兑宫见 23，为斗牛煞，用"火"化解。也开以用金龙做解。

最差的方位是离宫与巽宫，见 95 为紫黄毒药，用"金"来化，五帝钱、金铃风铃、金蟾等来解煞。宜设卫生间。

震宫 86 五，生气丁星飞临，要设卧室。不宜开大窗。是旺丁房，新婚卧室，可荫生贵子。

3. 午山子向、丁山子向下卦

巽	午山	坤
1 4 六	6 8 二	8 6 四
9 5 五	2 3 七	4 1 九
5 9 一	7 7 三	3 2 八
艮	子向	乾

卯（左） 酉（右）

此局为双星会向，也为坎宫打劫局，在坎巽兑三方形成 147 父母三般卦。此三方开门设窗通气，为打劫成功。否则以下水局论之。

向首坎宫子方 77 三，此方若见水则旺财损了健康，若有明堂平地后再见山为宜。

坐山午方 68 二，生气财星 8 飞临，此方宜"空"见水。大旺财气，特别到八运更旺。

震宫与艮宫为 95 紫黄毒药，要化解为宜，用"金"化解，如五帝钱、金铃风铃、金蟾等来解煞。宜设卫生间。

巽宫与兑宫见 14 为文昌，利于功名，可做旺文昌布局。做书房、学生房。

坤宫 86 四，生气丁星 8 飞临，宜满，可做卧房。得贵子。

乾方与中宫为23斗牛煞，用"金龙"来化解。

4. 坤山艮向、申山寅向下卦

```
巽          午          坤山
    ┌─────┬─────┬─────┐
    │ 3 2 │ 8 6 │ 1 4 │
    │  六 │  二 │  四 │
    ├─────┼─────┼─────┤
卯  │ 2 3 │ 4 1 │ 6 8 │  酉
    │  五 │  七 │  九 │
    ├─────┼─────┼─────┤
    │ 7 7 │ 9 5 │ 5 9 │
    │  一 │  三 │  八 │
    └─────┴─────┴─────┘
艮向         子          乾
```

双星会向，坐向中宫147文昌星大旺，是一个利于功名的局向。向首若有小水，水后有山是为外形合法，财丁可以两旺。

坐山中宫14四，为文昌位，可做书房，布局旺文的文昌笔或文昌塔利于功名事业。亦可做读书孩子的房间。

兑宫68九，是最好方位，生气财星8飞临，是八运大旺的财星，故要布旺财的动水装置，风水轮、风水球，鱼缸等。

午方86二，生气丁星8飞临，此方宜"满"，见山为宜，利男丁，可设为卧室、厨房。

乾、坎两宫最凶95紫黄毒药，宜用"金"来化解。做卫生间利。

震、巽方32斗牛，又加五黄，更不利，健康有损，可放葫芦、金龙化解为宜。

二、八运中双星会向

八运中双星会向共8局，下卦6局，替卦2局，分别是：子山午向下卦、癸山丁向下卦、卯山酉向下卦与替卦、乙山辛向下卦与替卦、丙山壬向下卦、庚山甲向下卦。我们在这里把这八局风水情况及调整布局进行一一介绍。

1. 子山午向、癸山丁向下卦

	巽	午向	坤
	3 4 七	8 8 三	1 6 五
卯	2 5 六	4 3 八	6 1 一	酉
	7 9 二	9 7 四	5 2 九
	艮	子山	乾

这两局星盘相同，双星会向，生气丁星九紫到山，一白到坤，生气财星九紫到艮，一白到兑。

坐山方与艮方，山向星为97、79，先后天火合并为凶的组合，故用"土"气的风水物化解，黄水晶、玉石为佳。坐山方生气丁星9紫、退气财星7赤飞临，宜见山。艮方退气丁星7赤、生气财星9紫飞临，宜见水。故坎方有山无水，艮方有水无山合法，主旺丁旺财。反之以凶论。"九七合辙，常遭回禄之灾"。

向首方88三，向方有小水，水外有秀山，主财丁并旺，如见山不见水，旺丁破财，见水不见山旺财损丁。

西方兑宫与西南坤方，16合，吉断。如坤方有秀山，文笔山，西方有秀水，则出官贵、文秀。《玄空秘旨》云："虚联奎壁，启八代之文章。"

西北乾方东方震方，25并临，"二五交加，惟死亡并生疾病"，山水皆忌，宜平地。

东南巽方与中宫，43碧绿风魔，山水皆忌，巽方如临恶山恶水逼近，主中风、肝胆病、骨痛、麻痹、瘫痪，凶论。

大门宜开向首、西方、艮方。这些方位宜动，可设楼梯、大窗子、水池、风水轮、鱼缸等。

卧室、厨房、神位宜设：离宫、坤宫、坎宫。书房宜在兑宫、坤宫。卫生间宜设巽宫。

宜建年份：2004、2013、2015。

忌建年份：2009、2018。

2. 卯山酉向、乙山辛向下卦、替卦

```
        巽        午        坤
      ┌──────┬──────┬──────┐
      │ 5  2 │ 1  6 │ 3  4 │
      │  七  │  三  │  五  │
      ├──────┼──────┼──────┤
  卯  │ 4  3 │ 6  1 │ 8  8 │  酉
  山  │  六  │  八  │  一  │  向
      ├──────┼──────┼──────┤
      │ 9  7 │ 2  5 │ 7  9 │
      │  二  │  四  │  九  │
      └──────┴──────┴──────┘
        艮        子        乾
```

这四局星盘完全相同，放在一起讨论。双星会向，生气丁星九紫到艮、一白到离，生气财星九紫到乾、一白入中，会向下水局，旺财不旺丁。

坐山方与坤方43、34，均为死煞之气，两方山水皆忌，如有恶山恶水，主盗贼、乞丐、中风、骨痛等。坐山方即使有秀山善山，亦不旺丁。

向首88一，最宜向方平地、明堂、小水，水外有案山，主丁财两旺。向首忌见大江河，田野广阔又无案山相朝，虽旺财运而损丁。

坎、巽两宫25交加，山水皆忌，如见恶山恶水，主疾病损主，鳏寡孤独。

艮、乾两宫，97合辙，火星太旺，宜用"土"性风水物化解。黄水晶与玉石等。艮方宜见秀山不见水，乾方宜见秀水不见山，虽不旺男丁，出美女无疑，亦可出异路功名子孙。两方若山水易位，主火灾、血症、肺病、伤残等。

离、中两宫16共宗，如离宫见奇峰、秀山，中宫168吉星相会设天井，定主科甲连登，出官贵、文贵也。

大门宜开正门，在西方开门为吉。

卧室宜设艮宫、离宫、乾宫，厨房宜设兑宫、离宫，书房宜设离宫。卫

生间宜坤宫、巽宫。

宜建造年份：2004、2022。

忌建造年份：2011、2020。

3. 丙山壬向下卦

辰	丙山	未
2 5 七	7 9 三	9 7 五
1 6 六	3 4 八	5 2 一
6 1 二	8 8 四	4 3 九
丑	壬向	戌

甲（左中），庚（右中）

此局双星会向，生气丁星九紫到未，一白到甲，生气财星九紫到山，一白到丑。

坐山方 79 三，隐含火灾信息，如后面有电塔、尖角形高建筑等，会应此灾。宜坐后有小水、平地为上。因生气财星到山，故以空为好。未方也是 97 合辙，最凶，需用"金"性风水物化解。

向首双八飞临，最宜见聚水、三叉水，小水，案山关拦，主丁财两旺。如见山不见水或高楼逼压，破财无疑，也不会旺丁。

震、艮两方 16 连珠最吉，如见甲峰丑水，山秀水美，主世代书香，出文贵。丑方还可用之城门，布水还可旺财。

兑、巽两宫 25 交加，山水忌见，凶山恶水，鳏寡孤独。

乾、中两宫 43 死木，"碧绿风魔"为凶，宜平地，不宜山水。

大门正开，壬方坎宫为上。

书房宜设震宫、艮宫，厨房宜设坎宫、艮宫、震宫。卫生间宜设兑宫。

宜建造年份 2005、2014、2023。忌建年份 2008、2017。

因此局克战凶险的方位较多，外形势若不能很好合法，还是不立为好。

4. 庚山甲向下卦

	辰	丙	未	
	9 7 七	5 2 三	7 9 五	
甲向	8 8 六	1 6 八	3 4 一	庚山
	4 3 二	6 1 四	2 5 九	
	丑	壬	戌	

双星会向。生气丁星九紫到辰，一白入中，生气财星九紫到未，一白到壬，地运140年，如山水配合，为八运可用之吉宅。

坐山方不利34碧绿风魔，山水皆忌，宜平地为佳，如见凶山，主刑伤、车祸、中风、肝胆疾、神经病等。室内宜用"火"性风水物化解。

向首双八，六白临，吉位，宜有明堂平地，有小水，水外案山有情，主丁财两旺。如见大水，则损男丁。

坎、中宫16连珠，中宫宜山忌水，坎宫宜水忌山，如见秀水，主出官贵、文贵，吉位。

巽、坤两宫，九七合辙，坤宫975合局煞，大凶。巽宫见山不见水，室内用"土"性风水物化解，坤宫见秀水静水而不见山，室内用"金"性风水物化解，可旺丁财，且出文秀、美女、异路功名之子孙。否则，如见巽水坤山则主火灾、血症、吸毒、服毒自杀、性病等。

离、兑、乾三宫均为凶，山水皆忌。离、乾两宫宜用"金"性风水物化。兑宫宜用"火"性风水物化解。

大门宜开正门甲方。两边城门不可用，开则大败。

书房宜设坎宫。厨房宜设坎宫、震宫。

卫生间设乾宫、离宫。

忌建年份：2006、2015。

第三节 双星会坐的风水调整布局

一、七运双星会坐

七运双星会坐也就是财星上山局共有6局，子山午向、癸山丁向、艮山坤向、寅山申向、丙山壬向、未山丑向。下面我们分别对这六局进行分析。

1. 子山午向、癸山丁向下卦

巽	午向	坤
4 1 六	8 6 二	6 8 四
卯 5 9 五	3 2 七	1 4 九 酉
9 5 一	7 7 三	2 3 八
艮	子山	乾

这两个山向星盘相同，故放在一起讨论。双星会坐，生气丁星八白下水，为衰局。如坐山方见山、向首见水为损丁破财，坐山方有小水，水外有山，向首见山则为合法外形势。

西南坤方68四，8白财星飞临，是旺财方，故应在此方开门或开大窗，置动水设施，如风水轮、风水球、鱼缸、水池等，可大旺财运。

向首南方离宫86二，丁星8白飞至，是旺丁的地方，不宜开大窗，室外有高楼则利男丁。

西方兑宫14九，四绿煞气，为文昌，亦是桃花，此位放紫水晶可化解。中宫与乾方为23斗牛煞，不宜有动象，可用"红"色风水物化解，也可摆放金龙化解。

坐山方坎宫双7飞临，在八运内七赤破军凶性显现，故此宫不宜见水，不宜有动象，以静为上。

艮宫与震宫为95紫黄毒药，需用"金"化解，如五帝钱、金铃、金蟾等。

东南巽宫41六，文昌大吉位，可用做书房，或上学的儿童房，加文昌布局，定然要以文上有喜。室外不宜见绳索状水路，经云：巽宫水路缠乾，当有悬梁之厄。

2. 艮山坤向、寅山申向下卦

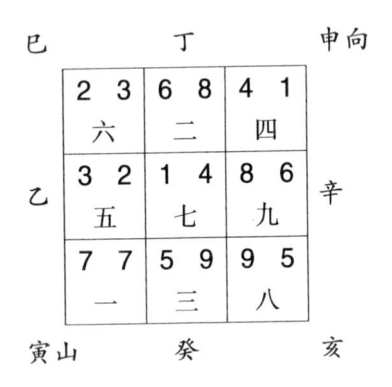

巳	丁	申向
2 3 六	6 8 二	4 1 四
3 2 五	1 4 七	8 6 九
7 7 一	5 9 三	9 5 八

（左侧：乙；右侧：辛；下方：寅山 癸 亥）

此两局星盘相同，双星会坐，向首不见当旺财星，生气八白财星飞临午方，为旺丁不旺财的上山局。如若坐后有水，水外有山，向首平地，午方见水、路有情，则此两局亦为旺吉之宅，主财丁两旺。特别是坐、向、中宫合成147父母三般卦，文昌星大旺且贯通全宅，主出文秀。

南方离宫68二，8白财星飞临，故此方应通气纳吉为上，若能开门，门外有水、路有情则可大旺财气。若不能开门，开窗也可纳气，可在窗边放风水轮以助起8白财气。

西南坤宫41四，为文昌位，可以用做书房和儿童读书之处，做文昌布局，可以得功名，利求学。

西方兑宫86九，8白丁星飞临，不宜门路纳气，不然有丁星下水之嫌，宜做卧房，宜室外有高楼。可以利旺男丁。

西北与北方的乾宫兑宫有59紫黄毒药，宜用"金"风水物化解，如放六铜钱、金铃、金蟾化解。

东方与东南的震宫与巽宫为23斗牛煞，主口舌是非，还有"二五交加，唯死亡并生疾病"。需在此方窗台上放金蟾、并挂一葫芦解煞。

3. 丙山壬向下卦

	辰	丙山	未	
	3　2	7　7	5　9	
	六	二	四	
甲	4　1	2　3	9　5	庚
	五	七	九	
	8　6	6　8	1　4	
	一	三	八	
	丑	壬向	戌	

此局是双星会坐，双七到山，又因生气八白财星到向，从而成了两头财的旺局，是上山局中最好的宅局了。

向首壬方坎宫68三，生气的财星8白到八运当令司权，故向首处坎方开阔见大明堂或真水，开正大门，纳吉气，旺财运也。若无大门也要开大窗布动水设施以催旺财气。

东北艮宫86一，是8白丁星飞临，喜满不喜空，故适合卧室，以利男丁，健康无灾。不宜见水开门开大窗。

西北乾宫与东方震宫都见41，为文昌，都可设书房与儿童房，利于读书与功名。可做旺文昌布局。

东南巽宫与中宫见23为斗牛煞，用"红"色化解，或摆放金龙，在东南方或有窗子挂一葫芦化二黑病符。

坐山南方离宫，宜静不宜动。不能设楼梯、卫生间。

西南坤宫与西方兑宫都见95为大凶紫黄，用"金"化解。可做卫生间用。

4. 未山丑向下卦

	辰	丙	未山
	5 9 六	9 5 二	7 7 四
甲	6 8 五	4 1 七	2 3 九	庚
	1 4 一	8 6 三	3 2 八
	丑向	壬	戌

此宅命盘双七会山，坐满朝空，则旺丁破财，如坐后有水，水外见山，七运中尚可小发。

此局中的 8 白财星飞东方甲震宫 68 五，此方要通气纳财为吉，若能此方开门，门外明堂或见水、路有情，则八运可发富也。如是见山高楼阻挡，则无所用，破财坏家难免。

向首丑方艮宫 14 一，与中宫都可看到文昌，利于做书房与儿童房，以利读书与功名。

壬方坎宫 86 三，是 8 白丁星飞临，是旺丁房，宜山宜满不能见水，故室外有高楼则有利于健康，旺男丁。如室外有水路直冲，则会损丁，疾病伤灾，意外灾祸发生。用"泰山石敢当"安置此处，以挡路煞，可起缓解作用。

西北乾宫与西方兑宫都是 23 为斗牛煞，可用"红"色解煞，小凶，用金龙与葫芦化病符二黑。

南方离宫与东南巽宫见 95 紫黄，凶，用"金"性风水物化解。

坐山西南坤宫，宜静不宜动，不可设楼梯与卫生间。

二、八运中双星会山格局

八运中双星会山的格局一共有 8 局，下卦 6 局，替卦 2 局，分别是：午山子向下卦，丁山癸向下卦，酉山卯向下卦与替卦，辛山乙向下卦与替卦，壬山丙向下卦，甲山庚向下卦。下面我们分对这 8 局分别作一分析。

1. 午山子向、丁山癸向下卦

```
巽         午山         坤
   ┌─────┬─────┬─────┐
   │ 4 3 │ 8 8 │ 6 1 │
   │  七 │  三 │  五 │
   ├─────┼─────┼─────┤
卯 │ 5 2 │ 3 4 │ 1 6 │ 酉
   │  六 │  八 │  一 │
   ├─────┼─────┼─────┤
   │ 9 7 │ 7 9 │ 2 5 │
   │  二 │  四 │  九 │
   └─────┴─────┴─────┘
艮         子向         乾
```

此两局星盘相同，一起来分析。双星会坐，生气丁星九紫到艮，一白到兑，生气财星九紫到坎，一白到坤。如坐满朝空，人丁兴旺，财弱。

坐山 88 三，双 8 飞到，宜坐后有小水，水后有山，主丁财两旺，忌坐后有水无山，旺财损丁，有山无水也不好，旺丁破财。

向首 79 四，九七合辙，火气太盛，生气财星飞临，宜水静忌大水冲，更怕高山高楼压逼。火气太盛可用"土"性风水物化解，如黄水晶，或黄玉最佳。艮宫同样也是 97 合辙，化解法一样。只是艮宫宜见山不宜见水。

兑、坤两宫 16 连珠吉。如见兑峰坤水，主科甲连登，故兑宫宜山忌水，因丁星为 1，旺向星为 6 衰，宜山、收山，利人丁财运坤宫宜水忌山。同样的道理，此宫向星财星 1 到，山星 6 到为衰，故宜水不宜山，见水旺财人丁两旺。外形势如此为吉位。

乾、震宫 25 交加，损家长，患绝症，如见凶山恶水即应之，故用"金"性风水物化解稍吉。如金铃、六铜钱、金蟾等。

巽、中两宫 43 死木煞气，山水皆忌，宜用"火"性风水物化解。

大门宜正开，因九紫财星临之。

书房宜设兑、坤宫。厨房宜设离、兑、坤宫。

卫生间宜设巽、震宫。

宜建造流年：2006、2015。

忌建造流年：2009、2017、2018。

2. 酉山卯向、辛山乙向下卦、替卦

	巽	午	坤	
	2 5 七	6 1 三	4 3 五	
卯向	3 4 六	1 6 八	8 8 一	酉山
	7 9 二	5 2 四	9 7 九	
	艮	子	乾	

此四局星盘相同，故也放在一起分析。双星会坐，生气丁星九紫到乾、一白入中，生气财星九紫到艮，一白到离。如坐满朝空，旺丁破财。

向首34六，玄空重在向首，如今向首"碧绿风魔"煞气入户，没有丁点旺气。"同来震巽，昧事无常"除坐、离、中宫为吉外，其余皆凶，败宅之星盘，慎立。

坐山88一，又8到坐，故先见小水，水外有山，当运可旺财丁，过运难支。向首宜平地，山水皆忌。离宫宜见秀水，出官贵、文贵。艮宫宜小水，乾宫宜山，但需用"土"性风水物化97火煞。坎、巽、坤山水皆忌。为凶方。坎、巽宜用"金"性风水物化之。坤宫宜用"火"性风水物化之。向首不能开门。开艮方可。因有近旺向星9到，利设门，但97合辙，有灾，为火克金，凶，用"土"性风水物，如金龙、金蟾来化解火煞。

书房宜设离宫。厨房宜设兑宫。

卫生间设坎、坤、巽宫。

如艮方有水开门，

建造流年：2013、2022。

忌建造流年：2011、2020。

3. 壬山丙向下卦

辰	丙向	未
5 2 七	9 7 三	7 9 五
6 1 六	4 3 八	2 5 一
1 6 二	8 8 四	3 4 九
丑	壬山	戌

（甲在左中，庚在右中）

此局双星会坐，生气丁星九紫到丙，一白到丑，生气财星九紫到未，一白到甲。

坐山方 88 四，双 8 飞临，财星与丁星同时到山，坐后高山高楼则旺丁不旺财，最好是坐后有小水，水外有山，则财丁两旺。

向首 97 三，近旺生气丁星下水，退气七赤星为向，如向首见水，则主损丁破财无疑。"九七合辙，常遭回禄之灾"。九七先后天火又齐聚离宫火太旺，向首若是再见水恶山，定主火灾、口舌、血光、破财、损丁。向首平地，后有秀山则可。回禄灾星亦用"土"性风水物化之，水晶球类。

未方 79 五，此方为城门方，且生气财星九紫飞临，可用之城门，在此开大门，可也。由于星盘 795 合煞，最凶，"紫黄毒药，临宫兑口休尝"。宜用"金"性风水物化解，如金铃、金蟾等。

辰方 52 七，凶位，山水皆忌，需用"金"性风水物化之。兑宫庚方同辰方，金性风水物化解之。

甲、丑两方，一六相会，星盘组合吉，丑方宜见山，甲方宜见水，奇峰秀水得位，定主官贵、文贵也。

西北戌位与中宫，见 34 相会，为死煞风魔，忌山水，宜平地。需用"火"性风水物化之。如紫水晶、中国结。

大门宜开未方，或甲方。楼梯、水池、鱼缸、大窗宜设壬、未、甲方。

书房宜设甲、丑方。厨房宜设壬、丑方。卫生间宜设戌、庚、辰方。

适宜建造流年：2005、2007、2012、2016、2021。
忌建造流年：2008、2009、2017、2018。

4. 甲山庚向下卦

	辰	丙	未
	7 9 七	2 5 三	9 7 五
甲山	8 8 六	6 1 八	4 3 一	庚向
	3 4 二	1 6 四	5 2 九
	丑	壬	戌

双星会坐，生气丁星九紫到未、一白到壬，生气财星九紫到辰，一白入囚，地运40年，坐满朝空，旺丁破财。

坐山方88六，丁财星到山，所以最宜坐后小水后见山，山宜土、金形。最旺8白丁星。

向首43一，过气煞星，碧绿风魔，"同来震巽，昧事无常"。故向首方山水皆忌，宜平地。若见水冲，反弓水、路，并见破面山、反背山、掀裙山、探头山，主中风、肝病、骨痛、出贼丐、娼妓，并因病灾、声色犬马，败尽家财。艮宫飞星34二，同断。

离、乾方二五交加，唯死亡并生疾病。山水皆忌，主鳏寡、绝症、血光之灾。宜用"金"性风水物化解。

巽、坤两方97，常遭回禄之灾。宜用"土"性风水物化之，巽方宜水忌山，坤方宜秀山忌水。

坎、中宫16相会，为吉，坎方宜见秀山、中宫宜设天井，主出读书聪明之文贵。

大门可开辰方巽门，做适当化解。

书房宜设坎、中宫。厨房宜设震、坎宫。

卫生间宜设艮宫。

忌建造流年：2006、2015、2011、2020。

第四节　上山下水的风水调整

一般来说，上山下水为败局，既不旺丁也不旺财，以不立不住为好。在这里我们针对具体情况来分析。

一、七运上山下水局

七运上山下水共有6局，乾山巽向、亥山巳向、巽山乾向、巳山亥向、庚山甲向、甲山庚向。

1. 乾山巽向、亥山巳向下卦

	巽向	午	坤
	7　5 六	3　1 二	5　3 四
卯	6　4 五	8　6 七	1　8 九	酉
	2　9 一	4　2 三	9　7 八
	艮	子	乾山

这两局星盘相同，合在一起分析。这个局势是九宫内连珠三般卦，满盘贵人，只是犯了上山下水的格局，如坐满朝空，形势不配，仍不为吉。如坐空朝满，颠山倒水，则为合法，亦能旺丁也能旺财，但到八运则大不如前。

此局中八白财星到西方兑宫18九，若能在此开便门，设动水装置，纳八运之旺气，则可利财运，达到旺财的目的。

西南坤宫53四，此宫宜静不宜动，实为病灾位，"碧绿疯魔，临他廉贞莫见",主中风、神经痛等。用金龙、葫芦可望化解。又因八白丁星入囚，坤宫5黄通中宫山星8白之气，此处宜有高山高楼，来解丁星入囚之灾。但如此以来，本宫的5黄则得位逞凶的可能性也增大了。是进亦忧退亦忧，难也。

南方离宫31二，有远望财星1到，可设动水来旺财运。

东南巽宫75六，山星到向，向星五黄，故可用金象、金蟾来调整。

东方震宫64五，金木相战，安放安忍水。

东北艮宫29一，有气财星9飞临，可以布水旺财。

北方坎宫42三，病符飞临，用紫水晶或葫芦化解。

2. 巽山乾向、巳山亥向下卦

巽山	午	坤
5 7 六	1 3 二	3 5 四
4 6 五	6 8 七	8 1 九
9 2 一	2 4 三	7 9 八
艮	子	乾向

卯（左）　酉（右）

此两局上山下水，地运最短，是过运的宅局，已呈败局，向星8白入囚，到八运即败，现已是八运，故为败宅。这种房子能不住还是以不住为好。

若不得不住，则做一下风水布局，可以好些。

向首79八，安放白水晶与动水装置。

东北艮宫92一，安放葫芦或八铜钱。

东方震宫46五，安放安忍水。

西南坤宫35四，放紫水晶化解。

中宫放风水球。

3. 庚山甲向下卦

	辰	丙	未	
	8 4 六	4 9 二	6 2 四	
甲向	7 3 五	9 5 七	2 7 九	庚山
	3 8 一	5 1 三	1 6 八	
	丑	壬	戌	

此局是七运中最败最凶之局，如坐满朝空，必是败局无疑。上山下水主损丁破财。中宫95七合局煞，有动象为大凶，紫黄毒药，又临七兑口，所谓"紫黄毒药，临宫兑口休尝"。坐山279一片火海，主火灾、炎症、癌症、破大财。向首735，主被盗、官非、刑伤。其他各宫坎不吉。

如坐空朝满，则此为合法，虽不比旺山旺向局，但也是旺局，但不做化解，发了财也会凶灾连连。调整如下：

向首73五，安放金蟾、铜钱剑。

东南84六，如有大窗，摆放大植物。

西南坤宫62四，在窗边挂葫芦。

坐山27九，安放白水晶，西北16八，可摆放龙龟。东北艮宫38一，用紫水晶洞。中宫用金蟾金象。

4. 甲山庚向下卦

	辰	丙	未	
	4 8 六	9 4 二	2 6 四	
甲山	3 7 五	5 9 七	7 2 九	庚向
	8 3 一	1 5 三	6 1 八	
	丑	壬	戌	

此局与庚山甲向一样,都是既凶又败之局,再加坐满朝空,实为不堪居之。如坐空朝满,颠山倒水还尚可为之。

一般来说,上山下水格局都是最差之局,很难布出旺局来。所以,对于上山下水,形势不合法,最好不选为好。

二、八运中上山下水的格局

八运中上山下水的格局也有8局,下卦6局,替卦2局,分别是艮山坤向下卦与替卦,坤山艮向下卦与替卦,寅山申向下卦,申山寅向下卦,戌山辰向下卦,辰山戌向下卦。下面我们分别进行每个山向的分析。

1. 艮山坤向下卦与替卦,寅山申向下卦

	巽	午	坤向
	1 4 七	6 9 三	8 2 五
卯	9 3 六	2 5 八	4 7 一	酉
	5 8 二	7 1 四	3 6 九
艮山		子	乾

这三局星盘完全相同,合在一起分析。上山下水,生气丁星九紫到震,一白到巽,生气财星九紫到离,一白到坎。全局反吟但合父母三般卦。按沈氏玄空理论来看,坐满朝空为既败又凶之局,主损丁破财。出僧尼。若"颠山倒水"之形势,亦为可用之局。即是坐向方有水,向首方有山,则可以立向建造,旺也。

坐、向、中宫合258父母三般卦,但旺星失位,三般卦亦主凶。特别坐满朝空,后有山前有水,二五交加,唯死亡并生疾病。黄遇黑出寡妇,黑遇黄出鳏夫。流年二、五重加坐向即应。

离、震、乾三宫合369父母三般卦,但败局为凶,9为离火,6为乾天,

3为震雷。经云："火烧天而张门相斗，家生骂父之儿"、"火克金兼化木，数惊回禄之灾"，可见会出骂父不肖子孙，也易发生火灾。

坎、巽、兑三宫合147父母三般卦，败局无吉，坎宫71四，出浪荡之子，巽宫好些，文昌较旺，室外见秀山峰，可出聪明之子。兑宫亦可做文昌，但山水皆忌。

2. 辰山戌向下卦

辰山	丙	未
6 8 七	2 4 三	4 6 五
5 7 六	7 9 八	9 2 一
1 3 二	3 5 四	8 1 九
丑	壬	戌向

（甲在左，庚在右）

星盘上山下水，生气丁星九紫到庚，一白到丑，生气财星九紫入囚，一白到戌。如坐满朝空，为凶败，地运仅20年，到九运即入囚为败。故不可用。如外形势坐空朝满，九运又能解囚，尚不失可用之局也。如何解囚？即中宫有天井，北方壬位有水、门、路通中宫之气，即能解囚也。

坐山68七，当令财星八白到山，宜坐后有水环抱并开门或大窗亦可，则主旺财，如坐后山、高楼，主破财，克妻、出不肖子。贫寒彻骨，如为恶山，则为祸更烈。

向首81九，当令8白丁星喜见山，宜门前见低伏案山，山后有水来朝，因8白丁星喜山，一白财星喜水，这种"形、气"格局，亦能丁财两旺。如向首见大水逆朝，定损家长或成才之子，季房更惨，如见恶山，为祸更烈。

坎宫35四，经云：寒户遭瘟，缘自三廉夹绿，山水皆忌，如见凶山恶水，主肝胆、手脚残疾、破产、横祸。

离宫24三，山水皆忌，如见凶山恶水，主脾胃有疾，悍媳侮婆，女人受骗而人财两失。

坤宫 46 五，金木相战，土多金埋，长女遭灾，山水皆忌。

震宫 57 六，五黄毒药入口，六七交剑均凶，山水皆忌。

兑宫 92 一，火病煞出，宜山忌水。

艮宫 13 二，一白丁星被三碧木泄又被旺土所克，用"金"性风水物化解，化解后室外有秀山，亦可旺丁。

中宫 79 八，宜设天井，通坎宫水路之气，解九运囚。

厨房宜设巽、艮宫。

卫生间宜设震、坤宫。

忌建造流年：2013、2022。

3. 坤山艮向下卦与替卦、申山寅向下卦

巽	午	坤山
4 1 七	9 6 三	2 8 五
3 9 六	5 2 八	7 4 一
8 5 二	1 7 四	6 3 九
艮向	子	乾

卯（左侧）　酉（右侧）

这三局星盘相同，一起讨论。虽然形成父母三般卦，满盘贵人，但毕竟上山下水，又反伏吟，如果坐满朝空，既凶又败，不立为好。如果坐空朝满，颠山倒水，尚可为之。

坐山方 28 五，宜水忌山，有水可以旺财，见山则破财。向首方相反，宜山忌水，见山旺丁，见水损丁。

坎宫 17 四，宜山忌水，有山无水主旺丁，否则损丁，主败家之子，浪荡子、酒色之徒。

离、震、乾三宫 369，震宫宜水忌山，离宫宜山忌水，乾宫山水皆忌。

否则，主火灾、克父、血光之灾，出不肖之子等。

兑宫金木相战，中宫 25 交加，均凶，需化解。

巽宫 14 七，文昌大吉位，可用于书房，儿童房。

大门宜设卯方震宫。

书房设巽、坎宫。厨房设艮、巽宫、坎宫。

卫生间宜设兑宫。

忌建造流年：2010、2019。

4. 戌山辰向下卦

辰向	丙	未
8 6 七	4 2 三	6 4 五
7 5 六	9 7 八	2 9 一
3 1 二	5 3 四	1 8 九
丑	壬	戌山

甲（左）庚（右）

上山下水，可立颠山倒水的形势。方可财丁兴旺。忌坐满朝空，不可用。

坐方 18 九，当令财星上山，坐后见水旺财，但一白丁星受损，到一运时则损丁。故水外还需有山，高楼。如只有山没有水，破财无疑。

向首 86 七，最宜高山高楼，8 白丁星可收山，6 白财星可出煞。主旺丁、出贵。若向首见水必损丁，大水冲激，更是厉害，末门绝户。

庚、丑两方宜见小水，因九紫一白财星飞到，主旺财。见山破财无疑。

壬、丙、甲、未四宫均凶，山水皆忌，宜化解。

大门开庚方为宜，可开后门。

书房宜设艮宫。厨房宜设乾、巽、艮宫。

卫生间宜设坎、坤宫。

忌建造流年：2013、2014、2022、2023。

至此，我们把七运与八运中的下卦立向所有局都做了说明，只有部分替卦未列。也因替卦不宜把握，所谓差之毫厘，谬以千里。一般情况下，替卦慎立为好。

如果对以上内容都能领会并加以融会贯通，相信你已经进入了风水学习之门，登堂入室了。

第四篇

风水文章选录

阳台不易堆杂物

近日到一个早些年建的小区访友，小区内的设施略显陈旧，倒还干净。虽不如近年一些高尚小区气派，也自有一番小巧精致。而在几栋楼层中见到数家阳台上面堆满杂物，随口言道这些家家境必然不佳。朋友言称极是，其外形就显出一种落魄之象了。

阳台，乃一套居室的主要采光通气之所，是一居室的颜面。如果堆满杂物，必然影响采光通气。从美观角度来说，势必不洁不雅。从风水学上来说，阳台是一套居室的朝向之所，是进气口，主财源。"气口易畅不易阻"、"明堂气阻衰败之家"，说的就是这个道理。有些家庭喜欢把室内打扫干净，把一些杂物与用不着的东西摆在阳台上，长期如此，使阳台上的杂物越积越多。下雨的时候有雨飘进来，就会使下面的东西浸湿而产生霉变，滋生细菌与病毒，也会影响家人的健康。其实，堆在阳台上的东西大都是用不着的东西了，不如早作处理。以我的经验来看，有些破旧的东西堆在哪里，几年都不会用得着，或许就永远不会用得着了。

阳台，也算是一居室的明堂庭院了。《朱子家训》中开篇即言：清晨即起，打扫庭除。庭院门前一定要干干净净，方使人神清气爽。阳台是不能乱堆杂物的，道理是显而易见的。有些人喜欢在阳台养花，好不好呢？其实这是一个修心养性的好习惯。阳台上养花也是有讲究的。满阳台摆满花盆，这是不对的，也有阻气之嫌。我认为应把花盆在阳台两侧对称地摆放，对称是一种美，而且形成二龙戏珠之格局，利于吉气的导入。这不但排除了不利的因素而且是旺其家室了。

载 2003 年 1 月 3 日羊城晚报

地铁会震断"龙脉"吗

广州地铁二号线大大提前工期,于去年最后一个月底如期通车。地铁二号线的开通,对广州的交通将带来很大的改善。然而,有些人以所谓的"风水"角度来论地铁破坏了广州的地脉,说什么一号线断了"龙脉"的南伸,二号线则斩去"地气"西去的旺气。

这种说法当然是毫无道理的。这是不明中国古"风水"学的实质,拿一些断章取义的话作无根据的评判。更有人搬出所谓的实证来说明这一点:说什么京广铁路舍曲阜而改通兖州就是怕震断泰山的龙脉。对这些假借"风水"的无稽之谈必须加以批驳。其实在古风水学中是把大道街衢当成河流来看待的,即"一重街衢一层水",古人是把流动的河水看成财富的,这当然有一定的道理。因为河流是古时重要的交通道,商业的流通是靠河流来完成的。靠河流的地方自然商业发达,也是财富的集聚地了。

同样的道理,现在承担交通运输的公路与铁路自然被后来的风水大家看作承财的河流了。"要想富,先修路",如今的城乡都把这句口号当作致富的真理了。新建成的京九线特意通过了几个老区,不就是希望铁路把这些地方带向富裕吗?何来破坏"地脉"之说呢?君不见在大城市中,地铁已成为人们普遍选择的交通工具吗?因为它的快捷,它的准时,不会塞车而又载承量大,众多优势等让人们心仪。"地铁修到哪,哪儿成宝地",这已成为人们的共识。房地产开发、商铺的选位都会因有了地铁而大幅增值。

地铁震不断"龙脉",地铁只会带来财富!

载 2003 年 1 月 10 羊城晚报

化解"天斩煞"

前些天友人打电话来,说一个朋友的房子犯了"天斩煞",其凶无比,要我帮忙看一看。朋友相托不好推辞,便去实地查看:只见其居正对两座高楼所形成的空隙部位,这就是所谓的"天斩煞"了。

我知道这"天斩煞"并不可怕,可怕的是经所谓的风水先生的渲染,从而心中留下可怕的阴影。什么是天斩煞呢?原是指两座壁立的高山之间所形成的夹缝,骤眼望去,就仿佛被从天而降的利斧所破,一分为二似的。如果正对这个夹缝的地方便犯了"天斩煞"。由于从两山夹缝中的过山风猛烈异常,自然正对着夹缝的地方必遭强烈的风袭,形成植物难生、动物不至之地。古人自然不会于此地建宅安坟,这是显而易见的。

从上面的分析可以看出,"天斩煞"的形成不在形而在其强劲的风势。现代都市建筑多是高楼林立,在一个整体建筑中也往往并列耸立着几十层的高楼,从外形上看两座大厦间形成一道相当狭窄的空隙,很像"天斩煞"的形,但却构不成强劲的风势从其中穿过。这与古风水中的"天斩煞"有着本质的区别。不然现代都市中处处都是"天斩煞"了。"天斩煞"又是其凶无比,那现代都市的楼房谁还敢住?显然这种说法是没有道理的,骇人听闻罢了。

我明白在风水学中心理暗示是特别重要的,虽然从道理上说清了"天斩煞"没有什么道理,还是应友人要求做了"化解",以消除其心理阴影,让他全身心地投入到工作中去,不再为住宅而担惊受怕。这样做才是使"风水学"利世济人。

载 2003 年 3 月 7 日羊城晚报

也谈声煞

"声煞"一词是近期研究风水学的人提出来的。一些人认为这种提法没有道理，找不到风水理论上的依据。对于这种观点我是持不同态度的，任何理论都是在不断发展的，随着社会的进步生活方式的改变而不断推陈出新。如果抱残守缺，那么这种理论必然会离现时越来越远，变得毫无价值。

风水学的基本理论是农业社会中实践经验的总结，而当社会经济发生变化，生活方式也随之改变，如果死抱着原有的观点不变，认为祖宗之法不可更易，则是不对的。随着社会的发展，机器电器已渗透到人们生活的角角落落，那么，机器运转所产生的噪声也越来越多，高分贝的噪音影响了人们的健康，科技工作者们已确定了噪音污染是环境污染的一部分。风水学是研究环境的，把噪声这一污染纳进风水学中并根据风水学的特点定为"声煞"是对风水学的丰富与发展。

也有人认为风水学中的"声煞"早已存在风水学理论中，只不过没有专门为之命名为"声煞"罢了。比如古人认为家门若对铁匠铺是不吉利的，实际上就是因打铁的噪音影响了家人的健康。不管古人早就注意到了这个问题也好，还是现代人对风水学的发展也好，针对噪音污染而提出"声煞"这一理论，是非常有道理的。

现在城市里的噪音污染是相当严重的，尤其是汽车的鸣笛声更加刺耳，"禁鸣"的实施就减少了噪音污染。在城市中找一块清静之地居住成了人们的向往，所以许多楼盘的开发理念里都写进了静幽，原来那份安静是有价值的。

载 2003 年 3 月 21 日羊城晚报

山水城中话风水

前些日子随朋友到其新买的别墅做客，汽车出广州不远便来到一处青山碧水之所。一进入这个山水城，我不禁惊叹：真是一块风水宝地呀。只见夕阳在山，映红一座现代化的别墅群，别墅前的湖水温柔有加，泛起细细的波纹，有风送来阵阵的花香，令人顿觉神清气爽。

这儿的自然环境堪称一流，是选择居住的理想之所。实际上，一个环境感觉舒适，往往也就符合古风水学的理论。风水学理论就是千百年来古人对居住环境的实践总结。那么这样的一个山水城是如何印证风水理论的呢？

我们先从这个波光粼粼的自然湖说起。古人认为：风遇水则界，气遇水则止。也就是说要藏风聚气，必须要得水为上。《雪心赋》言道：水要结最为有情。"水路繁行聚蓄，凝结如湖、如潭、如绳、如结，聚注于一堂，交锁织结"。此乃大地之上，最吉利的四种水势。古人又以水为财，俗话说：门有千年不涸湖，家有千年不散财。可见古人对水之要求甚高。自然有此一个大湖泊，对沿湖的住宅来说自然是赏心悦目，是一个天然的空调器。水虽有情，但须水清净为上，若是污水浊流自然是为害不为利了。所以沿湖的居民要保护好自己门前的湖水不要被污染。

再说背靠之青山，山虽不高，清秀非常，植被茂盛，这在风水学称之为有生气之山，山若无气自不能居住。何谓无气呢？山上乱石丛生，植被稀疏不旺，自然被看作无气了。茂密的植被自然会调节气温，释放大量的氧气，负离子含量高，必然有益于人们的身心健康。其实，山中有水凝结之所，必然周围植被繁盛。古人云："入山寻水口，登穴看明堂。"看来这水是判断一个地方是否是风水宝地至关重要的一环。

对山面水的宜忌

在寸土寸金的广州市，园林式的居住环境成了小区楼盘的亮丽风景线，也成为小区楼盘的一个买点。那么从古代的堪舆学理论看，有没有这方面的论述呢？堪舆学中强调人们的居住环境要"靠山面水"，而对山的选择特别强调：山形要秀，树草要丰，若是山上怪石遍地，树木不丰，则为凶相，是不能居住的。实际上这一靠山理论在很大程度上是讲绿化。因为绿色提供给人们充足的氧气，有益于人们的身心健康。合理的绿化区的设置，不仅是小区的风景点，还给居于此的人们提供了一个赏心悦目的休息场所。此外，水的设施也是非常重要的，有些高尚小区设有游泳池，但这个设施的选址是很关键的。如果太阳光把池水反射到居室内是不妥的。故而这一点要避免。为什么池水反射进居室为凶呢？用现代的科学理论是完全可以得到解释的。太阳光反射的池水在居室内形成晃动的不稳定的光线，对人们的情绪会产生不利的影响，导致人烦躁不安，心神不定，长时间受此影响，必然会对其工作学习产生负面效应。故而，水池的设置至关重要，不可忽视。

载 2000 年 8 月 18 日羊城晚报

青山秀水出才俊

中国有句俗语："青山秀水出才俊，穷山恶水出刁民。"虽然有失偏颇，但道理显而易见。这里说的是地理环境对人们生活行为方式的影响。

当代人们重视研究的主"环境心理学"，可以说与中国传统风水学中的"环境气场"并无分别。在这里我也借助环境心理学研究的一个方向来谈风水学，那就是物理环境。

物理环境包括自然环境与构筑环境。上面的俗语是说自然环境与人的心理行为方面的关系。大自然是温情脉脉的，也是冷酷无情的。好的自然环境更需要人们珍视它，保护它。中国古代风水学中早就有"好风水必以德求之"的论断，凡是破坏大自然的行为，必然导致大自然的惩罚，好气场变成坏气场。

"人杰地灵"的成语，似乎更强调人的主观能动性，在上面描述的自然环境与人的关系中，应该说成是"地杰人灵"才对，构筑环境上才能体现出"人杰地灵"的说法。构筑环境自然是指人们住房建筑的问题。从外国这方面的论述资料来看，他们尚处于初级阶段，而我国风水学早已进入应用技术阶段了。随着科技进步，人类从穴居进入房屋，从低矮的草房住进高楼大厦，居住环境优越了，然而也带来了"建筑综合症"，于是又兴起了"生物住宅"热。德国的这种所谓"生物住宅"，其标准就是中国传统风水学，由此也可见传统文化在住房建筑方面的作用了。

载 2001 年 12 月 21 日羊城晚报

盆地效应可聚财

"人往高处走,水往低处流"。此俗语乃指人生之追求,非居住之所也。相反,人们建房造屋多在山脚下,建在山上的只有塔或庙。古代风水学讲的是气场效应,即聚不聚气为第一要义。

四周有山环绕之处,必为聚气之所。这点在地球上无论何处都适用。盆地必富饶,素有"天府之国"之称的四川盆地是最好的例证。在中国民俗文化中有"聚宝盆"一词,而非"聚宝碗"、"聚宝桶",为何?这里突出的是盆地的特点,即盆地是一大片开阔地,气流于此形成舒适怡人的状态,乃藏风聚气之所,即为古风水学上令人羡慕的宝地了。相对来说,城镇多建于这种盆地中,作为商业集散地必兴旺发达。古时候人们称此处为"墟","墟"者,有盆地之义也。

在一个大城市中,商业街若处于城市中相对盆地位置必定兴旺。什么是相对的盆地位置呢?就是略低于四周的地势,比如广州的农林下路、北京路。选商铺也可按此规律来作出正确的选择。但这种低的落差不能太大,如果太大则不吉。判断的标准是什么呢?下雨时,若四周的雨水缓缓聚集之地则可认为是聚财之所。若水流急急地流走,汇聚形成一片泽国,则不属聚财之地,而是古风水学上的漏斗地,不但不聚财,反而因湿气太重而影响人体健康。

载 2002 年 1 月 18 日羊城晚报

反光入室为大忌

　　风水学宜忌篇中特别强调反光为大凶，称反光煞。过去的反光多是建筑物外的池塘、河流造成的。当晃动的光影映在室内时，就形成了反光煞。反光煞会给人带来灾难，这是为什么呢？

　　我们知道一个建筑风水的好坏主要是由地理环境、采光、通风等条件构成。有光入室不是很好吗？这里就有一个度的问题了。采光是以自然柔和的阳光为宜，若是太强烈的光射进来则会让人不舒服。所以三面都有玻璃的房子是不宜住家的。如果是河水的反光入室，则产生不稳定的晃动的波影，在室内天花板上形成这种晃动的光影，必然会对人的精神产生刺激，使人不自觉产生一种紧张情绪。时间一长，人就会时常产生恍惚的错觉，这就是灾难前的征兆了。

　　现在都市中有许多建筑采用玻璃幕墙，从而会对邻近的建筑形成反光，这种玻璃墙的反光十分刺目，强烈的光线最易破坏室内原有的良好气场的，使人产生烦躁冲动的情绪，心神不宁。难怪风水宣忌篇中说：反光入室不利感情，也不宜孕妇。新婚洞房或夫妻卧室的窗口最忌有反光入室。

　　若是你的住室真有强烈反光入内，就只好用厚窗帘挡住，也可以用绿色盆景置于窗台，既美化室内环境又可以化去反光煞，一举两得。

载 2002 年 4 月 12 日羊城晚报

高架桥边喜与忧

随着城市的发展，交通越显重要，捷运高架桥应运而生，高架桥的建成筑起了城市一道亮丽的风景线。高架桥已没有了水上桥之功能，而成为空中道路。在风水学中路同水论，水环气聚，财气充裕。由此可见马路人流如水流，是店铺聚集所在。而风水理论中又有水急气荡财难收之说。急流水称泄水，泄财之地也。而高架桥为捷运路，车速快而气流急，影响到附近气场之稳定。由此可见，高架桥两边决没有藏风聚气之所，其两边较近的建筑会受其影响。

从另外角度来说，高架桥上快速疾驶的车辆所产生的噪声会对两边的居户产生影响，其车尾气的污染也会影响到住户，这两点都是最直接的危害。

高架桥并非笔直的道路，其弯环处却内藏玄机。其弓形外的建筑受其害，从离心力运动来看，其弓形外的车流速所带来的气流大，破坏了近处建筑外的气场，形成不利因素。而其内的气流速会大大降低，气流相对较缓，形成聚气，相则吉利。风水理论中也说：水环气聚，财旺之所。反弓水则破财。

若是高架桥形成圆环，其内建筑形成孤岛，则大凶。是故高架桥圆环内的建筑最好拆除，一是影响了建筑的美观，二是对司机的视野形成障碍，三是对自身不利，留之何用？

载 2002 年 5 月 10 日羊城晚报

识别门前"煞气"

在中国民俗建筑中，大门前都有石狮，或者麒麟，也有用大象、仙鹤的。故宫天安门前用的是华表。这些设施不仅体现高贵威严，从古代风水学而言，也是有讲究的。

这些设施一左一右摆在门前有什么作用呢？古人谓：为抵挡门前外来煞气。门前真会出现"煞气"吗？这些煞气是怎样形成的？又如何识别呢？

在古代风水学上，出现冲射现象即形成"煞气"。何谓冲射现象？比如有尖角的东西正对大门即形成冲射。在实验中，尖角上形成的气场极不稳定，起伏最大，尖角最易使人心悸和暴躁。同样，如果门前正对一棵树，也属于"煞气"，"闲"这个字即说明了问题，门前有树即无事可做，失职失业。随着现代生活的发展，出现的电、电磁的辐射影响更大，门正对配电设施的变压器等就更为不利了。在现代心理学中，建筑设计中出现许多尖角，形似刀刃，这些会给居住在对面建筑中的人带来心理上的阴影。

门前的不祥物概括起来有这些：对面有尖形建筑或设施，或马路直冲门来，正对着树或电杆，或有变压器类的配电设施，还有就是对面反光进门的物体，都属于不祥物。如果开商铺遇到了这种情况会影响生意，居家则会影响身体健康。

当然这里还有个远近的问题，不要一看到这些情况，就说不妙，距离越近影响越大，越远影响越小。

载 2002 年 3 月 8 日羊城晚报

鸣珂之水方有情

近日，到一些较为成熟的住宅小区或大型厂区考察，发现时下不论是住宅，还是工厂建设布局，都不同于往日了。文化含量的增加，使这些无生命的建筑物仿佛活了起来。园林式的布局，艺术雕塑的点缀，使小区散发出无穷魅力。而真正使整个建筑群活了起来的是水的利用，小桥流水、鱼戏睡莲、叠山瀑布、音乐喷泉……每一处水的设计都独具匠心。

因笔者是研究中国古风水学的，身在美景中，往往还要看看这些美景设计是否符合原理。"山管人丁水管财"，看来水多财源也丰。《雪心赋》有云："山秀水响者，终为绝穴；水急山粗者，多是神坛。"由此，我们可知：这山虽秀丽，如果水甚为湍急，所发出声响大而噪，也属激散地气的败局，又称之为声煞。这是有一定道理的。若是水太急，又有很大的鸣响，其音必噪，其湍流噪音会使人心神不宁，产生幻觉，仿佛大水泛滥，没其头颈，是危险的信号。长期在这种环境里生活，人的精神无形中会常处在紧张警觉中，这对于人的身体健康会带来一定的负面影响。自然凡事都应辩证地看待，不是说响水就一定不好，如果是"鸣珂"之水就属于美水了。何谓"鸣珂之水"呢？经云："冬冬洞洞清亮如鼓磬音者为吉"，这说明有韵律的水声是吉的。水声不在乎大小，而在于有没有韵律美，是否跌宕有致，有音韵的水流声方为美。所以，乐音总会给人以美的享受，这也是符合科学道理的。

故而，在住宅小区或工厂区内，设计带声响的水要考虑其水流的音韵，要形成错落有致、富有韵律美为好。这样的流水声令人心旷神怡，自然会带来吉利的信息。音乐喷泉是符合这个条件的，若设计溪涧瀑布，最好不要有声响。笔者认为设计有韵律的滴水声，利用共振原理，形成蛙鸣声响最美，不仅符合了"鸣珂之水"的要求，又平添了艺术情趣。

载 2002 年 12 月 22 日羊城晚报

破落之屋不宜居

久在市区居住，发现一种奇特的现象，一些烂尾楼许多年也不见有妥当的处理，对市容影响很大。这些烂尾楼所处地段并非不好，往往还是在市区很热闹的黄金宝地，却由于各方面的原因致使其基建搁浅，无力建成交付使用。

破落屋本身自不宜居，没有建成交付使用的楼房更不允许居住。其实这没有建成的破落之屋不仅影响自身的运程，而且，与之贴近的屋宇也会受其害。为什么呢？从环境美学来说，一个破败的地方必然形成不良的气场，从而会对自身及周围的环境形成不利影响。因为环境的原因，当年孟母还三迁呢，虽然孟母考虑的是环境中人的因素，自然环境的影响也同等重要。所以在烂尾楼近处租店经营要慎重为好。

一整幢大厦或一幢楼房，其中大部分住户或商店都已搬迁，使整个楼变得冷落萧条，更有甚者，楼外的玻璃破碎，墙面污秽不堪，成为破落之屋宇，是不适宜居住或开店的，更忌贪便宜而迁入。这样的楼房必须要经过全面的整改后，使其焕然一新，方可重新入住或开铺做生意。这样的例子是最为常见的，所以租屋开店要特别留心。

什么样的房子易形成破落之屋呢？第一巷窄而难见光，又不通风。第二屋层某处渗水漏水，使楼层很快受到污染。这两点特别重要，如果发现其中一种，都不适宜居住与开店。

载 2002 年 10 月 18 日羊城晚报

床向宜明不宜暗

夏天回老家探望二老。在阳光灿烂的日子，二老会把衣服、棉被拿出来晒太阳，这几乎成了一种习惯。其实，晒衣服的作用是希望借助太阳的紫外线杀菌，并驱除湿气。

在古风水学中，谈到阳光作用的不少。《八宅明镜》一书中指出："床向宜明不宜暗"。强调的是卧室最好能见到阳光。如果一间房屋四面不见阳光，也很少通风，这种情况必不利于健康。因为阴暗的地方阳光照射不到，易滋生细菌。所以书中注解说："暗则主哭。"实际上的道理是阴暗的地方没有太阳紫外线杀菌，容易滋生病毒，使人的健康出现问题，精神自然不会愉快。在一间卧室里，必有一个窗子采光通风，这个窗子自然以南向为佳。床的位置当以靠近窗子为宜，但床头以不正对窗子，而以侧对窗子为佳。为什么呢？窗子采光通风，如果睡觉时头对着窗子，不仅易受风寒，而且影响了睡眠。"床向宜明"，指阳光可以照到床上，能接受收紫外线杀菌，所以床宜侧对窗子。

实际上，有许多住房的卧室采光都不理想，而广州又是一个潮湿天气很多的地方，更易滋生病菌。如果一间房子很阴暗但又必须入住那该怎么办？办法就是除菌。保持室内干爽，定期清毒就行了。另外室内的光源充足，有一定时间的光照也是弥补之法。

载 2002 年 10 月 25 日羊城晚报

明堂阔窄有讲究

明堂指一座建筑物前的开阔之地，其大小阔窄是有讲究的。我国经典住宅四合院的设计是一种标准，所围起来的空阔之地就是明堂。其实，在我国古代建筑群中都讲究明堂的宽阔，无论是宫殿，还是庙堂，其前方必留足够的场地，我们也称之为广场。广场一词表达的意思自然是面积非小。

有关明堂的作用，我国古代典籍《雪心赋》指出："明堂宽阔，聚气而生财。若明堂太阔无关栏，财气荡而无收，财不至。"虽有迷信成分，但指出了事物都有一个度，过与不及都是不合规律的，是病态的表现。

当今城市建筑群是否要参考这一条件呢？我认为这一考虑仍不过时，就拿现在开发的各类居民小区来说吧，开发商在设计时就要考虑楼房的占地与区内园林占地的比例，楼群过密，区内园林过小必然不是购房者的首选。为什么呢？因为过密的楼群会给住房一种"压迫"感，站在阳台望去，都有楼房向自己逼来之感，心里会感到不舒畅。在古代风水学中这种有"压迫"感的住处称"奴仆之地"，是受人欺压、处处位于弱势的表现。

另一种情况是太空阔引起的，这种情况在城市小区建筑中较难遇到，因为开发商不会把大量的地皮用在区内的园林上。如果你是成功人士，在远离城市的郊外选一块地自己建别墅的话，则要考虑这种情况了。向前望去，一望无际，则气不聚于前，因为过于空阔的地方缺乏安全感，给人带来的恐怕不是心旷神怡，而是事物的另一面——恐慌了。

载 2002 年 9 月 20 日羊城晚报

空中花园的讲究

城市的园林小区给人们提供了生态住宅，如今又有高档楼盘推出空中花园式住宅，把绿色染满楼层，如此设计美仑美奂，让人神往不已，有人称之为楼层单元的绿色革命。私人空中花园为主人个性化审美情趣提供了天地，在这块小天地中，主人可以随性情养花植草，设计出别开生面的小园林，品茗小憩，享受那份怡然自得。

空中花园这个小天地与整个单元配合起来也是要讲究风水的。先说花草植物的载种就很有讲究，一般来说，这块小天地以盆栽为宜，若是在地上培土栽种也应以浅根植物为好，深根植物会破坏下面的水泥地板，产生漏水现象，污染下层人家的同时，也会影响自家运程。

再有就是高大的阔叶植物不可太多，不然会影响采光，增加阴气，影响家运。植物的选择方面，不宜有太多的针刺植物，针刺植物多属阴性，所产生的气场多不和谐，也会影响家运。一般来说，针刺植物应摆放外围为宜，有抵挡外来不和谐气场的作用。植物以选择常绿植物为主，生命力强的为宜，因为枯死或残败的枝叶都是不吉利的象征。还有些植物是带毒性的，更不宜种植在私家空中花园内，这方面的知识可以请教植物方面的专家。

空中花园另一方面要注意的是不可随便设置鱼池，因为时间长了，鱼池会产生漏水现象，这与上面提及的地板漏水的道理是一样的。若一定要设置鱼池的话，也应以使用内层密封的玻璃鱼缸为最好，以防止漏水现象的发生。还有选择的位置一定要合理，这里特别要提醒的是，鱼池的水在阳光照射下，以一天内都不反光入室为佳。

以上几点都注意到的话，那么你的空中花园在你的奇思妙想下定会设计得别具一格，怡养身心的同时，还会给你带来好运。

载 2002 年 9 月 6 日羊城晚报

山水住宅好安居

目前，山水住宅成为房地产推售的一个新卖点。倚山建住宅的确有许多好处。从心理上来说，背倚青山自然会生出许多诗情画意。开窗望着满眼翠绿，"我看青山多妩媚，料青山看我应如是"之情油然而生，这样的小区自然是买家的首选。青山之侧兴建住宅小区，得之天然的就是空气含氧量高，负离子含量高，这对于人们的身心健康自然是有益处的。

但从古风水学的角度，也特别提醒人们：山以秀为美，不然不可建宅。《雪心赋》云："水若屈曲有情，不合星辰亦吉，山若欹斜破碎，纵合卦例何为。"此处指出了山岩多怪石，多裂痕则不为良山，不可造宅。古人所谓"青山绿水出才俊"、"山险则远之，山恶则离之"都是说明这种情况的。

再有就是水的情况，古人谓之风水："山管人丁水管财"，水的布局也是有讲究的。水以净为美，浊水不但不美反而为祸，因为浊水中有病源，会给人带来病灾。另外，水要流动，死水容易滋生细菌，也是给人带来病灾的祸源。所以，住宅小区中多以流动的水来美化小区中的设施，不能流动的水常换为佳。这样有山有水的小区才最适宜人们居住。

载 2002 年 10 月 11 日羊城晚报

办公地选址有讲究

写字楼多设繁华地段，其建筑风格必有特色，外观讲究，气势不凡，这样的建筑群被各大公司看好，入驻其间，成为其公司形象与身份的象征。

写字楼必备的几个条件：其一，交通的便捷为首要因素，这是影响一座写字楼是否旺销旺租的最大因素。从以往风水学的观点来看，城市闹市区是以街衢为水道的，所谓"一层街衢一层水"，而水是主财源的。实际上是指人流量，人流量大其财必旺。地铁这一交通工具以它快捷、准点与乘客量大成为都市人的首选，故而地铁出入口附近的地段应是写字楼首选旺地。其二，建筑的焦点性。或成为一个城市的焦点，或成为一个分区的焦点，或成为一个地段的焦点，得其一者必旺。所谓"水村山郭酒旗风"，无形之广告效应也。

在地理位置优越的写字楼租用写字间，选在哪里也有一定学问。一般来说要站在写字间内观察楼外的周围环境，如果对面有楼角冲过来，这在传统风水学中叫"尖角煞"，会导致人精神不安，重则致病。现代科学有试验证明，这种说法也有一定道理。因为每个尖角都无形中聚集一种场能效应，如果长时间指向人，会使人产生极度不安的感受。能看到不远处的强光反射也是不好的，这叫"反光煞"，这样坐在写字间的人难以集中精神做事。还有就是写字间内要明暗适度，光线过强过暗都不好。当然写字间内部房间以矩形方形为好，忌尖角，立柱与顶梁在房间内少见为宜，如果有这种情况，在装修设计时要作处理。还有比较重要的一点，就是写字间的大门，大门口对面有墙角冲过来也是不好的，道理与"尖角煞"相同。如果以上几点问题都不存在，就算是一个不错的写字间了。

载 2001 年 10 月 19 日羊城晚报

办公室内巧布局之一

办公室是一个公司对外的整体形象展示，怎样设计布局十分重要。主次分明、雅观整洁是其基本要求。然而，有的办公室在设计上为了有效地利用空间，却忽略了和谐的气场作用，即人们常说的"风水"问题。

哪些"风水"问题在设计办公室时是必须考虑的呢？其一，办公室的高度要与空间成正比。一般来说，一个三四十平方米的办公室，其高度有二米五即可，若超过三米则不宜，在装修时可放低天花来调整；若超过一百平方米的办公室，其高度不能低于二米八，否则就会有压迫感，会在无形中影响员工的工作效率，从而影响公司效益。

其二，较大的办公室应设有玄关。玄关犹如公司的颜面，一般上面有公司的标志，但要注意其色彩搭配。材料一般不使用玻璃，要使用不反光的毛玻璃，切忌用银镜，因为镜面会把对面的景像映进来，造成视觉上的混乱，破坏形成的气场。玄关下方不可堆放杂物，有些人喜欢在下面摆放许多花盆，其实这是不对的。但要在两侧放置两盆植物，形成双龙抱珠之势，以引吉气，千万不能仅在中间放一盆植物，形成门内一木"闲"。较小办公室不能设玄关的，在门口两侧置两盆植物，可形成同样的气场作用。

在风水学理论中，古人对于风水气场有上千年的实践总结。"屋小而高则瘦"，就是说室内面积小而建得又高，则财不聚。"屋大而低则沉"，室内面积大但建得低矮就没有活力。这两种情况都是贫屋，财气不至。玄关的作用是使气不直入，形成回旋而气聚，符合"曲则有情"这一理论。气聚则神聚，神聚则心齐，员工心往一处想，劲往一处使，何愁公司不兴旺？

载 2002 年 8 月 16 日羊城晚报

办公室内巧布局之二

办公室的设计布局不能只考虑实用，还有个适宜原则，这个原则是根据整个办公室的气场和谐来决定的，是办公室格局安排的重要组成部分。

办公室内一般有主次之分，也就是说决策者与一般员工之分。总经理或董事长办公室一般选离整个办公室大门较远的房间。在这个独立的房间里，办公桌的安排也是讲究的，最主要的一点是不能背靠窗户。背靠窗子除了不符合采光原理外，客户也因光线原因看不清主人的面目，从而影响沟通。从古代风水学理论上讲，这叫"坐空向满"，"坐空向满，穷途末路"，这种格局不利于发展。从现代科学来说，窗外流动的风与晃动的光影从背后而来，也不利于人思考学习，极可能会因此导致决策失误。有的办公室设计成两排办公桌，中间是过道，尽头正对过道处设一个较大的办公桌，一般是主管的位置，这种设计也是错误的。笔直狭窄的过道迎面而来，在心理上似乎有把人直逼后墙的感觉，从而容易让人产生压抑、烦躁的情绪。也就是古代风水学上俗称的"过堂风"、"穿心箭"，这些都易对人产生不良的影响。

再有就是财务室的安排。一般来说，财务室与总经理室同等重要。若因条件限制不设计财务室，只有财务桌，保险箱安放一定要隐蔽，若保险箱的放置一入室便能看到，这叫"露白"，在风水学上是忌讳的。

除了以上两点外，现代办公室内电脑的增多，会产生无形的辐射，如果办公桌与坐椅也使用铁制品或镀锌制品，那么这种不利的影响就会加剧。辐射的相互作用以及静电的影响，会把整个办公室和谐的气场破坏掉，使人在不知不觉中产生恐慌情绪，因此，办公室内应尽量少用铁制品，而以木制品或塑胶类制品为佳。

载 2002 年 8 月 30 日羊城晚报

卧室大小有学问

现在楼盘的户型设计流行大客厅、小卧室。这一设计不仅从风水学理论来看有道理，在现代养生学中也可得到论证。

风水学中讲究"藏风聚气"，这四个字可谓道尽内中"机关"。现代科学表明，人体外表存在着一层肉眼看不见的气场，它由人体本身产生的能量流不断流动形成，这种能量流所交织而成的维持生命所必需的"气"（这种气已被特殊的摄影技术拍摄到）称作"那第斯"。这种气场喜聚不能散，相当于给人体穿了一层"盔甲"，加了一层保护层。若是这种气场散失到一定程度，人体就会受到外界不良因素的侵袭而致病。这种"气"在人休息进入睡眠状态时最弱，也最易为外界不良因素所侵入。有人做过实验，在空旷的地方睡眠比在室内睡眠时围绕在人体周围的气要微弱。古人在居住环境上下了一个断语："宅小人多气旺"，这与人体气场在外环境中的聚与散理论不谋而合。

在实践中也的确存在这样的例子，北京故宫的"养心斋"，即西侧雍正皇帝的书房和书房后面的卧室，其面积不过十多平方米而已。如果你留心参观就会发现，皇帝卧室面积、木床大小并无特殊之处，但木床紧靠着墙壁，利用的是"床要有靠山"的原则。由此可以看出，并非皇帝住不起大的卧房，而是选择"养气"的卧房，以保身体健康。

载 2001 年 9 月 7 日羊城晚报

马路与商铺的学问

"车水马龙"这个词源于风水学理论。古人有"一层街衢一层水"的说法。城市中没有什么河道,却是居民集中地。街道与河流有相似处。河水是流动的,形成气流场,从而对居住在河边的人产生影响。街道也是流动的,车流与人流也如水一样形成气流场,从而对位于街道两边的商铺产生影响。位于街道两边的店铺有旺衰吗?回答是肯定的。根据专家对气流速度与人体健康研究发现:空气流动速度与人体气血运行速度大致相同时,有利于人们身体健康,过慢或太静人会有压抑不适感,过快则容易引起焦躁不安,甚至神经衰弱。过去的街道窄,店铺紧靠马路,因为过去街道人车流动慢得多,人流量相对较少。

现在随着汽车发展,城市人口增加,马路变宽,店铺相对马路也有一定的距离,这一变化与风水学和现代理论也相吻合。因为现在街道人流与车流的增加与加快,势必导致气流速度也在大大增加,与马路有一段距离,好处就是减缓气流速,让人感到舒适,人们才会自觉地走进商铺。在这种情况下,如果某商铺离马路较近,那么进出的人就会大大减少。

载 2001 年 9 月 14 日羊城晚报

四合院布局与小区设计

中国传统民居建筑在设计构思上多以四合院为框架，四合院的模式反映了中国的建筑文化以及民俗文化，这种布局的匠心也反映出古人的风水学理论。

中国民居布局特点反映的是"环抱有情"的风水理论。"环抱则有情"，"弯环气聚"不仅只是理论，更能体现在居住的舒服与实用上。在主建筑的两旁配以厢房形成中间地带的聚气场，这个空间一般设有水井与花草植被，形成屋主室外活动的主要空间，在小天地中体现大自然。这种气场没有强劲的风吹进来，不会破坏聚集起来的生气，若是配合好坐向，大门处自有夏凉爽、冬暖和的风送进来，自然怡人。这样的居住环境不用说是最有益于人的身心健康的。

现代城市中建起的居民小区各有特色，其中不乏匠心独具的精品，有不少小区的设计格局符合古四合院的框架，即在中间地带自然形成绿化区，供居民生活休闲。特别是靠近主要交通道边的小区，这样的设计最为适合。因为靠近马路的建筑自然形成商铺，车水马龙热闹非常，走进小区却别有洞天，一大片开阔的绿化休闲活动区，高低层次掩映的植被，小桥流水的诗化意境，自是赏心悦目，形成闹中有静的自然风情。周围的楼群把热闹隔于外，中间形成一个怡人的聚气场，这种设计与四合院的设计暗合，成为人们理想的居住环境。但切记不可在形成的中间地带再建高楼，因为这会破坏中间聚集的气场，也把整个闹中取静的环境设计破坏，这种小区肯定不会成为购房者的首选。

载 2001 年 10 月 12 日羊城晚报

倚山小区定座向

倚山势建小区，可尽得一片山水，一帘青翠。那种"绿树村边合，青山郭外斜"的桃园人家，因此成了都市人心系的一个梦。所以近年倚山别墅与小区开始多起来，也成了商家的一个卖点。

然而倚山而建的房屋的座向是有讲究的。所谓"座"，指背靠的地方。"向"，指面对的方向。中国人有关居住环境的文化有几千年的历史，讲究座向不是无稽之谈，这里面牵涉到一个场能反应问题。古人论山讲势辨形，其势伟则远之，其形凶则离之。太高峻的山，建房要离远一些，而形凶即过于险峻的山则应离开它。因为有其形必有其气，即所谓"山环水抱必有气"，建房的时候要顺应之，这就是座向问题了。美国罗丝巴哈小姐的《风水中国的方位艺术》在研究中国古代风水时也强调了这个问题。

那么怎样来定其建筑格局座向呢？这儿简单地说一个原则：背靠山环。山环有气是极有道理的。我们都知道微波天线是锅形的，这种形状可以接收磁波。现代环境学研究也表明，山环之地可以聚集一种祥和的气场。我们能够体会的是山风在此不再强劲，而变得舒适宜人。更深的道理却在此之外，那就是依山形而识气，罗丝巴哈的书中也断言：认识气，便懂得风水的全部。其他原则如：以水环而定向。曲则有情，水环而气聚。《水龙经》云：水三环，而福寿双全。

倚山建房，有了一个好的座向，必然会成为人们青睐之所，怡人而旺销。

载2001年12月2日羊城晚报

建筑工地要远离

中国有句老话叫"太岁头上动土",指胆大妄为。其实这句话的出处是古代风水学术语。什么叫"太岁头上动土"呢?古人用十二属相指代年份,比如今年是马年,马年太岁在正南方,如果今年在一居所的正南方大兴土木的话,就叫太岁头上动土了。太岁头上动土,你就要倒霉,不会有好日子过。从风水学角度来说,这话是有道理的。

一个地方大兴土木,必然会带来许多问题,单从卫生角度来说,无论是地面还是空气都会受到污染,给近邻的人们带来不便,这是直观的现象。现在施工加强安全意识,外人是不准随便进入建筑工地的。可见建筑工地的潜在危险是无处不在的。同样这种隐患也会带给附近的人们。从安全角度来说,还是远离建筑工地为好。

其实,一个地方大兴土木是破坏了这里固有的气场,打乱了原有的平衡,加上建筑工地机器的轰鸣,必然会影响到人们的休息与工作,从而致使思维处在一种不清醒的状态,也就会因此产生一系列的连锁反应,一系列的问题。这是潜在的风水影响。

如果你的居所附近正在搞建筑,最好把面对建筑工地的窗子关闭,拉上窗帘为宜,使外面的影响减小到最低。如果你新买的楼还没有完全竣工,最好不要忙着搬进去,一个还不稳定的气场内是不会有好事的。如果是一间公司,同样不要在建筑工地附近租赁写字间,如果正巧你的公司附近今年新动土搞建筑,恐怕要影响公司业绩了。

载 2002 年 3 月 29 日羊城晚报

生物住宅也讲求环境气场

科技进步令城市发展一日千里，人类从低矮的棚屋迁进高楼大厦，同时也带来了"建筑综合症"，表现为：嗜睡、头痛、喉干、鼻塞等。"生物住宅"热的兴起是人类居住环境的又一次质的飞跃。

什么是"生物住宅"呢？现在各城市正在开发各式花园小区是吗？是，又不完全是。生物住宅的标志自然是要有大面积的绿化，绿色提供给我们所需的氧，增加了空气中负离子含量。还有一点就是要选择好的环境气场，这与中国古代的风水学理论不谋而合。日本一流建筑师冈本先生著有《配合阳宅学的间隔设计》一书，可谓是中国风水学与现代建筑有机结合的典范。他在书中强调：家相并不是占卜，而是"气的支配"，源于中国阴阳五行、河图、洛书、易经和十二支、十干、九星，是在长远的年代中汇集交融在一起的大学问。上世纪80年代末期，源于中国风水学的宇宙气场养生学也在美国兴盛起来，德国对此还拨款作专门的研究。

由此看来，生物住宅不仅是绿化、采光、通风这些现代科学的论述，还包含有一个环境气场的选择。广州是一个山水城市，在构筑生物住宅方面有着得天独厚的好环境，许多楼盘建筑格局也符合好的环境气场，是名副其实的生物住宅。

载 2002 年 1 月 11 日羊城晚报

风水中的绿化

风水理论讲究天地与人之间的和谐，即自然与人的关系。讲什么样的环境与人是有益的，什么样的环境与人是无益的，所以才有"青山绿水出才俊"一语。在这里我主要讲风水中的绿化问题。

风水中讲"生气"，即有生命力有活力的"气"。什么样的气才是有生命力的呢？用现代科学的理论来说，就是富含氧气，有充足的负离子，来提供生物繁衍生长。风水中用"地润山泽"来说，也就是说地表的植被丰富有生命力，这样的山才是有"气"的。若是怪石满地，一毛不生，那绝对是没有"生气"的，是不适合人居住的。所以，风水中最讲究的便是"乘生气"。

我们根据自然环境构筑起来的居住环境，自然要求有足够的绿化，来营造一个充满"生气"的环境，使居住于此的人们"乘生气"，从而有益于身心健康，进而有利于人们的工作学习，以便更大程度地服务社会，实现自己的人生价值。绿色对于我们来说是多多益善的，而我们的居住小区建设却不可能把大量的面积用于绿化，这便是一个矛盾。一般来说，建筑用地与绿化用地最好是1:1的关系，当然，能大于建筑用地最好。从本世纪开发的楼盘来看，对绿化用地越来越重视，这对我们营造居住环境来说是非常有益的，是符合古代风水学理论的。

那么，是不是在居住的小区环境内，栽上了植物就是做好了绿化了呢？当然不是！这里还有个对植物选择的问题，草地与道路的合理配置，常青植物与落叶植物的配置都要合理，更不能选择有毒性的植物进入小区，比如蔓陀萝；也不能选择散发怪味的植物，比如蓖麻。有关植物的各方面特性最好请教研究植物的相关专家。当然有针刺的植物也不能进入小区，这些植物除了在生活中会给人带来麻烦外，也为风水理论所禁止的。月季与玫瑰这些小针刺花卉可以在绿地中间点缀种植。当然运用得好则当别论，比如北京一些道路中间的隔离带，就种植了月季，看上去赏心悦目，同时也提醒人们不要穿越隔离带。除此之外，在植被种类选择上也要细心，在北京每年春天大量的杨絮飞舞，虽说是"三春飘雪"一景，对环境却是一种污染，使人不胜其烦，致使有人提出把这种吐絮的杨树全部砍掉。

对以上各种情况做了充足的考虑，用良性的植被来绿化我们的居住环境，绿化我们的城市，就一定能营造出一个适宜我们生活的最佳绿色城市来。

载 2007 年 11 月 6 日《羊城晚报》

酒店装修与布局的学问

乙酉鸡年的春节期间，广州餐饮业的营业额收入之惊人既在人们的意料之中，也在人们的意料之外。这个春节着实让餐饮业红火非常，每个酒家都赚得盆满钵满。

随着经济的发展，人们一日三餐在家自己动手的机会越来越少，去餐厅吃饭早就不是人们请客过节等重要事件的选择，而变成再也平常不过的事情了。在我接触过的许多家庭里，厨房装修越来越高级，而用得却越来越少了。这些变化都给餐饮业带来了巨大的商机，带动了这个产业的巨大发展，创立品牌连锁经营已成为这个行业经营者的意识。

"水村山郭酒旗风"是一道美丽的风景，更是一种广告意识，而这面酒旗该怎么做却蕴藏着巨大的学问。我在这里着重强调的是酒店的布局与装修的学问。布局与装修是一种文化意识，是品牌形成的一个重要的组成部分，比那面斜伸出的酒旗内涵更加丰富。国际知名快餐店麦当劳，它的装修就赋予了极为重要的内容，童话色彩成为一种主题。这个拥有"黄金门 M"标志的店开遍了全世界。

我在这里更加强调的是风水在酒店布局与装修中的学问。风水是一种古老的易文化，其内涵丰富，包含了方方面面，它讲天时，讲地利，讲人和，它强调人、时、空的和谐统一。一个企业只所以成功，是离不开风水的，不管是有意识还是无意识必然是符合风水的布局。我曾关注过一家东北菜餐饮店的发展，其总部在海南，短短几年内在广州开设了八家分店，深圳三四家，现在店也开到了上海。它的装修风格是那种大红大紫的用色，这种大红大紫是非常俗的用色，它就是以这种"俗"来取胜。像东北的二人传，是很俗，而在这种"俗"中却寓含了丰富的内容。现在的问题是，既然是东北菜，为什么总部不在东北，而在海南这个我国最南的省份，为什么用大红大紫？这是因为其创业者的命理中最需要的是火，南方为火地，大红大紫为火，所有这些都暗合了他的幸运色，占尽了天时、地利、人和，所以取得了最大的成功。相反，也有许多东北餐饮店也一样用了这种大红大紫，却无法取得成功，许多人最后是关门大吉。我在多年指导餐饮业风水布局的实践中，对这个用色配合店主命理是非常看中的。

酒店的风水布局还包括许多方面。这里我只举个实例。2002年夏，深圳某江西菜餐饮店请我帮助选择一个店址，当时他看中了一个酒店，想接手过来，但上一家在这个地方没有做成功，他心中疑惑，不知能否做成功。因为他的总店是我设计的风水，做得相当成功，便对我产生了信任，这第二家分店也想让我作出最后的判断，能否接手。我到实地做了考察，得出最后的结果，让他只管接手过来，也必然会成功，比第一家总店还要成功。他将信将疑地接过来，我帮他重新布了风水，改动了洗手间，其他的地方只是略做了改动，他花的是最少的装修资金。结果不出我所料，每天生意都爆满。就连随后而来的非典对餐饮业的巨大的重创期间，也能够做到收支相抵。现在他已开了第三家分店。

在这里我把酒店装修时应注意的几点强调一下：其一，用色问题，基本色与辅助色有符合五行相生的特点，不能相克。红色只能配绿色或黄色，黄色只能配红色或白色，绿色只能配红色或蓝黑色，白色只能配黄色与蓝黑色，蓝黑色只能配绿色或白色。这些主色调都是五行相生的，五行上相生，则相和谐，生意相对就会顺遂。而相克则不顺，黄色绿色相克，绿白色相克，白蓝黑色相克。只有蓝黑色与红色有相克，也有相济，所以用时要搭配合理，最好与法人代表的五行用神相符，那么就会转化成最为吉利的用色。其二，厨卫的设置，厨房与卫生间最好不要设在一个方位上。如果在一个方位上，也最好在装修上做到，客人用洗手间时从任何角度都不要看到厨房。其三，收银台方位，一般来说，收银台的设置最好选在一个财位上，这与酒店的座向有关，因为收银的位置很重要，不能放错。其四，财神的安置，许多酒店都设有财神位，这是没错的。但财神有两种，一是武财神，就是带刀的关公，一般来说，武财神的安放最好能对着大门口。二是文财神，就是捧着元宝面露喜色的，文财神的摆放一般是不能对着大门的。不要安置错了。

还有财神背靠的必须是实墙，背靠不能虚。当然更不能把电视机音响之类的财神摆放在一起，这一点也是要避讳的。这几点都没有错的话，一般来说，这装修与布局方面便没有大的问题了。再加上好的经营之道，酒店生意不愁不旺。

载《食话食说》2005 年第 3 期

长寿乡的风水格局

俗语云：一方水土养一方人，而这水土会因南北不同而存在差异，这一点毋庸置疑。然而百里不同音，十里不同俗，一个地方有一个地方的民俗与文化，这些地域文化的形成往往是和这里的自然环境有一定的关系。比如草原民族与山区有一定的区别，南方湿热的环境与北方寒冷的环境所产生的民俗肯定不同。这些都是对一方水土养一方人的诠释。然而，最近几年，中国老年学会认证了中国八个长寿之乡，今年，中国科学院地理所王五一研究员等学者勾画出了中国五大长寿带的分布图，新疆阿克陶 – 阿克苏 – 吐鲁番长寿带；云南潞西 – 勐海 – 景洪长寿带；四川都江堰 – 彭山长寿带；广西巴马 – 都安 – 东兰长寿带；广东三水 – 佛山长寿带。从这张分布图来看，虽说西北与东北地区是盲区，但这五大长寿带的分布出现在中国东部、西南、中原、盆地各种区域。自然气候环境有着很大的差异，饮食特点各不相同，那么这些地区为什么都出现了一个共同点，就是这些地方的人多长寿呢？

笔者通过对几个长寿乡的考察，发现了这些地区有一个共同点，那就是主要沿江河流域分布，但是主要分布在珠江、长江、澜沧江流域。并且这些地方水域面积分布大，森林覆盖率高也是共同点。这些特点与古代风水理论不谋而合，那么这些地方究竟是一种什么样的风水宝地呢？

我们先看麻阳这个长寿之乡。其位于湖南西部，地处云贵高原东缘，武陵山脉的梵净山延伸部分，素有"武陵码头，湘西门户，苗疆前哨"之称。麻阳苗族自治县总体地形奇特，西、南、北三面被高山环绕，朝东倾斜开口，海拔高差达到 1275 米。境内峰峦重叠，山地以丘陵为主，平、岗、山原兼有。这种特殊的地貌轮廓俨然一个最合风水的宝地。在风水理论中其中最为重要的是山环水抱，麻阳正是这样的一个地形，来龙从云贵来，渡武陵在梵净山落脉，开合有度，三面环山，一面开口，锦江前绕，正应地理真诀:"山环水抱必有情"。

再来看广西永福,永福县位于广西东北部,桂林市西南部,自古就有"水旱无忧三千峒,十里常逢百岁人"的美誉,境内河流纵横,水质优良;森林覆盖率达74.1%;空气清新,有"生活在树上的城镇"之誉。山地是永福县分布最广的地貌类型,主要分布在龙江、永安、广福、堡里乡和百寿镇,山地主脉架桥岭、天平山及其支脉大崇山、大雾山,大多是南北向展布,这些山脊构成流域的分水岭和政区的分界线。山地地表水发达,沟谷深切,多呈狭窄"V"型谷,局部有平底谷、峡谷和山间盆地。永福县境内溪流河网纵横交错,水资源十分丰富,县内共有大小河流55条,最大河流是洛清江,西河次之,较大的河流有茅江、百寿河、大邦河、相思江、金鸡河、矮岭河、九槽河、桐木河等。

广东的三水,位于珠江三角洲西北端,因西、北、绥江在境内汇流,故名三水。三水市资源丰富,拥有水域面积24.85万亩,主要江河每年流经境内的水量2891.9亿立方来。

位于中原地区少水的夏邑风光秀丽,环境优美。周围拥有3000亩水面的城湖,夏邑县境内有清凉山、三里固堆、姜仁固,响河从虞城流入由西北往东南,穿过全境,流入永城,虬龙沟从虞城由北向南横贯全境,流入永城,王引河位于县东。

如皋市地处长江三角洲北翼,地形相当平坦,地势由西北向东南方向微微倾斜,如皋河网稠密、湖荡众多,河网密度每平方千米高达4千米以上。

湖北钟祥境内东部为大洪山余脉,西部为荆山余脉,汉江在两个山脉之间穿过,两山一河呈"川"字形,汉江在钟祥形成"S"形流过,形成了汉江沿岸从北到南平缓降低,东西两侧逐级升高的有序排列地势。

四川的彭山更是以彭祖故地,长寿之乡而享誉中外,自然环境以一山一湖三水交汇之处,森林覆盖率高,水域面积大为其主要的特点。

这些地方的共同点,无一例外地突出了一个"水"字,而这与风水学中有关水的理论正相吻合。风水学中有关山水吉地的论述更加重视的是水,所谓"有山无水休寻地","入山寻水口,登穴看明堂","相其阴阳,观其源流",古人对风水宝地的看法是:"可以没有山,但不可缺了水"。所以,从远古开始,人类便开始择水而居,人类文明的发源地都在大河流域,而非在深山林中。那么,水究竟有着怎样的重要作用呢?

现代科学表明:水首先是温度的调节器,一个地方如果有足够的水面,夏季的气温会低3度左右,而冬季气温会高3度左右。而这3度的调节对我们人来说舒适度就大大增强了,温差越大是越不利于健康长寿的。承德的避暑山庄为什么能避暑,夏季气温要比北京低到4度左右,就是因为这里苍山绿湖,湖水面积广阔。水是天然的空调,只对健康有益而无害。

水除了能调节气温之外,更为重要的是没有污染的水可以释放出负离子,我们知道,人体衰老就是由于体内的正离子增加,氧化作用加大而导致的。道家修炼会找一个山清水秀之地作为道场正是这个原因。

除此之外,水还有着现代科学无法解释的功能,这就是风水学中的"气运"学说,"风遇水则界","气遇水则止"。而这里所说的"风、气"并不等同于我们常见的风、气。而是天地初开,造化万物的灵"炁",上升为天日月星辰,下凝为地山川草木。在天言象,在地成形,这种气从大的方面说是与宇宙自然进行能量交换的,在地无外乎通过山川水流进行能量的交换。在《望气篇》中谈到气与山水的关系:"凡山紫色如盖,苍烟若浮,云蒸霭霭,四时弥留,皮无崩烛,色泽油油,草木繁茂,流泉甘冽,土香而腻,石润而明,如是者,气方钟未休",反之,山形崩伤,草木不生,乱石嶙峋,山泉不流,则"其气散绝谓之死"。而气从山而行,灵动千里,伏于下,不得水则不结穴,其生气不可得也。"山气茂盛,直走近水,近水聚气,凝结为穴",正所谓"入山寻水口、登穴看明堂"。山气再旺,不遇水则不结穴,不结穴,则生气不出,无所用也,所以才有"有山无水休寻地"。

由此看来,风水学中更注重水的作用,有山无水之地不可用,有水无山之地尚可为。所以风水学中也十分强调平洋龙的作用,就是在平原地区察水看穴,可知一地贵与不贵也。有江河必有灵穴,"水之弯环与交汇,必有灵穴凝结生"。凡江河弯环交汇之所,皆孕育出重镇城市,河与湖也如此,江与海交更如此。

上面谈到的长寿之乡，无一不是以水为灵，河道纵横，湖面广阔，自然是一处风水宝地，适宜人类居住的最佳之所。

我们知道，风水学中有关风水宝地的论述，还少不了一个"风"，风就是"藏风聚气"，而藏风聚气之所，非盆地而谁何？所以，四川盆地效应就突出了出来，再加上都江堰水利工程，形成水网密布之地，自然就是一个最大的宝地，都江堰地区不仅是粮仓，也是长寿之乡，这也就不足为怪了。

载《养生大世界》2009年第十二期

后 记

很长时间以来就想写本有关风水方面的书,也为此准备了几年的时间,这次草成使多年的愿望得以实现。

风水学从她产生的那天起,就一直深深地影响着中国人,居住方式,丧葬方式,以及伦理、行为、礼仪等诸多方面。也只有中国人对大地、山川、河流、星辰、植被等各种综合因素加以统一思考利用,从而建立起一整套近乎完美的风水学理论,使华夏民族得以很好的生存与发展。四大文明古国,只有中国历数千年而不衰,这不能不说是个奇迹,这其中与居住与生存环境不无关系。

风水学是一门大学问,各种流派纷呈,各种理论并彩,可谓争奇斗艳,让人目不暇接,历数古大家留下的风水著作也可谓汗牛充栋,蔚为大观。然而,任何一门学问都应该与现实与当时的社会结合起来,方能发挥它最大的效能。当我们的居住条件得到了极大的提升,当国外的居住理念进入,建筑风格也发生了太大的变化时,我们就不能只看到四合院、筒子楼,只看到白墙黑瓦。所以风水学也要与时俱进,及时掌握新的变化,把风水学的普适原则与现代建筑结合起来进行研究,只有这样,才能使风水要义与现代建筑发展相适应,才能发挥风水学的真正作用,才能进行风水布局,以达到趋吉避凶的目的。

本书在编写过程中,得到一系列单位、个人的大力支持,在此表示衷心的谢意。特别要感谢我的妻子代敏,在本书编写过程中给予我的大力支持。还有我的好朋友陈远平、赵军、臧昱菡、脐淼等都给予了极大的支持。还要特别感谢为本书进行策划的梁奕明先生。

风水是一门开放的学问，新的理论应不断地在风水实践中进行检验，只有这样才能把这门古老的学问发扬光大。我也希望有志于此的专家学者与爱好者一起研究。海纳百川，有容则大，更希望读者给我指出本书的不足之处，也希望我的工作室能为您提供相关的帮助。

工作电话：13371667711，13811923844，网址：www.xbxyx.com。

徐丙昕

2011 年 1 月于北京

（注：书中部分图片选用未能联系到作者，希相关作者联系本书作者给予相关稿费）